¿Encanto o espanto?
Identidad y nación en la novela puertorriqueña actual

Kristian Van Haesendonck

Colección nexos y diferencias
Estudios culturales latinoamericanos

Enfrentada a los desafíos de la globalización y a los acelerados procesos de transformación de sus sociedades, pero con una creativa capacidad de asimilación, sincretismo y mestizaje de la que sus múltiples expresiones artísticas son su mejor prueba, los estudios culturales sobre América Latina necesitan de renovadas aproximaciones críticas. Una renovación capaz de superar las tradicionales dicotomías con que se representan los paradigmas del continente: civilización-barbarie, campo-ciudad, centro-periferia y las más recientes que oponen norte-sur y el discurso hegemónico al subordinado.

La realidad cultural latinoamericana más compleja, polimorfa, integrada por identidades múltiples en constante mutación e inevitablemente abiertas a los nuevos imaginarios planetarios y a los procesos interculturales que conllevan, invita a proponer nuevos espacios de mediación crítica. Espacios de mediación que, sin olvidar los nexos que histórica y culturalmente han unido las naciones entre sí, tengan en cuenta la diversidad que las diferencian y las que existen en el propio seno de sus sociedades multiculturales y de sus originales reductos identitarios, no siempre debidamente reconocidos y protegidos.

La **Colección nexos y diferencias** se propone, a través de la publicación de estudios sobre los aspectos más polémicos y apasionantes de este ineludible debate, contribuir a la apertura de nuevas fronteras críticas en el campo de los **estudios culturales latinoamericanos**.

Directores	Consejo asesor
Fernando Aínsa	Jens Andermann
Lucia Costigan	Santiago Castro-Gómez
Frauke Gewecke	Nuria Girona
Margo Glantz	Esperanza López Parada
Beatriz González-Stephan	Kirsten Nigro
Jesús Martín-Barbero	Sylvia Saítta
Sonia Mattalia	
Kemy Oyarzún	
Andrea Pagni	
Mary Louise Pratt	
Beatriz J. Rizk	

¿Encanto o espanto?

Identidad y nación
en la novela puertorriqueña actual

Kristian Van Haesendonck

Iberoamericana • Vervuert • 2008

Bibliographic information published by Die Deutsche Bibliothek
Die Deutsche Bibliothek lists this publication in the Deutsche Nationalbibliografie; detailed bibliographic data are available on the Internet at <http://dnb.ddb.de>.

© Iberoamericana, 2008
Amor de Dios, 1 – E-28014 Madrid
Tel.: +34 91 429 35 22
Fax: +34 91 429 53 97
info@iberoamericanalibros.com
www.ibero-americana.net

© Vervuert, 2008
Elisabethenstr. 3-9 — D-60594 Frankfurt am Main
Tel.: +49 69 597 46 17
Fax: +49 69 597 87 43
info@iberoamericanalibros.com
www.ibero-americana.net

ISBN 978-84-8489-330-1 (Iberoamericana)
ISBN 978-3-86527-386-4 (Vervuert)

Depósito Legal: S. 745-2008

Fotografía y diseño de cubierta: W Pérez Cino

Impreso en España
The paper on which this book is printed meets the requirements of ISO 9706

Índice

Introducción 11

I. Regreso al debate sobre la identidad y la nación 13

II. Hacia una revalorización de la abyección y de lo abyecto
como conceptos críticos 37

III. La agónica levedad del ser travesti: *Sirena Selena vestida de pena*
de Mayra Santos-Febres 71

IV. Los avatares del existencialismo en *Sol de medianoche*
de Edgardo Rodríguez Juliá 127

V. ¿Godot es puertorriqueño? o cómo criticar
un texto llamado *Yo-Yo Boing!* 159

VI. Sujeto abyecto y nación 203

A modo de conclusión 233

Bibliografía 241

A mis padres

Agradecimientos

Este libro se llevó a cabo gracias al apoyo incondicional de algunas personas que han contribuido a que viera la luz. Faltan palabras para agradecer a Mircea-Doru Branza quien ha seguido paso a paso la elaboración de este trabajo, revisando pacientemente y sin la menor señal de cansancio las varias versiones del texto. El encuentro con el profesor Arcadio Díaz Quiñones en Montpellier fue para mí un incentivo para abordar el tema de este libro desde una perspectiva innovadora. También quedo endeudado con los críticos y escritores quienes generosamente me brindaron su tiempo para entablar una conversación conmigo: Giannina Braschi, Jorge Duany, Ineke Phaf, Edgardo Rodríguez Juliá, Rubén Ríos Ávila y Mayra Santos-Febres.

Introducción

El cuerpo suturado

> Congratulations! You've been out of focus for one hundred years!
> Doesn't that make you feel good about your out of focus self
> To not be figured out and left alone to concentrate on how
> To keep yourself off the endangered species list on the menu
> Of American history from the out of focus view of your living
> room
> Window where the overcast is always present to remind you that
> You forgot to pack the sun into your suitcase when you migrated
> To the other side of the glass mirror of your inception to stare
> At yourself with your eyes closed to the outside world inside
>
> Pedro Pietri, *Out of focus*

En un artículo titulado «Death: the Navel of the Image», Elisabeth Bronfen nos comunica la sensación ambivalente que le provocó la foto *Listen... The Woman Who Died in Her Sleep* del fotógrafo Jeffrey Silverthorne[1] cuando la vio por primera vez:

> I was pleasurably drawn to the delicacy with which the right hand seems gently to support the woman's tilted head and the serenity appearing on her face. At the same time I felt a sharp pain piercing my own body as my gaze noted the Y-shape that was stitched into the skin, drawing my attention to the place of the navel, just above the left hand [...]. As I tried to read the photograph –was this woman posing, sleeping, dead? Were the stitches of torture– my gaze kept oscillating between the

---

[1] Jeffrey Silverthorne (1972-1974): *Listen... The Woman Who Died in Her Sleep*. New York: the New Museum of Contemporary Arts.

painful sight of a corpse and the pleasurable sight of a beautiful body (Bronfen 1994: 79-80).

La sensación de Bronfen oscila entre el encanto y el espanto: por una parte encanto por la delicadeza de este bello cuerpo de mujer; por otra, espanto por la sutura en forma de «Y» que lo atraviesa. Aunque muerta, la joven parece viva. Así, el ojo del espectador capta algo imposible: un *living dead*, un cadáver paradójicamente vivo.

En la portada de un libro recién publicado en Puerto Rico (*Nación postmortem. Ensayos sobre los tiempos de insoportable ambigüedad*, de Carlos Pabón 2002), se ve una imagen (un fotomontaje) muy parecida a la de Silverthorne, pero con cambios muy obvios: la misma mujer, aparentemente gozando y flotando en el mar, esta vez aparece en una foto. Significa que es explícitamente objeto de espectáculo de una *cámara obscura* que capta la luz que define su cuerpo en una imagen. Aquí la sutura cobra otra carga simbólica por la bandera de Puerto Rico que la mujer lleva en la mano derecha: recuerda la «Y» que recorre el símbolo nacional. Además, salta a la vista otro elemento incongruente: el teléfono móvil que lleva en la mano izquierda, que desplaza grotescamente el significado del título original de la imagen (*Listen...*). Si la bandera es el símbolo nacional más visto hoy día en Puerto Rico, el teléfono móvil sugiere la conexión, el acceso, la 'libre asociación' a la modernidad. Aquí también, el momento eufórico de la vista del cuerpo atractivo, exótico, echado al sol y equipado con dos objetos que lo espectacularizan a través de dos objetos-fetiche 'postmodernos', va seguido por un momento de profundo desencanto y angustia. Es decir, los dos objetos –el uno símbolo de la modernidad, el otro de 'lo nacional'– convierten al cuerpo en espectáculo, pero, combinándose con el cadáver, la vista no sólo crea fascinación, sino también cierta náusea, cierto disgusto en el espectador. La visión de este 'cadáver exquisito' refleja en cierto modo la náusea que acompaña lo que Pabón llama «los tiempos de insoportable ambigüedad», es decir la postmodernidad tal como la vive Puerto Rico hoy día. La foto de Silverthorne, en su versión manipulada, incita a reflexionar sobre el posicionamiento de la 'Isla del Encanto' en la compleja matriz política y cultural de la globalización. Mejor sería decir el posicionamiento, más allá de la isla, del sujeto puertorriqueño, ya que éste vive en un espacio heterotópico, compuesto de un sinfín de ilusiones y desilusiones. La oscilación entre encanto y espanto que asalta al espectador al contemplar este cuerpo suturado despierta la pregunta de si el sujeto puertorriqueño es hoy en día un cuerpo híbrido, atractivo y espectacular, o un espantoso cuerpo roto y suturado, indefinible, o tal vez, de manera más ambigua y estrambótica, ambas cosas a la vez.

I

REGRESO AL DEBATE
SOBRE LA IDENTIDAD Y LA NACIÓN

La Suisse n'existe pas.

Eslogan del pabellón de Suiza en la Exposición Universal de Sevilla de 1992.

1. To be or not to be

1.1. La discusión heterotópica sobre Puerto Rico

No es fácil analizar el intenso debate sobre la identidad y la nación puertorriqueñas que se ha dado en torno al cambio de milenio; un sólo vistazo
basta para comprobar que éste se revela más complejo que nunca. Uno de los
analistas (y participantes) del debate, el sociólogo Juan Flores, resume bien la
complejidad en el ensayo «The lite colonial», incluido en su libro *From Bomba
to hip-hop* (2000). Al retomar la conocida cuestión del estatus de Puerto Rico,
uno de los puntos más críticos que ha predominado en el debate sobre la isla
desde hace más de medio siglo, constata con perplejidad:

> Ranging among the three formal political alternatives –autonomy, statehood,
> and independence– liberals and neoliberals, conservatives and U.S.-style Repub-
> licans, feminists and postfeminists, Marxists, neo-Marxists, and post-Marxists,
> postmodern pessimists and optimists, radical statehooders and old-line nationalists,
> and countless other positions have been staked out during the present generation,
> converting the battleground of earlier periods into a veritable free-for-all of diver-
> gences and modifications. Ambiguity and vacillation reign supreme, with fin-de
> siècle Puerto Rico being described as 'a paramount instance of the present-day
> 'heterotopia', a marked-off geographical space housing a heterogeneity of social
> desires' (Flores 2000: 35).

Las 'ambiguity and vacillation' en torno al estatus de la isla se reflejan en
la orientación ideológica de los participantes del debate, que va según Flores

del 'optimismo' al 'pesimismo (post)moderno', del '(post)feminismo' hasta el
'(post)marxismo'. Las tres opciones políticas dibujan un círculo perfectamente
vicioso y estéril: ¿tiene Puerto Rico que convertirse en el estado 51 de EE.
UU., tiene que ser estado independiente o seguir como Estado Libre Asociado,
indeciso entre lo uno y lo otro? «Ninguna de las anteriores» fue la respuesta
en el referéndum de 1998, el último de una serie de *referenda* que se ha dado
en la segunda mitad del siglo XX con el propósito de resolver el problema del
estatus de la isla.[1] Ahora bien, lo vicioso de este punto vacío en torno al cual
bailan los participantes en el debate no significa que no haya habido interés en
renovar la manera de enfocar conceptos que siempre han sido predominantes
en él, como los de la identidad y la nación. Flores insiste en el escepticismo
con el cual se discuten la viabilidad y la validez de lo que llama «the national
concept» (*Ibíd.*: 34). Con este 'concepto nacional' refiere en primer lugar al
concepto de 'nación' que ha sido intensamente discutido, pero también a la
denominación más abstracta y fugaz de 'lo nacional' que permea muchas de
las discusiones y que se ha convertido, como bien lo formula, en un espacio
'free-for-all', accesible para todos y donde cabe todo tipo de opiniones. Uno de
los más agudos dilemas recién discutidos es el de la existencia o no-existencia
de la nación.

Cuando el escritor suizo Friedrich Dürrenmatt dijo que «nunca ha existido
la nación suiza», pocas fueron las personas que recibieron esta frase como un
ataque radical a la patria.[2] Incluso cuando en 1992 el eslogan de Suiza en la
Exposición Universal de Sevilla fue «La Suisse n'existe pas», frase con claras
intenciones vanguardistas, apenas se discutió este tema.[3] En el Caribe, y particularmente en Puerto Rico, tal distanciamiento y tranquilidad son impen-

---

[1] En julio de 1998 un plebiscito debía resolver el problema del estatus, ofreciendo cinco
opciones a los puertorriqueños: Estado Libre Asociado, Estadidad, Independencia, Libre
asociación, y «Ninguna de las anteriores». El 46,5% de los votantes optó por la estadidad,
pero una mayoría absoluta del 50,2% la rechazó (por cuarta vez durante el siglo XX), optando
por «ninguna de las anteriores». Así, al comienzo del nuevo milenio, el estatus de la isla
queda tan incierto como a finales del siglo XIX.

[2] Entrevista con Friedrich Dürrenmatt, *Apud.* Agustoni-Phan (2001: 19).

[3] En su discusión sobre la identidad nacional suiza, Nhung Agustoni-Phan comenta
sobre el pabellón suizo en la Exposición Universal de Sevilla: «En été 1992 déjà, lors de
l'exposition internationale de Séville en Espagne, le pavillon helvétique étonnait le monde en
se présentant sous le slogan 'La Suisse n'existe pas'. Ceci était, bien entendu, en relation avec
le boycottage de l'anniversaire des 700 ans de la Confédération en 1991 par une couche de la
population suisse. Mais l'étranger n'était pas censé le savoir. Aucun pays au monde n'aurait
accepté de paraître sous cette boutade 'exterminatrice'. Pourtant, courageusement, la Suisse
s'était résignée à se montrer aux yeux du monde comme 'inexistante'» (*Ibíd.*: 18).

sables. Tal frase provocaría lo que los puertorriqueños llaman un *revolú*, el caos social. Y así fue: cuando en 1996 Pedro Roselló, por aquel entonces gobernador de Puerto Rico, declaró que «Puerto Rico no es, ni nunca ha sido una nación» (entre otras razones por la ciudadanía estadounidense), provocó la indignación de mucha gente, que lo tildó de 'ignorante'.[4] ¿Por qué en Puerto Rico se reacciona de manera radicalmente diferente a una misma frase? ¿Por qué los puertorriqueños parecen infinitamente más sensibles a estos asuntos que los europeos?[5]

La pregunta del *to be or not to be* nacional desnuda el miedo de que la 'nación' fuera sólo una fantasía, un concepto imaginado que, al mirarlo de frente o al acercarse demasiado, resultaría en la constatación desencantadora de que sólo fuera una ilusión, de un *trompe-l'œil*. Jacques Lacan diría que tras el encanto de la imagen hay 'algo' (el *objet a*) que ejerce toda su fuerza de seducción sobre el individuo (que él llama sujeto). Sostiene que detrás de una imagen atractiva (como cualquier apariencia que atrae) opera este objeto que despierta el deseo, y que deja al sujeto en una posición de ignorancia con respecto a lo que se encuentra más allá de la imagen.[6]

1.2. La mirada sesgada

En un seminario recogido en *Les quatre concepts fondamentaux de la psychanalyse* (1973), Lacan muestra a sus estudiantes *Les Ambassadeurs*, una pintura de Holbein en la que aparece, entre dos embajadores representados en su lujo y prestigio social, una mancha informe, amorfa.[7] Es sólo desde cierto

---

[4] Una discusión de esta polémica se encuentra en Pabón (2002: 281-284).

[5] En la misma Expo universal, el eslogan de Puerto Rico –«Puerto Rico es salsa»– fue criticado porque no representaría bien al país. Otero Garabís (2000: 161), por ejemplo, lamenta que el eslogan «Puerto Rico es salsa» fuera una violación radical de la expresión de resistencia cultural que caracteriza la salsa: «Esta apropiación gubernamental de la salsa no tomaba en cuenta su relación iconoclasta y marginal en relación con la tradición y el discurso nacional puertorriqueño. La misma se montaba en una apropiación de la voz popular que a su vez silenciaba, pues ignoraba sus expresiones de resistencia y de afirmación étnica y comunitaria». A pesar de que Otero Garabís avanza la interesante idea de que la definición «Puerto Rico es salsa» es susceptible de provocar la reflexión en torno a «la importancia de la experiencia de las comunidades puertorriqueñas en Estados Unidos en la formación de la cultura y de la identidad nacionales» (*Ibíd.*: 163), en su libro, desgraciadamente, no explica la importancia de la diáspora para el discurso nacional puertorriqueño.

[6] *Cfr.* Lacan (1973: 73) «[l'objet a] laissé le sujet dans l'ignorance de ce qu'il y a au-delà de l'apparence».

[7] *Ibíd.*: 80-81.

ángulo que se percibe la figura de un cráneo, captando el verdadero sentido de la imagen: la nulidad de toda gloria terrestre. Nuestra visión, sostiene Lacan, «s'ordonne sous un mode qu'on peut appeler en général la fonction des images» (*Ibíd.*: 81). El cráneo es el 'objeto anamorfótico': funciona como un elemento extraño que, al mirarlo oblicuamente, 'se erige' dentro de la imagen y se niega a asimilarse al fondo sobre el cual destaca. Este objeto funciona, además, de cierto modo, como un objeto luminoso, un punto de luz que 'mira' a su vez al observador y lo fascina. Y es ésta la captación imaginaria que opera detrás de todo deseo. Al descubrir el objeto estrambótico en la pintura de Holbein, se entiende que se trata de una distorsión, un *trompe-l'œil*, responsable de la creación de nuestro deseo. El *objet a* es un exceso, un residuo que perturba al individuo y que lo lleva a creer en cosas elusivas, fantasmáticas, pero detrás del cual siempre espera algo inalcanzable e indefinible. El *objet a* es ese 'algo', esa apariencia de la cual el individuo se separa justamente para ser alguien, para constituirse como sujeto.[8] Tal es, desde el punto de vista lacaniano, el funcionamiento del deseo en el campo visual. Lo esencial de la relación entre la apariencia y la existencia, se juega en el punto luminoso.[9] Es sólo a través de la mirada oblicua (*cfr. infra*)[10] que el objeto se convierte en objeto-causa de deseo.

---

[8] El *objet a* es el objeto-causa del deseo, el objeto que pone todo deseo en marcha. Aunque este concepto, como la mayoría de los conceptos lacanianos varía en su significado a lo largo de la carrera de Lacan; en *Les quatre concepts fondamentaux de la psychanalyse*, Lacan proporciona dos sinónimos: *manque* (carencia) y *phallus* (falo): «L'objet a est quelque chose dont le sujet, pour se constituer, s'est séparé comme organe. Ça vaut comme symbole du manque, c'est-à-dire du phallus» (*Ibíd.*: 95). Más adelante se explicará la particularidad del concepto de falo.

[9] El punto luminoso es lo contrario del lenguaje y los símbolos que usa el sujeto para ser. Este «point d'irradiation, ruissellement, feu» es lo que el sujeto nunca llega a dominar y que perturba profundamente la línea recta que vincula los dos puntos fundamentales de nuestro campo visual. Así, un cuadro por ejemplo no es un cuadro en sí, sino una representación que nace por la luz que cae sobre ella: «C'est là quelque chose qui fait intervenir ce qui est élidé dans la relation géometrale – la profondeur de champ, avec tout ce qu'elle présente d'ambigu, de variable, de nullement maîtrisé par moi. C'est bien plutôt elle qui me saisit, qui me sollicite à chaque instant, et fait du paysage autre chose que ce que j'ai appelé le tableau». (Lacan 1973: 89).

[10] El teórico lacaniano Slavoy Žižek proporciona un comentario iluminador de la mirada (*regard*), retomando el cuadro de Holbein: «It is by means of the 'phallic' spot that the observed picture is subjectivized: [it] undermines our position as 'neutral', 'objective' observer, pinning us to the observed object itself. This is the point at which the observer is already included, inscribed in the observed scene- in a way *it is the point from which the picture itself looks back at us*» (Žižek 1991: 91; énfasis nuestro).

Sería precisamente este efecto óptico lo que constituye el objetivo preferido de la nueva crítica puertorriqueña (la que renueva el debate cultural a principios de los noventa): hacernos ver que sólo a través de una mirada sesgada se puede desarmar el metarrelato de la nación, y aquello que elusivamente se llama 'lo nacional'. Pero, ¿cómo se relaciona esta 'distorsión patológica' del individuo con la cuestión de 'lo nacional'?

Varios críticos que buscaron renovar el debate sobre Puerto Rico sugieren de manera directa o indirecta que todo deseo de 'lo nacional' nace también de una distorsión en la percepción del sujeto, un efecto sicológico que puede adoptar varias formas o configuraciones. El ensayo que más incisivamente critica la nación como construcción de deseo, como *trompe-l'œil*, es sin duda «De la madre enferma albizuista a la cura de adelgazamiento tardomoderna» de Carlos Gil (1995b: 121-135). Este filósofo discute la manera en que Pedro Albizu Campos (1891-1965), el independentista más radical de la historia puertorriqueña, miró a 'lo nacional' como objeto de deseo. Aunque Gil no habla en términos de anamorfosis, sugiere que para Albizu, la nación habría adoptado anamorfóticamente la forma de una 'madre enferma' que sedujo su mirada. Generaciones de intelectuales, mientras creían «que era posible acceder a una Verdad inamovible e incontaminada» (Gil 1995: 128) en realidad habrían sido seducidos por esta metáfora de la madre enferma.[11] El texto es una propuesta de liberarse de una vez para siempre de la ilusión de la madre-nación como objeto deseado: «En nuestra tardomodernidad, tal vez resulte más apropiada una labor intelectual un poco más pudorosa, quizás menos enfática: la patria no está enferma ni está en el lecho y, por supuesto, no estamos aquí para despertar a nadie» (*Ibíd.*: 135). En otras palabras, el trabajo sesgado obligaría al intelectual a cierta modestia, alejada de «la liberación de la patria» (*Ibíd.*: 125) y de «la personificación de la idea de nación, su conversión en sujeto»

---

[11] Según Gil, la metáfora de la nación como madre enferma funciona como una especie de anamorfosis, un objeto que sesga al puertorriqueño. Generaciones de intelectuales, patológicamente seducidos por esta metáfora de la madre enferma, habrían adoptado dos posiciones frente a la nación: «La metáfora albizuista *sesgaba*, pero, a la vez, reforzaba las posiciones del debate tradicional en torno a la nación puertorriqueña. [...] La primera [posición] era que la nación es querencia, deseo, su proyecto político ineludible es la obtención de la independencia nacional: la práctica política que impone este desiderátum es la lucha por la liberación nacional. Para la segunda posición, Puerto Rico no es una nación ya que no goza del estatuto político de una nación (el Estado nacional), esto es, no existe una nacionalidad puertorriqueña (no existe una ciudadanía puertorriqueña) aunque exista un carácter nacional (una determinación del connacional) y un sentimiento nacional (la capacidad del connacional para distinguir la peculiaridad de su nación con respecto a la diversidad de otras naciones» (Gil 1995b: 123; énfasis nuestro).

(*Ibíd.*: 124). El alejamiento de la metáfora de la 'madre enferma' implicaría también desarticular su funcionamiento anamorfótico, la ilusión creada por la conversión de una mancha impersonal·en un «sujeto-nación» (*Ibíd.*: 123) que fascina. En suma, para Gil lo patológico no se encuentra en la 'madre-nación' sino en el propio intelectual. Por consiguiente, críticos como Gil, Pabón y Flores proponen criticar la atracción sesgada de 'lo nacional': el crítico, en lugar de complacerse en la vista de 'lo nacional' y su círculo vicioso del deseo, debería buscar otra forma de crítica, «postalbizuísta y postcolonial» (*Ibíd.*: 135).

En el primer número de la revista *Postdata*, otro crítico, Juan Duchesne aboga a favor de otro tipo de independentismo como «reclamo de justicia no subordinable a esquemas teóricos».[12] En una discusión con Carlos Gil, Duchesne avanza la posibilidad de una resurrección, una «convalecencia» del independentismo. Para él, «el independentismo está todo menos muerto», y no es un simulacro carente de escenario, como sugiere Gil.[13] Por lo tanto, ya sería «hora de ofrecerle a la mayoría no-independentista, la Independencia 'Light'.[14] Así lo exige la situación global y nacional en que estamos colocados querámoslo o no».[15] Lo interesante de esta discusión es que viene confirmando la idea del *living dead* en el contexto puertorriqueño: una ideología como el independentismo, que tanto ha impregnado la historia de la isla, oscila, a finales del siglo XX, a su vez entre 'muerte', 'convalecencia' y 'resurrección' como si se tratara de una anamorfosis, una imagen en la que se erige lo que se pensaba amorfo y muerto.[16] No sorprende, por tanto, que Pabón, en ensayos como «La

---

[12] En un diálogo con Gil, Duchesne mantiene la idea de que el independentismo no ha perdido nada de su ideal de ser un 'reclamo de justicia' por excelencia: «[...] la respuesta a la pregunta de si es posible ser independentista dentro del diagnóstico de la postmodernidad, es que sí, bajo el orden de argumentaciones de lo que es justo en el caso específico de Puerto Rico hoy, bajo el ideal de que si se quiere vivir en una comunidad de relaciones humanas con otras reglas que las de la violencia o la pura imposición, se debe hacer justicia a la demanda de que otros no rijan nuestra comunidad sino nosotros mismos» (Duchesne 1991a). Más tarde, el crítico revisará radicalmente su punto de vista al suscribirse, junto con otros intelectuales, a una propuesta de 'Estadidad radical' (Duchesne *et al.* 1997: 30-31). Sin entrar en los detalles de esta propuesta, es interesante esta vacilación ideológica que se observa en el caso de Duchesne. Confirma la idea de Flores de que la ambigüedad y vacilación son *la* característica del debate sobre el Puerto Rico de la postmodernidad.

[13] *Cfr.* Duchesne (1991a y 1991b) y Gil (1991a y 1991b).

[14] *Cfr.* Duchesne (1991b).

[15] *Ídem.*

[16] En el mismo número de *Postdata*, Irma Rivera, en reacción al diálogo entre Gil y Duchesne, va más allá de la independencia, declarando la muerte del intelectual en la

insoportable ambigüedad de la nación» (Pabón 2002: 281-318) y «El (in)discreto encanto del nacionalismo» (*Ibíd.*: 319-357) coloque no sólo 'lo nacional' sino también el nacionalismo y la nación bajo el mismo denominador. El crítico interpreta la nación como una comunidad que existe sólo en la medida en que encuentra miembros que crean en su existencia.[17] Esta posición se acerca a la de Gil, pero es más radical: en realidad, el nacionalismo y 'lo nacional' para Pabón son dos conjugaciones (o distorsiones) del mismo mal: la nación, producto del neonacionalismo, que interpreta como un cadáver vivo, un *living dead* que hay que olvidar cuanto antes.

Para reformular esta idea de Pabón podría retomarse el ejemplo de Holbein dado por Lacan y decir que la nación es algo que existe sólo en la medida en que encuentre 'observadores' que la miren e interpreten como objeto de sus deseos. Ya que 'lo nacional' es un objeto anamorfótico, un objeto que seduce al puertorriqueño, la 'nación' sería el grupo de individuos que se dejan seducir por el *objet petit a*. Ya es un lugar común decir que toda nación es en principio imaginada como decía Anderson (1991). Pero en el caso de Puerto Rico la inversión libidinal de fantasías que se aglutinan en un (neo)nacionalismo es efectivamente mucho más extrema (comparado con un país como Suiza, para sólo dar un ejemplo); y si se puede creer a Pabón, lo es hasta la náusea. El autor sugiere, en sus ataques cínicos dirigidos a todo individuo que defienda la *puertorriqueñidad*, que la obsesión con la nación es la obsesión con una distorsión patológica insuperable e insoportable. Ser nacionalista, o simplemente creer en la 'nación', significa para él de por sí sumergirse en un espacio de fantasías, un espacio ambiguo de '(in)discreto encanto'. Evidentemente, no todas las lecturas son tan radicales como la de Pabón, quien hace *tabula rasa* de la diferencia fundamental entre nación y nacionalismo. Otro crítico, Ríos Ávila (2002: 73), critica a Pabón:

> La nación es uno de varios espacios míticos privilegiados que asumen para el sujeto su tesoro, algo que parece estar en sí mismo más que cualquier objeto que lo represente, no porque sea inefable, sino porque su fuerza ontológica, su universalidad, sólo puede asirse a través de los nacionalismos que la singularizan competidamente. La ideología es el precio que paga todo evento en el momento mismo de su actualización (énfasis del autor).

---

postmodernidad: «Pienso [...] que subyacente a la preocupación por la finitud de la independencia y la ligticidad de los discursos es la finitud del sujeto independentista y aún más específicamente la del intelectual lo que encontramos» (Rivera Nieves 1991).

[17] *Cfr.* Pabón (2002: 293).

ᴣ hecho, la mayoría de los críticos (por ejemplo Ríos Ávila 2002, Duany 2ᴜᴜᴢ, Flores 2000, Duchesne 2001, Barradas 1998, Díaz Quiñones 2000a), sugiere implícita o explícitamente –aunque no siempre con tantas palabras como Pabón– que la nación es una ficción imaginada, pero necesaria, al mismo tiempo que condena los excesos del (neo)nacionalismo. Se trataría de una sensibilidad excesiva, pero nada nueva, de la cual nada ni nadie tendría la culpa, sino lo que ha marcado a los puertorriqueños desde hace más de 500 años: el colonialismo. La condición colonial ha hecho que Puerto Rico sea, como otros pueblos, extremamente sensible a temas como la identidad y la nación.

1.3. ¿Colonia postcolonial?

Si existe un consenso sobre Puerto Rico, nación sin Estado, es efectivamente que siempre ha sido y sigue siendo todavía una colonia, y según Trías Monge (1997) ha batido el récord ya que es la más antigua del mundo, aunque oficialmente no lo es; las Naciones Unidas borraron la isla de su inventario de colonias en 1953 (Duany 2002:122). Las dos 'operaciones' (Operación Manos a la Obra y Operación Serenidad) que a mediados del pasado siglo tuvieron que modernizar a Puerto Rico podrían verse como intentos de suturar la isla política y culturalmente en su proceso de asociación con Estados Unidos.[18] Tal sutura no pudo evitar, sin embargo, que la colonia llegara a conocerse por su resistencia a cualquier intento de asimilación lingüística o cultural.

El postcolonialismo, concepto de académicos que circula desde finales del pasado siglo toma generalmente como objeto de estudio lo que viene 'después' del colonialismo. No es cuestión aquí abordar el tema del debate sobre el postcolonialismo, sino sólo llamar la atención sobre el hecho de que el caso de Puerto Rico no cuaja fácilmente en la discusión en torno a lo postcolonial: no hay un 'después' del colonialismo, pero al mismo tiempo es como si no estuviera plenamente en una situación definible como 'colonial' (por su presupuesta autonomía cultural, por ejemplo). ¿Pertenecería entonces al llamado 'Primer mundo' o al 'Tercer mundo'?, ¿al centro o a la periferia? Por esta oscilación misma entre dos polos posibles, Ríos Ávila (2002: 294) ve en Puerto Rico, más que un lugar, «la serie infinita de un significante innombrable». Por la complejidad de Puerto Rico como *Estado Libre Asociado*, y su limitada autonomía, varios críticos (por ejemplo Flores 2000, Díaz Quiñones 2000b, Duany 2002,

---

[18] Un detallado relato histórico sobre la Operación Manos a la Obra se encuentra en el conocido libro *Puerto Rico: Cinco siglos de historia* de Scarano (1993: 739-798 y 803-854), específicamente en los capítulos «Industrialización y emigración 1953-1968» y «Sobrevivir, convivir y luchar: El Puerto Rico contemporáneo, 1968-1992».

Negrón Muntaner 1997 *et al.*) hablan, además, de una 'colonia postcolonial'.[19] Los autores del libro de ensayos *Puerto Rican Jam* (1997), escrito en los EE. UU. por intelectuales puertorriqueños,[20] señalan el carácter poco adecuado del término 'postcolonial':

> Puerto Ricans have the dubious honor of being 'postcolonial' colonial subjects [...] [but] how can a postcolonial politics be imagined as a basis for a political practice without falling into the trap of altogether ignoring the fact that Puerto Rico is a colonial configuration? In this sense, intellectuals invested in a decolonization project for Puerto Ricans must seek models that speak to the specific ambiguities of our location (Negrón Muntaner *et al.* 1997: 33).

'Ser colonia postcolonial' es una paradoja, y tal vez por eso muchos estudiosos del postcolonialismo prefieren evitar un 'caso' como el de Puerto Rico.[21] Es muy interesante observar que, para hablar de la ambigua condición (post)colonial puertorriqueña, algunos de los críticos (Pabón 2002, Flores 2000, Duany 2001), prefieren adoptar el término *lite*. Para evitar lo que interpreta como la 'trampa' inherente al postcolonialismo, Flores prefiere referirse (aunque no rechaza el término 'postcolonial') a la situación puertorriqueña como *colonialismo lite*. El término *lite* (distorsión del inglés *light*) fue por primera vez utilizado por Juan Duchesne (1991a, 1991b) en el debate con Carlos Gil (1991a, 1991b) sobre el independentismo y su posible 'convalecencia'. Lo interesante de lo *lite* como concepto sería

---

[19] A modo de ejemplo: en una entrevista con Jorge Duany, el antropólogo comenta que, al organizar un panel sobre 'postcolonialism and transnationalism' en Puerto Rico, sugirió retirar la palabra 'postcolonial' del título: «no era el más apropiado porque Puerto Rico sigue siendo una sociedad colonial». Señala además que «Puerto Rico se ha quedado aislado, marginado porque no se considera un caso postcolonial», al mismo tiempo que «hay algo postcolonial en la situación de Puerto Rico en el sentido de que después de 1952 logró cierta autonomía cultural, como por ejemplo el desarrollo de una literatura, un teatro y una música nacionales, todas manifestaciones de 'lo nacional' que parecen ser postcoloniales; no reproducen el mismo discurso colonial de principios del siglo [xx]» (Duany 2001).

[20] Aquí se propone leer 'puertorriqueños de EE. UU.' explícitamente entre comillas, ya que la oposición 'puertorriqueño isleño' versus 'puertorriqueño de la diáspora' es problemática por ser borrosa. No se trata de una homogeneización de dos grupos sino de un movimiento circular de los puertorriqueños entre EE. UU. y Puerto Rico, el cual desestabiliza este binarismo.

[21] Los más importantes teóricos del postcolonialismo (Said, Bhabha, Spivak) no toman en cuenta 'casos' complejos como Puerto Rico. Ríos Ávila (2002: 294) observa que «Puerto Rico no se inserta dócilmente en la serie de binarismos duros con que se suele armar mucha de la discusión de los últimos años en torno a las llamadas culturas post-coloniales».

[...] la capacidad de movilidad y simulacro que ofrece, su no-atadura a ningún cuerpo original, a ninguna metafísica de la causa y el efecto. [...] Recuérdese que si bien hay tintes, cigarrillos, cervezas y hasta novelas 'light', también se ofrecen metralletas 'light', como las famosas 'UZI' y la 'Karl Gustav'. Se habla incluso de estilos de karate 'light' como el Goyu Ryu. Es decir, se provee para las necesarias emociones 'fuertes'. (Duchesne 1991a).

Con esto, Duchesne destaca la potencia que puede acompañar todo lo que es *light*, como algunas armas o deportes marciales (e incluso novelas) que llevan o merecen este predicado. Flores, por su parte, no vacila en sostener la idea de que el colonialismo sea en Puerto Rico la causa de una 'sensibilidad lite' con respecto al concepto de la nación y de 'lo nacional', que es extremadamente paradójica: por una parte observa una verdadera descolonización, una reestructuración de las relaciones coloniales; por otra parte, esta reestructuración es una simulación de lo 'postcolonial',[22] un efecto que 'aligera', que desvía hacia otra parte la atención sobre los problemas políticos y sociales reales: «While suggesting new ways of thinking about colonialism and decolonization processes, when taken at face value it is also a 'making light', a euphemistic 'detour' from the ongoing anticolonial project» (Flores 2000: 47). Para ilustrar la omnipresencia de 'lo nacional como fenómeno espectacular', estos críticos retoman una serie (casi infinita en el caso de Pabón) de 'ocurrencias lite' tal como una actuación escandalosa de la estrella norteamericana Madonna,[23]

---

[22] En una entrevista con Juan Duchesne y Áurea María Sotomayor, los editores de la revista cultural *Nómada*, el primero explica su punto de vista sobre la posición ambigua que ocupa el intelectual puertorriqueño hoy día. (Sobra decir que de las palabras del crítico se desprende la tensión persistente no sólo entre la academia norteamericana y puertorriqueña, sino también entre los intelectuales de 'acá' y los de 'allá'): «Fíjate que estamos como entremedio, por un lado la academia americana, y la puertorriqueña dentro de la academia americana. En el caso de una persona importante, Juan Flores, se nota un resentimiento de por qué nosotros no usamos el lenguaje de los postmodern studies o los postcolonial studies, pero es que a nosotros no nos interesa, nuestro acercamiento a la problemática de la postmodernidad es un acercamiento que hacemos desde nuestra experiencia colonial en Puerto Rico, y no queremos pasarlo primero a hacer un recycling a través de los postcolonial studies norteamericanos. Nosotros mismos, leer a los autores europeos que son los más interesantes [...] leerlos nosotros, no pasarlos a través de esta industria de *postcolonial studies*, o *postmodern studies* o *gender studies*, etc.» (Duchesne/Sotomayor 2000).

[23] El concierto de Madonna, una popular cantante y actriz estadounidense, en Bayamón en 1993 causó un escándalo en Puerto Rico. El 'acto con la bandera' no pasó desapercibido: el hecho de que durante su actuación la estrella pasara la bandera puertorriqueña por entre sus piernas fue interpretado como un sacrilegio y una ofensa hacia la nación. Este evento muestra la sensibilidad de todo lo que respecta a la identidad 'nacional' en el contexto

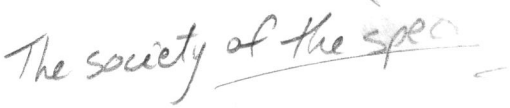
The society of the spec

que revivificó el debate en torno a 'lo nacional' en Puerto Rico, o la discusión sobre la creación de una muñeca 'Barbie boricua', o aun la atención mediática en torno a una Miss Puerto Rico (la boricua Denise Quiñones) al ganar el concurso de Miss Universo.[24]

Desde la perspectiva del espectáculo, la colonia más antigua del mundo no habría perdido nada de su _sex appeal_. En este Puerto Rico postmoderno, donde proliferan las imágenes, las utopías de la modernización y de la modernidad «siguen prosperando, aunque sea nada más (o nada menos) que como espectáculo» (Ríos Ávila 2002: 296). Ahora, para analizar tal contexto problemático, habría tal vez que seguir la tesis de Guy Debord formulada ya a finales de los sesenta. En su libro _La société du spectacle_ (1967), escribió que para analizar el espectáculo, hay que conocer su lenguaje particular:

> [pour] décrire le spectacle, sa formation, ses fonctions, et les forces qui tendent à sa dissolution, il faut distinguer artificiellement des éléments inséparables. En analysant le spectacle, on parle dans une certaine mesure le langage même du spectaculaire, en ceci que l'on passe sur le terrain méthodologique de cette société qui s'exprime dans le spectacle (Debord 1967: 13; énfasis del autor).

A su manera, Debord coincide con la teoría de la mirada sesgada elaborada por Lacan. Para criticar la sensibilidad _lite_ que opera en el Puerto Rico finisecular, hay que hablar desde el espectáculo mismo, inscribirse en la imagen como mancha, i. e. usarla como estrategia. Una de las maneras de hacerlo sería la literatura.

Como las instituciones tradicionales de lo que Rama (1998) llamó la 'ciudad letrada', la literatura no tendría escape al proceso de _massmediatización_ actual, su función se inscribiría en el espectáculo: la literatura debe hablar desde ese imaginario, hablar «desde y hacia esas sensibilidades massmediatizadas» (Duchesne 2001: 33). Es decir, el escritor tendría que conocer 'le langage même du spectaculaire'. La literatura puertorriqueña no sería un caso único en su absorción' en la cultura del espectáculo, pero sí tendría –sobre todo en el contexto latinoamericano– un papel pionero en funcionar dentro de una 'vitrina' de la modernización, a la cual Duchesne –usando el término de

---

(post)colonial puertorriqueño. Un periodista describió la escena como «the flag [...] flying at half-mast, down where the sun don't shine» (Dávila Colón 1993: 69).

[24] Una serie de ejemplos de 'ocurrencias lite' se encuentra en los ensayos de Pabón titulados «De Albizu a Madonna: para armar y desarmar la nacionalidad» (Pabón 2002: 17-53) y «El discreto encanto del nacionalismo» (_Ibíd._: 319-357), recogidos en su libro _Nación postmortem._

.)—[25] se refiere como una «semiosfera creada por la cultura massmediática» (*ibíd*.: 32), una especie de biosfera dentro de la cual la literatura «respira con toda su tradición y toda su experimentación a cuestas» (*Ídem*.).

2. La semiosfera letrada: literatura y crítica literaria

2.1. Literatura en la diáspora

Antes de seguir con el papel particular del escritor en el contexto *lite*, es prudente recordar algunos aspectos clave que caracterizan las letras puertorriqueñas en torno al cambio del milenio. También es interesante considerar en qué medida la literatura ha sido afectada por el complejo contexto en que se sitúa Puerto Rico en la postmodernidad. Como sostiene Díaz Quiñones (2000b: 54) en el prólogo a la excelente edición crítica de Cátedra de la novela *La guaracha del Macho Camacho* (1976) de Luis Rafael Sánchez, es imposible hablar de Puerto Rico y la relación entre su modernidad y la cuestión colonial, sin tener en cuenta un tercer término: la diáspora. En los años noventa se hacen oír ya no sólo voces de críticos en la isla sino también de puertorriqueños en la diáspora.[26] Desde los años setenta, escritores como Piri Thomas, Pedro Pietri, Giannina Braschi, Ángel Lozada, Abraham Rodríguez Jr., Esmeralda Santiago, Manuel Ramos Otero, Judith Ortiz Cofer han ido desplazando las fronteras de la literatura puertorriqueña, que siempre ha sido (y sigue siendo) sinónimo de escritura isleña; esta definición, limitada, de la literatura nacional como lo que se produce en la isla es difícilmente sostenible. En los últimos años se ha sugerido que *homeland* y diáspora son conceptos inextricablemente ligados pero geográficamente variables: «More graphically perhaps than in other instances but in no way unique, for Puerto Ricans what happens 'over there,' what happens in and to the homeland or in the diaspora, conditions what happens 'here'» (Flores 2000: 11).

---

[25] Lotman definió la semiosfera como «the semiotic space necessary for the existence and functioning of languages, not the sum total of different languages; in a sense the semiosphere has a prior existence and is in constant interaction with languages. In this respect a language is a function, a cluster of semiotic spaces and their boundaries, which, however clearly defined these are in the language's grammatical self-description, in the reality of semiotics are eroded and full of transitional forms» (Lotman 1990: 123-124).

[26] Flores (2000: 41) subraya que «Though usually ignored or relegated in 'Puerto Rican' discourse (and in much 'Caribbean discourse' as well) the diaspora is integral and relational to the national and regional; it constitutes the most obvious and profound instance of fragmentation of the national and the most vibrant site of contemporary 'creolization'».

En el borde del nuevo milenio los deícticos 'aquí' y 'allá' se refieren ᴀ lugares específicos pero espacialmente desplazables, móviles, ya que pueden referir tanto a Manhattan como a San Juan o Chicago, según el lugar en que se encuentre el locutor. A pesar del abismo entre la vida política de la isla y lo que ocurre en las comunidades diaspóricas, no cabría duda de que hay una creciente influencia mutua entre ambas 'orillas', de tal modo que para Flores (*Ibíd.*: 11) es lícito hablar incluso de «the Puerto Rican 'trans-colony'». Otro sociólogo, Jorge Duany, opina del mismo modo que «Las líneas divisorias entre la isla y la diáspora se han hecho cada vez menos útiles para imaginar una comunidad nacional y transnacional» (Duany 1998: 238). Ahora, los escritores puertorriqueños de la diáspora no cuajan fácilmente en casillas como 'Latin' o 'Hispanic', identificación reductora que no deja de despertar preguntas.[27] En suma, el estudio de la complejidad de un 'caso' como el puertorriqueño, sin ser exclusivo, se revelaría fértil para cuestionar el alcance y el uso de estas y otras etiquetas, como 'postmoderno' y 'postcolonial'.

Al mismo tiempo de la reivindicación o valoración de la diáspora puertorriqueña en el debate sobre Puerto Rico, la fragmentación y multiplicidad de las lecturas mismas podría llamarse la 'diasporización' del debate sobre Puerto Rico.[28] Un texto clave –por incitar a la reflexión sobre este aspecto– es el ensayo «La guagua aérea» (publicado en el libro homónimo, 1986). En este ensayo, Luis Rafael Sánchez subraya el viaje, el movimiento diaspórico entre isla y EE. UU. como característica de los puertorriqueños:

> A propósito subrayo la palabra viaje. Quiero que implique más de lo que el diccionario autoriza –traslado de un lugar a otro, generalmente distante, por algún medio de locomoción. Quiero que implique desafío y riesgo, desperdigamiento y diáspora, paroxístico amor a la tierra dejada atrás. Pues son esos los repetidos

---

[27] Flores (*Ibíd.*: 7), por ejemplo, aclara que «Many people now considered 'Latino' or 'Hispanic' find objection to this composite label, taking offense at the confusion of their special personal and historical heritage with those of others»; en cuanto a la posición particular del puertorriqueño en EE. UU., el sociólogo subraya la importancia del 'caso' puertorriqueño para retar la definición existente de 'Latino', ya que «of all the groups it is the most characteristically cast as the bottom rung, the 'exception' to the Hispanic rule» (*Ibíd.*: 8).

[28] En cuanto a la atención creciente a la diáspora puertorriqueña, piénsese aquí, entre otros, en la serie de publicaciones del Centro de Estudios Puertorriqueños en Nueva York (p. e. la revista *Centro Journal*); en los libros de sociólogos como Flores (1993; 1997; 2000) y Duany (2002), los trabajos de críticos literarios como Díaz Quiñones (1993, 2000), Barradas (1998), Sandoval Sánchez (1992), Negrón-Muntaner (2004) y Domínguez Miguela (2005).

signos del viaje a los Estados Unidos de Norteamérica que, temprano en el siglo, emprende el puertorriqueño. (Sánchez 1994: 7; énfasis del autor).

Sánchez trata de captar la realidad de 'vaivén' de los puertorriqueños, describiéndolos como un pueblo 'aéreo', como si tomaran otro medio de transporte público, una 'guagua volante', o *shuttle* que circula entre Estados Unidos y la isla. Nueva York –particularmente Manhattan– se ha convertido en una extensión simbólica de Puerto Rico, una segunda isla.[29] Mientras que Borinquen[30] se habría convertido en un «edén inhabitable» (Sánchez 1994: 15), en Nueva York se viviría la «fría estación» (*Ibíd.*: 20).[31] La distopía vale, en la visión de Sánchez, en ambas 'orillas' o 'islas del desencanto'. Pero el texto no es un nuevo «Lamento borincano».[32] «La guagua aérea» es uno de los primeros textos que hablan de la migración como algo circular, no como un viaje unidireccional o un 'exilio' definitivo, sino como un vaivén, como un viaje que siempre vuelve a empezar.[33] Ahora, el 'paroxístico amor a la tierra dejada atrás' ya no implica el deseo de regreso definitivo a un ameno 'edén' perdido, sino un movimiento de ida y vuelta, de 'signos' que 'se repiten' por

---

[29] Maeseneer (2001: s.p.), en su análisis de la representación del dominicano en la obra de cuatro escritores puertorriqueños, recuerda que el movimiento constante afecta también a los dominicanos: «tanto los dominicanos como los puertorriqueños se encuentran en 'movimiento perpetuo'. No sólo se desplazan cada vez más en el sentido geográfico-literal, sino que se ven obligados a (re)pensar constantemente su identidad según el/los oponentes a que se enfrenten».

[30] Borinquen es el antiguo nombre que los nativos (los indios taínos) dieron a la isla antes de ser exterminados por los españoles.

[31] En su ensayo, Luis Rafael Sánchez problematiza un aspecto importante de la realidad puertorriqueña como experiencia diaspórica, como diseminación de la identidad. La pregunta a hacer al vecino en el avión ya no es «¿De dónde *es* usted?» sino «*Entre* qué lugares *está* usted?». Duchesne, profesor de la Universidad de Puerto Rico, describe este vaivén con la siguiente anécdota: «muchos días lunes he tenido que excusar en mis clases las tardanzas [...] de estudiantes que se han demorado un poco en regresar de la visita a casa de una amiga o un pariente que vive en Orlando o en Boston. Es decir, se les ha demorado un poco la guagua aérea, el autobús aéreo (Duchesne 1999: 44).

[32] «Lamento borincano» es la célebre danza del cantante puertorriqueño Rafael Hernández (1891-1965) en la cual describe las luchas de un jíbaro (un campesino puertorriqueño) por sobrevivir, y que llegó a identificarse con la lucha puertorriqueña por la identidad nacional.

[33] Puede decirse con Díaz Quiñones (2000: 58) que *La guagua aérea* es «una ficción clave para la reflexión sobre las relaciones entre identidad nacional y 'territorio' y sobre la transformación de los valores culturales que tiene lugar en el pasaje entre la metrópoli y la colonia».

medio de viajes circulares.[34] Esta errancia del puertorriqueño hace imposible decir dónde empiezan y dónde terminan las fronteras de la nación, ya que siempre es posible que en cierto momento más de la mitad de los puertorriqueños estén fuera de la isla.[35] Esta dinámica tiene evidentemente implicaciones sumamente importantes para la definición de la identidad nacional. El nomadismo puertorriqueño en la modernidad, que se cristaliza en la imagen de la guagua aérea, recuerda que el caribeño no tiene raíces, sino que es lo que Deleuze llama un *rizoma* (una vegetación sin centro pero que se conecta por debajo de la tierra).[36] Gertrude Stein decía que no tiene problemas en tener raíces, siempre que pueda cargar con ellas a todas partes.[37] Tampoco se trata de un fenómeno nuevo, 'postmoderno' sino que el puertorriqueño, ya temprano en el siglo XX, empezó a viajar, pocos años después del paso a la bandera estadounidense.[38] Para parafrasear a Benítez Rojo (1989), la diáspora puertorriqueña sería otra isla caribeña 'que se repite' en EE. UU.

2.2. Diáspora en la literatura

Luis Rafael Sánchez expresa su deseo de que la palabra 'viaje' signifique más de lo que nos proporciona el diccionario y que 'implique desafío y riesgo, desperdigamiento y diáspora'. En la literatura puertorriqueña la experiencia de la errancia no necesariamente depende de su(s) lugar(es) de residencia; también se puede dar de varias maneras *dentro* de una obra literaria. En algunos textos de autores 'isleños'[39] escritos en un español híbrido, se observan personajes

---

[34] Véase sobre el tema –todavía poco estudiado– de la migración circular, por ejemplo los libros de Jorge Duany (*Nation on the Move*, 2002) y Erna Kerkhof (*Contested Belonging: Circular Migration and Puerto Rican Identity*, 2000). En su estudio basado en testimonios de los llamados 'return migrants', Kerkhof conecta de modo original «the most obsessive debate on Puerto Rico's constitutional status with the silence about migration» (Kerkhof 2000: 229). Una de sus conclusiones es que «migration stories suggest a deterioration of social relations», aspecto que merece estudiarse también en la literatura puertorriqueña actual. De modo oblicuo, este trabajo se detiene ante esta problemática.

[35] *Cfr.* Duchesne (1999: 44).

[36] *Ibíd.*: 42.

[37] *Ídem.*

[38] Desde 1917, con la entrada en vigor de la Ley Foraker, los puertorriqueños tienen ciudadanía norteamericana, lo cual les permite viajar libremente entre Puerto Rico y Estados Unidos.

[39] Aquí se usa el término 'isleño' por falta de otro mejor. Jorge Duany comenta en una entrevista (Duany 2001) que las 'orillas divididas' (Flores 1993) entre los intelectuales isleños y los de la diáspora siguen muy fuertes por la cuestión del idioma. Sin embargo, según el antropólogo se observa un «movimiento progresivo» entre los académicos que

nómadas, desplazados, p. e. en el cuento «Encancaranublado»[40] de Ana Lydia Vega y de manera incisiva en los cuentos y las novelas de Mayra Santos-Febres. La oscilación pendular del puertorriqueño entre dos contextos culturales se observa, entre otros, en la constante hibridación del idioma, i. e. la influencia recíproca del inglés en el español y viceversa. Puede decirse que el vaivén espacial convierte también la lengua del puertorriqueño en 'portátil', 'rizomática'.[41] El criterio del idioma, usado por los hispanófilos, como justificación de una separación rigurosa de la literatura puertorriqueña en dos (isla vs. diáspora) es cada vez más problemático si se toma en cuenta el fenómeno imparable de la 'latinización' de Estados Unidos, por lo cual varias voces –y un importante detalle es que la mayoría de ellas pertenece a los críticos literarios (Sandoval Sánchez 1992, Barradas 1998, Díaz Quiñones 2000)– abogan por abandonar el criterio de la lengua y fijarse en otro: la historia común de migraciones que han

---

aceptan la posibilidad de un intercambio intelectual en inglés, en español, o en ambas lenguas. Es interesante que Duany subraye la importancia de la literatura y de los críticos literarios en este proceso: «Yo creo que es en la literatura donde más se ha dado este debate [del idioma]. Críticos notables como Arcadio Díaz Quiñones o Efraín Barradas son de la isla pero no están en la isla; sin grandes dificultades se mueven en el mundo académico puertorriqueño y el norteamericano, y son reconocidos en ambos lugares. Hace algún tiempo están señalando que la literatura se escribe en inglés, en español y en spanglish y sigue siendo literatura puertorriqueña».

[40] En el cuento «Encancaranublado» de Ana Lydia Vega un cubano, un haitiano y un dominicano se encuentran en un mismo barco con rumbo a EE. UU., con lo cual problematiza la realidad concreta de los *boat people* que tratan de llegar a EE. UU. con la ilusión de mejorar sus condiciones de vida. Es uno de los pocos textos puertorriqueños que problematiza el problema de la diáspora en una perspectiva caribeña.

[41] El aspecto 'portátil', diaspórico del puertorriqueño se refleja también en el uso del idioma. Oficialmente los puertorriqueños tienen dos idiomas, pero el contacto entre el inglés y el español promueve una hibridez que afecta tanto al español y *spanglish* hablados en la isla como al español, al inglés y al *spanglish* que hablan los *Nuyoricans / neoricans* (i. e. los 'puertorriqueños de EE. UU.'). El poeta boricua Miguel Algarín, fundador del Nuyorican Poets Cafe, acuñó el término *Nuyorican* en 1974. Originalmente refería a la comunidad de los puertorriqueños que se establecieron en Nueva York. Hoy en día el uso del término se ha generalizado para referir a todo puertorriqueño que se ha establecido en EE. UU. Palabras como *rufo* (techo) o *lonchar* (almorzar), *carpeta* (alfombra) se pueden escuchar tanto en el Lower East Side de Manhattan como en algunos barrios de la isla. En la calle, en ambos lados, se pueden escuchar frases como: «Guacha el doguito que voy al cho» («Cuídame al perro mientras voy a la tienda»). El poeta *nuyorican* Pedro Pietri lo usa p. e. para hacer una versión en *spanglish* del himno puertorriqueño «En mi viejo San Juan», que comienza así: «En my viejo San Juan, they raise the price of pan», lo cual significa: «En mi viejo San Juan, suben el precio del pan» (véase «El Spanglish National Anthem» en la página web de Pedro Pietri con el significativo título de «The Puerto Rican Embassy»).

adoptado un carácter circular. Al mismo tiempo, se enfatiza cada vez más en la complicidad o intimidad que caracteriza la historia colonial puertorriqueña, historia que (ya) no cabe en rígidos esquemas (como la oposición hegeliana amo/esclavo) sino que estaría profundamente marcada por el negocio con la metrópoli estadounidense. En palabras de Díaz Quiñones (2000: 201), [...] «se trata de ver en los imperios no sólo una estructura monolítica de dominación y conquista, sino un modo de negociación e intercambio que da origen a modificaciones importantes de las prácticas políticas y culturales tanto en las metrópoli como en las colonias». Algo parecido estaría ocurriendo con la busca de la identidad en la literatura puertorriqueña: los autores actuales no se distancian tanto del mito de Narciso –siguen esta tradición– sino que modifican la manera de buscar la imagen de la *puertorriqueñidad*, que no corresponde a una imagen ideal, monolítica, esencial.

2.3. El espejo turbio de Narciso

La literatura puertorriqueña está caracterizada precisamente por la búsqueda identitaria, es decir, por la imagen del 'yo' en el espejo que con frecuencia es problematizado a partir del mito de Narciso.[42] Así lo sugiere el ensayo «Melodía» de Rubén Ríos Ávila (2002), referente al cuento de «En el fondo del caño hay un negrito» de José Luis González. Ahí, Ríos Ávila subraya la importancia del mito de Narciso para la literatura puertorriqueña, tanto la que se escribió en el siglo pasado como la que se escribirá en este siglo nuevo:

> Escribir en Puerto Rico es enseñar una criatura, delatar un cuerpo, mostrar una imagen, invocar un reconocimiento. La nuestra quizás sea la última literatura del mundo hispano-hablante que todavía se piensa como una construcción inacabada, como un deseo de ser, y no hay un solo escritor que no se proponga esa tarea como una especie de profesión. Escribir es siempre de algún modo elevar el cáliz sagrado, el espejo que nos refleje. De cierto modo, el impulso mítico de la sonrisa de Melodía persiste como nostalgia, aún en la era de la antiutopía. La escritura es en Puerto Rico de una manera fundacional el espejo de Narciso (Ríos Ávila 2002: 206).

Una de las estrategias del escritor puertorriqueño actual consistiría en «romper el cerco» (*Ibíd.*: 210) de la identidad, es decir de la imagen del 'yo' en el espejo, el espacio por excelencia donde el individuo busca el 'otro lado' de su yo, es decir su *moi*, su yo ideal. Pero la identificación abarca también desde otra parte: el narcisismo del individuo ya no sería sólo el resultado de

---

[42] *Cfr.* Ríos Ávila (2002) y Duchesne (2001).

la propia imagen en el espejo tal como la percibe, por ejemplo, un Roquentin en *La nausée* de Jean-Paul Sartre, sino que lo especulariza el imaginario social en que vive; éste no sería otra cosa sino el imaginario de la sociedad del espectáculo, que impondría sus imágenes al individuo, tal como el espejo le impone la imagen del 'yo' como una unidad imaginaria. Ríos Ávila traza tres configuraciones del mito de Narciso a partir de su relectura de tres textos: el cuento «En el fondo del caño hay un negrito» de José Luis González, la novela *La guaracha del Macho Camacho* de Luis Rafael Sánchez, y otra novela, *La noche oscura del Niño Avilés* de Edgardo Rodríguez Juliá. La interpretación de Ríos Ávila de la diferencia de tratamiento del mito de Narciso, encarnado por tres niños, merece más atención: sostiene que en el primer caso, el personaje narcisista es un niño que sonríe (Melodía), un Narciso encantado al ver su imagen reflejada en su par, en otro 'negrito', mientras que en el segundo y el tercero se trata de un niño monstruoso, un Narciso cuyas aguas se habrían vuelto turbias.[43] El paso que se observa en estas novelas es el del cerco de la imagen a su ruptura; se ha dado un paso de la identidad a la monstruosidad, del encanto al espanto, «una caída en el horror».[44] En estas novelas, el desencuentro con la propia imagen se hace visible cuando el personaje descubre «el dolor de su propia monstruosidad». El Nene y el Niño Avilés se podrían interpretar como reescrituras de Melodía. La 'caída en el horror' (la imagen en un espejo 'turbio', imposible) es un encuentro radicalmente anti-utópico, con la propia imagen, es decir con la identidad como algo imposible. De la misma manera, Duchesne (2001: 30), en su ensayo «Centuria de Narciso (Interrogar el espejo literario nacional)», propone: «recordemos el salto de Narciso, el del estanque, y sobre todo el del fondo del caño. Y tal es la función que debemos agradecerle [*sic*!] a las literaturas nacionales, su función de espejo, su paso de fuga». El crítico insiste en la identidad como monstruosidad, comentando brevemente el libro de cuentos *Historias tremendas* (1999) del joven autor puertorriqueño Pedro

---

[43] El cuento más conocido de González sería una «escenificación del fracaso de la transacción de lo imaginario a lo simbólico, precisamente porque Melodía se resiste a llegar a la segunda etapa, el momento en que el niño admite que la imagen del espejo (en este caso, habría que decir, del caño como espejo 'turbio', es decir, ineficiente, irreflexivo), es meramente un reflejo de la suya» (Ríos Ávila 2002: 203).

[44] Según Ríos Ávila (*Ibíd.*: 209) los protagonistas de estas obras ilustran bien la conjugación del mito de Narciso en la literatura puertorriqueña: refiriéndose al cuento «En el fondo del caño hay un negrito» de José Luis González, afirma que Melodía, El Nene y el Niño Avilés son «los tres niños en el fondo del caño: tres rostros de una literatura que construye su sujeto nacional en la imagen de un narcisismo primordial».

Cabiya, cuyas criaturas se complacen en pervertir cualquier posibilidad de identificación con una imagen coherente, distorsionada por el «elemento patológico» (Duchesne 2001: 35) que predomina en su obra.[45]

Una pregunta –que por ahora se deja abierta– resulta de esta patologización de Narciso. En la postmodernidad que tanto insiste en lo contrario a todo lo patológico, viral, promoviendo el espectáculo como tendencia a la suavización de las oposiciones (valga pensar en el colonialismo que siempre se ha pensado como represión unilateral), ¿cómo podría explicarse esta repetitiva 'caída en el horror', este énfasis en la monstruosidad?

suspicious tradition

2.4. ¿Presencia o ausencia del padre?

Como el eterno regreso de Narciso, otro punto persiste en la literatura puertorriqueña, que se acerca curiosamente a la ambigüedad en torno a esta forma de colonialismo más soportable y tal vez postcolonial: la segunda ambigüedad atañe a la existencia o no existencia de una figura paterna en la literatura puertorriqueña. Según sugiere Juan Gelpí en su libro *Literatura y paternalismo en Puerto Rico* (1993), las letras puertorriqueñas se caracterizan por una tradición sospechosa: la de colocar al padre –una especie de caudillo– en el centro de la narrativa y del 'canon nacional'. La crítica literaria, por su parte, en lugar de cuestionar esta tradición de lo que el autor llama 'paternalismo', cierto autoritarismo que persiste en hacer del puertorriqueño un sujeto dócil, habría reforzado esta tendencia. Esta idea del paternalismo, que cuenta con el apoyo de otros críticos puertorriqueños (Díaz 1998) se ha venido cuestionando desde principios de los noventa. Algunos críticos (González 1997, Ríos Ávila 2002) cuestionan la idea de Gelpí de que un paternalismo feroz (cuyos diablos serían críticos como Pedreira y Manrique Cabrera, y escritores como René Marqués) impregne la literatura, consolidando al canon e infantilizando al puertorriqueño, i. e. reforzando el estereotipo del 'puertorriqueño dócil' (definido por Pedreira en su libro *Insularismo*). Contrariamente a esta idea, para Ríos Ávila (2002: 74), la figura del padre haría justamente falta: «La manera que tiene la función del Padre de defender al sujeto de las veleidades del paternalismo es insistiendo en la falta, es *haciendo* falta, brillando por su ausencia» (énfasis del autor). Sugiere que el padre es lo que más hace falta, tanto en la literatura

---

[45] «Los entes o atributos patológicos de los textos de Cabiya no remiten ya a un sujeto 'representativo' del cual hay que decir y contar cosas que anclen el universo literario en una referencialidad sociocultural imperfectiva, que aguarda sanación. Los personajes de Cabiya son típicos solamente en sus cuentos, pues su patología despide a la tipicidad y saluda a lo monstruoso» (Duchesne 2001: 36).

puertorriqueña, como en el contexto político y cultural, Carlos Gil opina, de la misma manera, que el padre simbólico en el contexto político puertorriqueño es ante todo débil, un «padre obsceno [...] ficción de la ficción» cuyo discurso se caracteriza por su corte «neofascista» (Gil 2001: 122-123).[46]

Es un hecho que Puerto Rico, por su estatuto de Estado Libre Asociado, es casi el único país latinoamericano que no ha conocido un caudillo; en su historia faltan las dictaduras y ni siquiera el término 'dictablanda' (que se aplica de vez en cuando a regímenes con una dictadura menos represiva) sería adecuado. Una de las metáforas al servicio del 'paternalismo' literario sería la del colonialismo como trauma, como herida abierta, que para muchos críticos habría que olvidar. Contrario a la idea de que el trauma colonial (ante todo el paso a la bandera estadounidense en 1898, conocido como el 98) y otras metáforas (como la familia) fueran usados para construir un discurso paternalista, Ríos Ávila avanza la necesidad de regresar sobre el trauma, en lugar de «echarlo en el saco de las metáforas fallidas» (*Ibíd.*: 19), decisión que ha tomado gran parte de la crítica actual, cansada de este tema: «Hay que reconsiderar el trauma, devolviéndole el peso de su carga, su densidad hermenéutica y sobre todo su objetividad sicoanalítica» (*Ibíd.*: 20). El crítico no aborda el tema del trauma colonial después del 98, por ejemplo la conversión en Estado Libre Asociado; sin embargo, desde el punto de vista del colonialismo como experiencia traumática podría repensarse la situación actual de Puerto Rico como una oscilación entre lo indecible, el espanto, y el encanto de Puerto Rico como *showcase* de la modernidad latinoamericana.

Esta oscilación entre 'sí' y 'no' con respecto a la existencia o no existencia del padre no deja de ser llamativa. En lugar de discutir aquí cuál de las dos posiciones corresponde a la verdad histórica, más fructífero sería señalar la *oscilación* misma que plantea este debate. Podrían citarse otros críticos más que favorecen o cuestionan la idea del paternalismo en las letras y en el contexto político puertorriqueños. Ahora, esta duda, esta oscilación parece confirmar la idea de que tanto Puerto Rico como su literatura ocupan un lugar sumamente incómodo: acercarse a ella implicaría necesariamente acercarse a un objeto imposible, innombrable. Es como si, en cuanto el crítico acercara su lupa al objeto de estudio, éste ya se hubiera movido a otra parte. Si la diversidad y

---

[46] El padre puertorriqueño (y toma como ejemplo a Pedro Rosselló, el ex gobernador de Puerto Rico) no se presenta como un dictador represivo, sino como un cuerpo obsceno: «Si el padre es una pulsión poco vigorosa hacia el símbolo, si concentra en sí mismo toda la atención, la larva probablemente seguirá siendo larva, porque no se la dejará crecer, y entonces, estamos ante un padre en cueros que ejerce en su propia corporeidad el mando, que concentra sobre la superficie de su propio cuerpo el poder» (Gil 2001: 123).

divergencia, según Flores, se observan en el debate cultural, donde la ambigüedad es reina, en la crítica literaria no es diferente, como lo muestran las distintas posiciones en torno al paternalismo.

2.5 ¿Literatura light?

Curiosamente, ningún crítico avanza la posibilidad de que la literatura puertorriqueña, que aparentemente se encuentra en una *impasse*, esté absorta en lo que en los ochenta se ha llamado 'literatura *light*', una escritura amenazada por la sociedad consumista, producto de la degeneración de lo imaginario, una escritura sumisa a la ley del mercado.[47] Es como si se siguiera creyendo en la función crítica de la literatura puertorriqueña, como voz de resistencia a cualquier tipo de sumisión. Incluso si la literatura puertorriqueña hoy día fuera una literatura *light*, ocuparía todavía lo que de acuerdo con Jean Franco puede llamarse un «lugar minoritario de reflexión».[48] Y es que la 'sensibilidad *lite*' no implica automáticamente la desaparición de la literatura, sino que ésta permanecería como el lugar de reflexión mínimo donde sobrevive la sensibilidad. La escritura es efectivamente lo que Julia Kristeva, hacia finales de los años noventa (Kristeva 1997, 1998), llamó una forma de rebeldía mínima, de carácter íntimo.[49] La sensibilidad *lite* de los puertorriqueños en torno a los temas

---

[47] Fuera del contexto puertorriqueño, no faltan opositores a la literatura *light*. Uno de ellos es Ricardo Gil Otaiza, quien en un artículo publicado en *El Universal* de Caracas, «Las autoras y la literatura light», reprocha a una serie de escritoras (por ejemplo Ángeles Mastretta, Zoé Valdés e Isabel Allende) la comercialización de sus textos: «Todas ellas están realizando lo que se conoce con el enojoso término de literatura light; la cual se caracteriza por la tibieza de las propuestas, por su liviandad y por la escasa profundidad de sus planteamientos. Libros que se pueden leer sin el menor esfuerzo intelectual, y que en lugar de enriquecer al lector, lo sumergen en aguas poco profundas, que nada le dicen ni le aportan» (Otaiza 1997).

[48] En una entrevista, Jean Franco explica su optimismo (contrario al pesimismo de Otaiza) con respecto a la literatura *light* como sigue: «Lo que ocurre, y esto es también el tema del libro, es que el lugar de la literatura ha cambiado. Los *superstars* de ahora son Manu Chao y Luis Guerra. Ellos ocupan el lugar de los escritores en los 70, son quienes convocan a su público a tomar posiciones y hablan de lo Real, de la pobreza, etcétera. Celia Cruz emite declaraciones sobre la latinidad: no sólo Vargas Llosa fue candidato presidencial, también Rubén Blades en Panamá. Éste es un fenómeno muy interesante. La literatura, entretanto, no desaparece, pero queda en el lugar minoritario de la reflexión, más que la opinión, una cualidad rara hoy día» (Franco 2002).

[49] Lo que sugiere Kristeva es que la historia se repetirá: no se viven tiempos de gran sensibilidad y de auge intelectual, pero de una sensibilidad mínima tal vez surja otra época. A pesar de los desencantamientos, preservaríamos la posibilidad de tiempos mejo-

de identidad y nación coincide con un proceso inquietante. Para Kristeva, la humanidad –a nivel global y sobre todo de modo vertiginoso hacia finales del siglo XX– se ha deslizado hacia la insensibilidad, una degradación indisociable del proceso de la espectacularización de nuestras sociedades, de la conversión de la cultura letrada en «culture-performance».[50] El *cuestionamiento* de los fenómenos considerados como evidentes en un orden simbólico cada vez más ambiguo sigue siendo, sin embargo, la única manera para mantener un nivel de sensibilidad mínimo. Si Albert Camus decía: «Je me révolte, donc nous sommes», Kristeva prefiere –dado el suspenso de nuestra facultad de cuestionamiento– añadir a esta frase una indicación temporal: «Je me révolte, donc nous sommes à venir».

3. Propósito de este trabajo

El objetivo de este trabajo es el análisis de tres novelas puertorriqueñas y las maneras en que éstas representan los conceptos de identidad y nación: *Sirena Selena vestida de pena* (2000) de Mayra Santos-Febres, *Sol de medianoche* (1999) de Edgardo Rodríguez Juliá, y *Yo-yo Boing!* (1998) de Giannina Braschi. La razón de la limitación al género de la novela es que facilita el estudio comparativo de los textos (comparación que se establecerá en el último capítulo). Si bien todos estos autores son puertorriqueños, la selección de las tres novelas no se basa ni en el género, ni en el lugar de residencia o la generación a la cual pertenece cada uno, sino en el hecho concreto de que la problemática de la identidad refleja una misma dinámica que se puede describir eficazmente por medio de algunos conceptos sicoanalíticos de Kristeva.

La hipótesis de trabajo es que cada novela define un tipo de sujeto que, por su dualidad o 'hibridez' particular, es 'abyecto'. El estudio propiamente dicho de los textos va precedido por un capítulo teórico (II) dedicado a la definición y elaboración de éste y otros conceptos sicoanalíticos que constituyen la base teórica de este libro. Si este trabajo se caracteriza, además, por un enfoque principalmente sicoanalítico, es porque así lo requieren los textos: como teoría, el sicoanálisis permite abordarlos con más flexibilidad que, por ejemplo,

---

res, gracias a nuestra intimidad desde la cual se pueda organizar otra rebeldía (Kristeva 1998: 31).

[50] «Lorsqu'elle [la culture européenne] existe, elle est marginalisée au titre décoratif d'alibi toléré de la société du spectacle; quand elle n'est pas tout simplement submergée et rendue impossible par la culture-divertissement, par la 'culture-performance', par la 'culture-show' (les anglicismes sont ici de circonstance)» (*Ibíd.*: 16).

el análisis puramente narratológico. Es sabido que cualquier acercamiento sicoanalítico para el análisis cultural o literario, como el análisis que aquí se ha efectuado, con demasiada facilidad se identifica como impresionista, como demasiado alejado del análisis literario 'puro', o como elogio de lo literario, i. e. como una especie de investigación 'literaturizada'. Consciente de este prejuicio, un objetivo secundario de nuestro trabajo es contribuir a demostrar lo contrario. Sin embargo, este estudio se quiere interdisciplinario: se acudirá a (conceptos de) otras disciplinas (la semiótica, la narratología, la filosofía) allí donde pueden proporcionar herramientas útiles para el trabajo analítico e interpretativo.

Las novelas han sido escritas respectivamente por tres autores muy divergentes, tanto en cuanto a su temática como a la 'generación' de la cual cada uno forma parte: Mayra Santos-Febres pertenece a la novísima generación de escritores; Giannina Braschi, a la del ochenta y Edgardo Rodríguez Juliá, a la del setenta.[51] Aunque todos han sido galardonados con premios literarios, a la hora de finalizar este trabajo, las tres novelas apenas han sido estudiadas. Esta falta de atención crítica no deja de sorprender al saber que dos de las tres novelas recibieron los elogios de importantes críticos literarios internacionalmente conocidos como Jean Franco, Doris Sommer en el caso de Braschi, y Julio Ortega en el de Rodríguez Juliá. Este hecho es aún más sorprendente al saber que ninguno de los autores es desconocido, ya que se hicieron conocer tanto dentro como fuera de su país. Varias de sus obras han sido traducidas y reconocidas en los Estados Unidos y en Europa.[52]

---

[51] 'Generación' se entiende aquí en su sentido tradicional como la década en que un escritor publicó su primera obra.

[52] Sobre *Sol de medianoche* de Edgardo Rodríguez Juliá, aparte del estudio hecho por el autor de este libro (Van Haesendonck 2001a), apareció sólo un artículo (López Baralt 2000). Sobre *Sirena Selena vestida de pena* de Mayra Santos-Febres aparecieron varios artículos (entre los cuales uno del autor de este trabajo, Van Haesendonck 2003a) en una sección de la revista *Centro Journal* (XV, núm. 2, 2003) dedicada a la novela. Sin embargo, estos artículos (a parte del estudio hecho por el autor) no se han podido consultar porque el volumen llegó tras finalizar este manuscrito. Otros artículos (Castillo 2001, Cuadra 2003, Rodríguez Jiménez 2003, González-Allende 2005, Morell 2005) ofrecen interesantes estudios del problema de género en la novela, pero sin tomar en cuenta el contexto político y social. Maeseneer (2004), por último, ofrece un análisis de la «*hibridación*» de la novela. Sobre la novela *Yo-yo Boing!* de Giannina Braschi, obra nominada para el prestigioso premio Pulitzer existen sólo dos artículos (Dessús 2001, De Mojica 2002), aparte del ensayo de Doris Sommer y Alexandra Vega-Merino (1998: 11-18) incluido en la novela como introducción. Los tres comentarios se limitan, desgraciadamente, a una celebración de una hibridez identitaria postmoderna. De *Sirena Selena vestida de pena* de Mayra

El segundo capítulo es una reflexión teórica sobre dos conceptos de Julia Kristeva que forman el hilo rojo de la tesis: la abyección y lo abyecto, y su utilidad para el análisis del 'sujeto' en las tres novelas incluidas en el corpus. Aquí se propondrá vincularlos con otros conceptos provenientes de varias disciplinas, a fin de argumentar la lectura alegórica propuesta a lo largo de este trabajo. Luego se tratará de argumentar por qué estos conceptos son útiles para el análisis del actual debate cultural sobre Puerto Rico. En cada uno de los tres capítulos de análisis textual (III, IV, V) se analizará detenidamente una novela. Finalmente, en el último capítulo (VI) se presentarán las conclusiones después de comparar los tres textos y situarlos en su contexto, prestando especial atención al concepto de 'nación'.

Santos-Febres existen traducciones en italiano y en inglés (*Sirena Selena*). También han sido traducidos al inglés los cuentos de *Pez de vidrio (Urban Oracles)* y la novela *Cualquier miércoles soy tuya (Any Wednesday I'm yours)*. La novela *La renuncia del héroe* de Edgardo Rodríguez Juliá fue traducida como *The Renunciation* en una colección especial de la Unesco. De su novela más conocida hasta la fecha, *La noche oscura del Niño Avilés*, existe una traducción francesa. De la crónica *El entierro de Cortijo* existe una versión inglesa (*Cortijo's wake*) y francesa (*L'enterrement de Cortijo*). *El imperio de los sueños* (1988) de Giannina Braschi, por último, fue traducida al inglés como *Empire of dreams* (1994) en Yale University Press.

II

Hacia una revalorización de la abyección y de lo abyecto como conceptos críticos

> Qui, en somme, je vous le demande, accepterait de se dire abject, sujet de, ou sujet à, l'abjection?
>
> Kristeva, *Pouvoirs de l'horreur*

> Ainsi l'image remplit-elle l'une des fonctions qui est d'apaiser, d'humaniser l'informe néant qui pousse vers nous le résidu inéliminable de l'être. Elle le nettoie, l'approprie, le rend aimable et pur.
>
> Blanchot, *L'espace littéraire*

Uno de los conceptos más fascinantes y enigmáticos de la teoría sicoanalítica es el de lo abyecto. Aunque no se usa en el debate cultural sobre Puerto Rico, brevemente esbozado en la introducción, este término es tal vez el más útil para caracterizar a Puerto Rico y al sujeto puertorriqueño de la postmodernidad. Pero antes de explicar el porqué, sería sensato tratar de dar una definición de este concepto que su teórica más importante –Julia Kristeva– concibió como algo indefinible. Definir lo abyecto implica necesariamente explicar primero lo que es –lo que podría ser– la abyección, otro concepto con el cual está estrechamente relacionado. Podría decirse de ambos conceptos, abyecto y abyección, que parecen predestinados a un uso y abuso ambiguos por parte de la crítica. De acuerdo con lo que Mieke Bal dice del omnipresente término 'effet de réel' de Barthes, la crítica los encuentra «problematic as well as attractive» (Bal 2002: 54).

1. Definición de los conceptos

1.1. La abyección: proceso de separación

La abyección, como lo señala el término mismo, se refiere a un proceso de separación. ¿Quién abyecta qué? y ¿en qué consiste esta separación exactamente? Cabe diferenciar el término, sustantivo derivado del verbo 'abyectar' (que indica un proceso) de otro, esta vez neutro: *lo* abyecto. El término 'abyección' se distingue de la expresión '*ser* abyecto', que indica no un proceso sino una condición. 'Ser abyecto' es situarse en *cierta* condición existencial que el sujeto percibe como repugnante y peligrosa, como si hubiera una fuerza poderosa y peligrosa que lo amenaza con hacer desaparecer su identidad, su 'yo'. En su discusión de la obra de Kristeva, Lechte (1990: 160) sugiere que lo abyecto puede resumirse con tres palabras: hipocresía, falta de autenticidad y corrupción. Por interesante y provocador que sea este argumento, es necesario especificarlo, volviendo al texto (*Pouvoirs de l'horreur*, 1980) en que Kristeva desarrolla su teoría de lo abyecto. Para ello, se basa en un breve ensayo de Georges Bataille («L'abjection et les formes misérables», Bataille 1970b: 219-221), donde éste define la abyección en términos de una 'exclusión': «l'abjection est simplement l'incapacité d'assumer avec une force suffisante l'acte impératif d'exclusion des choses abjectes (qui consitiue le fondement de l'existence collective)» (*Ibíd.*: 219). Kristeva desarrolla la idea de 'incapacidad' de separarse como base de la constitución del sujeto mismo, que, según ya señaló Bataille, tiene implicaciones fundamentales para la 'existencia colectiva' de una sociedad.

Kristeva (1980: 20) define la abyección como un proceso de separación. Etimológicamente, el adjetivo 'abyecto' proviene del latín *abiectus*, de *abiicĕre*, 'rebajar', 'envilecer', y en su aceptación actual significa 'despreciable', 'vil en extremo', y también 'humillado', 'abatido'.[1] La connotación negativa de los términos abyecto/abyección también impregna el ensayo de Kristeva (quien los adapta al campo sicoanalítico) cuando habla del cuerpo abyecto. Apuntarían a una impureza radical, una hibridez nada frívola. Al contrario, presenta la abyección como un proceso doloroso y violento. Cabe recordar la primera frase del ensayo:

Il y a, dans l'abjection, une de ces violentes et obscures révoltes de l'être contre ce qui le menace et qui lui paraît venir d'un dehors ou d'un dedans exorbitant, jeté à côté du possible, du tolérable, du pensable. C'est là, tout près mais inassimila-

---

[1] *Diccionario de la Lengua Española*, Madrid: Real Academia Española, 1992.

ble. Ça sollicite, inquiète, fascine le désir qui pourtant ne se laisse pas séduire (Kristeva 1980: 9).

Como se desprende de este comienzo, la abyección viene definida en términos abstractos y negativos como una 'amenaza' que proviene de un lugar no localizable («d'un dehors ou d'un dedans»). Falta un nombre para referir a este objeto impersonal que viene a amenazar al sujeto. En «C'est là» y «ça sollicite», la forma impersonal ('ça') no se refiere a algo que se pueda definir en términos unívocos sino a algo innombrable, a algo indefinible.[2] La negatividad del proceso de la abyección se observa además en que Kristeva lo califica como una 'rebeldía violenta y oscura'. Ahora, ¿quién expulsa ese no-objeto, es decir, quién es el agente de esta acción? El que expulsa y se siente amenazado es el propio 'yo', cuyo pánico y sensación de amenaza se explica precisamente por ese 'algo' expulsado o abyectado.[3] En otras palabras, lo expulsado corresponde con su 'no-yo', una sustancia fantasmática dentro o fuera del individuo, interpretada como peligrosa ya que las fronteras del 'yo' se vuelven inciertas («*je suis envahie par l'abjection*», *Ídem.*). La abyección entraña en el 'yo', el sujeto, la incertidumbre –inconsciente– en torno a las fronteras de la subjetividad (o identidad). En suma: ambigüedad identitaria y miedo por situar las fronteras del 'yo'. Kristeva subraya que en el proceso de abyección, «la séparation entre *sujet* et *objet* n'est pas encore nette [...] ces deux quasi-entités s'épuisent dans la fascination et la répulsion» (Kristeva 1998: 95).[4] No es difícil entender que tal sujeto refleja perfectamente, como el cadáver en la foto de Silverthorne, la oscilación entre 'fascination' y 'répulsion' que aquí se problematiza. Pero primero es importante recordar que, como bien lo ha visto Lechte (1990: 160), el texto de Kristeva incita a reflexionar sobre lo abyecto desde dos perspectivas: no sólo desde el punto de vista materialista-corporal sino también desde el punto de vista analítico.

---

[2] «Quand je suis envahie par l'abjection, cette torsade faite d'affects et de pensées que j'appelle ainsi, n'a pas à proprement parler d'objet définissable. L'abject n'est pas un ob-jet en face de moi, que je nomme ou que j'imagine» (Kristeva 1980: 9).

[3] Se entiende 'sujeto' en el sentido Kristeviano de 'sujet-en-procès', sujeto en proceso de hacerse; no se diferencia, sin embargo, del concepto lacaniano del sujeto como lenguaje. Aunque Kristeva sitúa lo abyecto al borde del lenguaje, hay suficiente razón para aceptar que este sujeto se define como lenguaje, al mismo tiempo como lo que le precede.

[4] Kristeva sugiere que el 'yo' abyecto no es sujeto sino objeto de un proceso reflexivo: «je *m*'expulse, je *me* crache, je *m*'abyecte dans le même mouvement par lequel 'je' prétends me poser [...] Dans ce trajet ou 'je' deviens, j'accouche de moi dans la violence du sanglot, du vomi» (*Ibíd.*: 11; énfasis de la autora).

Desde el punto de vista *corporal*, lo abyecto sería comparable, con el resultado del acto negativo de crear y expulsar excrementos, de vomitar algo nauseabundo: «le dégoût alimentaire est peut-être la forme la plus élémentaire et la plus archaïque de l'abjection» (*Ibíd.*: 10). Lo abyecto es el excremento corporal que crea un 'afuera' del sujeto en que éste se basa –al nivel de la inconsciencia– para marcar las fronteras de su subjetividad. Kristeva usa dos imágenes fuertes y concretas para ilustrar el proceso de abyección: el nacimiento y la muerte de un cuerpo. La frontera absoluta entre ser y no-ser, entre sujeto y objeto, es el cadáver: ya que se encuentra al mismo tiempo dentro y fuera del orden de lo humano y de lo social, el cadáver es un ejemplo emblemático de lo abyecto.[5] Otra experiencia de abyección es el nacimiento, el proceso primordial de separación de la madre. Lo que se conoce como 'náusea' es de hecho una forma de abyección, como el acto de vomitar, socialmente repulsado como algo ominoso: desde que llega al mundo, el sujeto siente inconscientemente una repugnancia hacia la viscosidad y contingencia de su existencia en el mundo. Cualquier sustancia relacionada con la madre se cubre de náusea: «Avec le vertige qui brouille le regard, La nausée me cambre, contre cette crème de lait, et me sépare de la mère, du père qui me la présentent. De cet élément, signe de leur désir, 'je' n'en veux pas, 'je' ne veux rien savoir, 'je' ne l'assimile pas, 'je' l'expulse» (*Ibíd.*: 10). El mundo materno perturba al sujeto como ser estable, racional, perceptivo, etc., cuando éste descubre la náusea de los objetos maternos que lo rodean, y que siempre amenazan con irrumpir su subjetividad. Adrede o no, Kristeva traza un claro paralelismo entre su propia teoría y el existencialismo. Como se sabe, en la llamada literatura existencialista, el emblema de la náusea nos llega en el personaje de Roquentin en la novela de Sartre (*La nausée*), donde el protagonista siente un fuerte disgusto por su propia cara al mirarse en el espejo.[6] Este disgusto lo marca a lo abyecto como un Narciso en crisis. El proceso de separación no terminado, interminable, constituye la contingencia y fragilidad de su existencia, «troublant ainsi les eaux de Narcisse» (*Ibíd.*: 22).

Desde el punto de vista *analítico*, en cambio, lo abyecto es, más allá de lo corporal, todo lo que reta las fronteras (p. e. lingüísticas, sexuales, sociales) del sujeto en sentido amplio, es decir, no sólo el cuerpo del 'yo', sino también otras entidades que se puedan interpretar como más o menos orgánicas yendo de la

---

[5] Kristeva sostiene que en el caso del cadáver «ce n'est plus moi qui est expulsé, 'je' est expulsé» (*Ídem.*).

[6] Un incisivo estudio de la manera en que la objetividad del mundo irrumpe y desorienta a Roquentin hasta convertirlo en un esquizofrénico es el de Vernon (1973).

nación hasta un texto literario. Lo abyecto, desde esta perspectiva, es ante todo lo que perturba y pervierte: «ce qui perturbe une identité, un système, un ordre. Ce qui ne respecte pas les limites, les places, les règles. L'entre deux, l'ambigu, le mixte» (*Ibíd.*: 12). Es decir, esta segunda lectura de lo abyecto es alegórica: trata de sondear los significados más profundos detrás de estas entidades. Lo abyecto, desde el punto de vista analítico, es todo lo que perturba cualquier orden socio-político (la identidad individual y colectiva, los sistemas sociales y políticos, la cultura oficialmente aceptada, etc.).[7] Por su poder perturbador, lo abyecto no goza de una existencia ontológica, pues no cabe en las categorías que usan los sistemas para afirmar su identidad, para constituirse como 'yo'; no es «ni sujet, ni objet» (*Ibíd.*: 9), sino un indecible híbrido, un «entre-deux» (*Ibíd.*: 12), una frontera que lleva una existencia sombría, decaída («existence déchue», *Ibíd.*: 17).[8]

Una lectura alegórica interesante es la de Moruzzi (1993), uno de los pocos críticos que se atreve a ampliar de manera original el campo de aplicaciones de lo abyecto como herramienta crítica. En su artículo «National abjects: Julia Kristeva on the process of Political Self-Identification», aboga por la ampliación de la interpretación de lo abyecto como una sustancia anclada en el cuerpo del individuo a otro 'cuerpo' político y social: la nación. Moruzzi establece, además, un vínculo interesante entre *Pouvoirs de l'horreur* y otra obra de Kristeva, *Etrangers à nous-mêmes* (1988), en la que ésta hace una propuesta para repensar el concepto de 'extranjero'. Aunque Moruzzi no hace abstracción del 'cuerpo', su concepción abre la puerta al debate tan actual sobre la identidad nacional y sobre el sujeto marginado, el que de varias maneras queda política y socialmente excluido. La propuesta de Moruzzi es interpretar el concepto de nación como un cuerpo que está sometido a un proceso de abyección: «historically, the nation-state establishes itself through the convulsions of a body politic which rejects those parts of itself, defined as other or excess, whose rejected alterity then engenders the consolidation of a national identity» (Moruzzi 1993: 143). La crítica afirma que 'aquellas partes' que determinada nación considera como 'excesivas' son a menudo 'los' extranjeros, mientras que éstos ejercen al mismo tiempo una fascinación y repulsión sobre ella. Una nación puede percibir su presencia como lo que amenaza con disolver la identidad nacional.

---

[7] *Cfr.* Lechte (1990: 160)

[8] Kristeva (1980: 33) da como ejemplo de lo abyecto en la literatura, entre otros, al escritor vanguardista Antonin Artaud, cuyos textos expresan el 'yo' «envahi par le cadavre», reducido a lo abyecto: «étouffement qui ne sépare pas le dedans du dehors mais les aspire l'un dans l'autre indéfiniment».

Lamentablemente, la crítica no va más allá de la idea orgánica de la nación-cuerpo como una entidad preconcebida y cerrada, de modo que su propuesta es una aplicación demasiado mecánica del cuerpo biológico humano al cuerpo nacional. Además, el goce (entendido en su doble sentido sicoanalítico de *jouissance*, es decir como placer y dolor) que marca a la nación como sujeto en proceso permanente de separarse, podría analizarse con detenimiento a la luz de un debate conflictivo sobre 'lo nacional' (como es el caso de Puerto Rico, Córcega, Palestina, el País Vasco, etc.). Si el cuerpo-nación se caracteriza por un proceso de abyección, ¿qué formas de exclusión operan sobre ese 'cuerpo-nación'? ¿Es posible interpretarlo de modo no materialista/corporal, sustituyendo la noción kristeviana de 'cuerpo' por 'sujeto-nación'?

Desgraciadamente, un solo vistazo a la bibliografía crítica permite ya decir que la propuesta de Moruzzi es una excepción a la regla de la comodidad crítica. La gran mayoría de los críticos que usan los conceptos los interpreta de modo simplista, en el sentido literal (anunciado por el título mismo del ensayo *Pouvoirs de l'horreur*) de horror, hasta llegar a la caricatura: ha 'aplicado', un tanto ciegamente, la abyección como un proceso que convierte al sujeto en un monstruo irreconocible, repugnante, que se encuentra en un estado de putrefacción interminable.[9] No sorprende entonces, por lo que atañe al campo de la crítica literaria, que su uso haya sido ante todo ventajoso para la llamada *gothic literature*, el conocido género de novelas anglosajón que se centra en el horror.[10] Esta aplicación exclusiva y exclusivista de los conceptos a la lite-

---

[9] Del sinfín de ejemplos posibles, podría citarse en el campo de los estudios postcoloniales el artículo de Boehmer (2002), donde analiza la novela *Disgrace* de Coetzee, usando lo abyecto de modo gratuito, puesto que habla vagamente de una 'humilliación' de la mujer en esta obra. Boehmer interpreta la abyección erróneamente como «a recognizable 'feminine' state of at once 'extreme subjectivity' and awareness of the inassimilable (indeed repellent) 'non-unity' of the other» (Boehmer 2002: 348). Otros casos recientes que interpretan lo abyecto como horror, a menudo con títulos que hablan por sí mismos: Buchman (1999: *The Monster Strikes Back: American Women Revising the Abject*), Wilson-Jordan (1999: «Written on the Border: Storytelling and the Abject Subject in Edith Wharton's Ghost Tales»), Tan (2001: «The Vampire in Horror Film and Literature as a Link to the Abject That Is Seen in the Woman»), Mulvey Roberts (2000: «The Corpse in the Corpus: Frankenstein, Rewriting Wollstonecraft and the Abject»), Lawson (1995: «Abject and Defiled: Signora Neroni's Body and the Question of Domestic Violence in Barchester Towers»).

[10] De la larguísima lista, valga citar unos cuantos ejemplos recientes: Hogle (2003: «The Gothic-Romantic Relationship: Underground Histories in 'The Eve of St. Agnes'»), Hogle (2002: «The Gothic Crosses the Channel: Abjection and Revelation in *Le Fantôme de l'Opera*»), Hogle (1998: «Frankenstein as Neo-Gothic: From the Ghost of the Counterfeit to the Monster of Abjection»), Horner (2002: «'A Detour of Filthiness': French Fiction

ratura bajo la luz del 'horror' no es desde luego errónea, pero ha disminuido su carga crítica. En efecto, la mayoría de las veces subsisten en forma acuosa. Aquí se arguye, en cambio, que para revalorizar teóricamente estos conceptos y devolverles su fuerza crítica, su flexibilidad y permeabilidad, es necesario distanciarse de la interpretación simplista como horror, y explorar sus posibilidades analíticas como alegoría. No se trata de vaciar estos términos de la negatividad y la violencia implícitas en ellos, sino de concebir otras formas patológicas, menos visibles, tal vez, de la abyección como proceso doloroso que afecta al inconsciente del individuo.

1.2. Enfoque

Aquí se empezará por tanto por cometer una contradicción teórica al introducir el concepto de *sujeto abyecto*. No para sustituir lo abyecto sino para insistir en una cara importante que una lectura superficial del ensayo de Kristeva no permite ver: el sujeto. El sujeto abyecto requiere, por tanto, una *reformulación* del concepto de lo abyecto tal como lo define Kristeva, pero destacando un aspecto que se ha entendido mal. Se insistirá ante todo en el lado subjetivo (personal) de lo abyecto, no en su lado objetivo (impersonal), tal como se ha hecho hasta ahora.

Para llevar a cabo esta empresa, será necesario partir de un enfoque teórico híbrido, en el sentido de que se tratará de combinar varios enfoques teóricos. Es sabido que para analizar novelas actuales, que por su falta de coherencia narrativa fácilmente se califican de 'postmodernas', un análisis de corte estructuralista (narratológico o semiótico –piénsese en el esquema actancial greimasiano por ejemplo–) se revela, si no imposible, por lo menos limitado. Lo mismo ocurre con las novelas actuales que constituyen el objeto de este estudio. Vista la complejidad de estas novelas, un acercamiento sicoanalítico como el que aquí se propone permite estudiar detenidamente lo que resulta más problemático en la llamada literatura postmoderna: el individuo. Para echar una luz nueva sobre las categorías de la abyección y de lo abyecto, es necesario conectarlas con otros conceptos teóricos provenientes de diferentes disciplinas. En este estudio concretamente se tratará de dar un primer paso, modesto por cierto, vinculándolos –allí donde conviene– con ideas y conceptos

---

and Djuna Barne's Nightwood»), Johnson (2002: «The Fear Industry: Women, Gothic and Contemporary Crime Narrative»), Miles (2001: «Abjection, Nationalism and the Gothic»), Savoy (1999: «Spectres of Abjection: The Queer Subject of James's 'The Jolly Corner'»), Turcotte (1991: «'Speaking the Formula of Abjection': Hybrids and Gothic Discourses in Louis Nowra's Novels»).

sicoanalíticos de (Lacan y Žižek), filosóficos (Bataille, Deleuze, Blanchot), y semióticos (Greimas) a fin de explorar detenidamente sus posibilidades teóricas. La selección de estos teóricos se ha hecho en función de la relevancia de sus argumentos para respaldar la propuesta de concebir otras formas de abyección.

El acercamiento interdisciplinario, sin perder de vista el ensayo de Kristeva como texto básico, permitirá evitar caer en la trampa (que con frecuencia trae un análisis puramente sicoanalítico) de hacer un estudio demasiado impresionista, superficial o clínico. Aquí no se buscará la pureza conceptual, sino que se escogerá adrede el terreno de la contradicción, un terreno incierto y muchas veces frustrante, donde el camino del investigador se bifurca y vuelve a bifurcarse, siempre con el riesgo de llegar al punto de partida.

1.3. El sujeto abyecto

Para tratar de demostrar que lo abyecto es 'teorizable' se necesita dar, como se ha dicho en el punto anterior, un paso arriesgado: hay que cometer una paradoja teórica. A fin de aclarar esta transgresión conviene recurrir a una entrevista que Irene Coster Meijer y Baukje Prins (1996) le hicieron a Judith Butler, la conocida teórica del género como *performance*. Allí Butler hace una propuesta interesante:

> Abogo por un aparato conceptual que deje espacio a una autonomía relativa de lo abyecto, de tal modo que lo abyecto no quede atrapado en sus propios ejemplos y que estos ejemplos no tengan un efecto normativo sobre lo que entendemos por lo abyecto.[11]

Para crear tal aparato conceptual flexible, no es suficiente simplemente criticar o rechazar premisas teóricas existentes. Es necesario, según Butler (1996: 24), «fantasear» teóricamente en contra de lo que se puede encasillar en los conocidos compartimientos epistemológicos. Reivindicar la existencia de lo abyecto implica valorizar algo que la epistemología considera inexistente. Para hablar de lo abyecto, ampliar y activar un aparato teórico que respete la autonomía relativa de lo abyecto, nuevamente se necesitaría, según Butler, una estrategia controversial: hablar de lo abyecto es de por sí abogar por la

---

[11] «Ik pleit voor een conceptueel apparaat dat ruimte biedt aan een relatieve autonomie van de werking van het abjecte, zodanig dat het abjecte niet bevangen raakt door zijn eigen voorbeelden en deze voorbeelden niet zelf een normatieve uitwerking heben op wat we verstaan onder het abjecte» (Butler 1996: 29; nuestra traducción del neerlandés).

paradoja teórica, expresar una contradicción, ya que lo abyecto es 'algo' ambiguo que está siempre en proceso de (des)hacerse, pero que nunca llega a ser del todo sujeto.[12] De hecho, Butler no dice nada nuevo en esta entrevista, si se toma en cuenta que Kristeva, en *Pouvoirs de l'horreur*, ya formuló esta idea –aunque de manera menos clara que Butler– en un pasaje en que critica el abuso generalizado del concepto lacaniano de 'manque': «il s'agit bien d'imaginer, car c'est le travail de l'imagination qui est ici fondé». Una dosis de imaginación es la *conditio sine qua non* para elaborar el concepto de sujeto abyecto, precisamente por la falta de reconocimiento ontológico. Kristeva subraya que la interpretación de lo abyecto implica la imaginación y creatividad, para evitar que se caiga en interpretaciones muchas veces simplistas, unívocas, es decir, para evitar que lo abyecto se convierta en otro fetiche teórico.[13]

1.4. La abyección espectacular

En su ensayo, Kristeva hace hincapié en que, con la llegada de la modernidad (indiferentemente dónde uno sitúe su comienzo), el Occidente, progresivamente, habría ido 'maquillando' la abyección, reprimiendo su proceso regulador.[14] Si anteriormente todavía tenía una función reguladora, privilegiada,

---

[12] «La afirmación de que 'existen' cuerpos abyectos y que estos cuerpos no tienen ontología, parece [...] en términos habermasianos una contradicción performativa» («De bewering dat er abjecte lichamen 'zijn', én dat ze geen ontologie hebben, lijkt strikt filosofisch gesproken op een performatieve tegenspraak»; *Ibíd.*: 27; nuestra traducción del neerlandés).

[13] Es el caso de la interpretación reductora que se ha hecho del concepto sicoanalítico de *manque* (carencia, falta): «On glisse toujours trop vite sur ce mot de manque, et la psychanalyse aujourd'hui n'en retient en somme que le produit plus ou moins fétiche, 'l'objet du manque'» (Kristeva 1980: 13). Explorar la complejidad de la abyección, reivindicar la existencia de lo abyecto, aquello que se considera inexistente por su repugnancia, es una empresa ardua, pero nada utópica. Esta exploración teórica, reflexionará Kristeva (1998: 96) casi dos décadas más tarde, fue para ella misma una aventura sobre un «terrain fort dangereux» que le ha valido tanto amigos como enemigos en el mundo poco flexible de la academia.

[14] «Dans la modernité occidentale et en raison de la crise du christianisme, l'abjection trouve des résonances plus archaïques, culturellement antérieures au péché, pour rejoindre son statut biblique et même, plus loin, celui de la souillure des sociétés primitives. Dans un monde où l'Autre s'est effondré, l'effort esthétique – descente dans les fondations de l'édifice symbolique – consiste à retracer les frontières fragiles de l'être parlant, au plus près de son aube, de cette 'origine' sans fond qu'est le refoulement dit originaire» (Kristeva 1980: 25).

en la modernidad, con la crisis de los valores, se ha llegado a menoscabar la función esencial de la abyección.[15] Kristeva sostiene aquí algo parecido a lo que Baudrillard dice de la manera en que se vive la postmodernidad: la conversión de la realidad en simulación, en espectáculo, en irreal, habría llevado a una pérdida de lo Real.[16] La predominancia cada vez mayor de la tecnocracia en la sociedad cada vez más 'híper-real' de la postmodernidad es sólo uno de los aspectos más dramáticos de la incertidumbre generalizada.[17]

Cualquier elemento del edificio simbólico, es decir, de la sociedad como construcción de valores y normas (lo que para Lacan es el lenguaje) se encontraría absorto en la *société du spectacle*, problematizada por Debord. La con-

---

[15] En la modernidad, los ritos religiosos como purificación de lo materno, es decir, como demarcación de una frontera entre la autoridad materna y la ley paterna, simbólica, pierden terreno a favor de una progresiva secularización. En este sentido, la *felix culpa* del cristianismo, la posibilidad de expresar el pecado (i.e. la abyección) y reconciliarse con él, es decir, controlarlo en lugar de ser controlado por él, habría desembocado en los castigos más feroces (p.e. la Inquisición) de la historia del cristianismo. Es decir, el pecado llegó a estar íntimamente relacionado con la palabra y el lenguaje, a ser expresado dentro del acto de hablar, en lugar de mantenerlo separado de él (*Cfr.* Lechte 1990: 165).

[16] Lacan distingue tres órdenes o registros: el orden simbólico, el orden de lo Real y el orden imaginario. El orden simbólico (lo Simbólico o gran Otro) es el orden del lenguaje y de la normatividad. El orden de lo Real es el estado natural del cual el individuo queda privado al entrar en el lenguaje. Lo Real difiere de la realidad: la realidad es la categoría que refiere a la existencia cotidiana del individuo, y ésta en el fondo estructurada por lo Simbólico. Sólo el infante –y es en este punto donde Kristeva desarrolla su teoría de lo abyecto– está cerca del estado pre-simbólico en que sólo hay necesidad materna (pasiva). Lacan describe este estado natural, real, como una plenitud que el sujeto pierde al acceder al orden simbólico. El orden Imaginario, por último, corresponde con el estadio del espejo, una etapa de desarrollo humano en que el individuo basa su yo en la identificación con su imagen. La imagen le da la sensación imaginaria de una unidad identitaria, y entraña una negación (*méconnaissance*) de la fragmentación real que caracteriza al individuo. Es esta identificación con un 'yo' la que inserta una división insuperable en el individuo. El sujeto se identifica con una imagen (*moi*) que al mismo tiempo lo une (lo sutura) y lo separa. En otras palabras, el yo es siempre un otro. En el registro de lo Imaginario, el individuo crea fantasías, imágenes ideales de sí mismo y del objeto de sus deseos. Lo Imaginario y lo Simbólico no están separados uno del otro, sino inextricablemente relacionados, y están en una interacción continua con lo Real.

[17] Uno de los temas que aborda Baudrillard es la confusión genérica en la postmodernidad, fomentada por las tecnologías del cuerpo: «Suis-je un homme, suis-je une machine? [...] Incertitude née du perfectionnement des réseaux machiniques, tout comme l'incertitude sexuelle (suis-je un homme, suis-je une femme, qu'en est-il de la différence sexuelle?) est née de la sophistication des techniques de l'inconscient et des techniques du corps» (Baudrillard 1990: 64-65).

secuencia dramática, reitera Kristeva, es nada menos que la desaparición del sujeto.[18] El ser humano, lamenta en la estela de Baudrillard, «[...] est de plus en plus réduit à un conglomérat d'organes [...] il est non pas un 'sujet', mais une 'personne patrimoniale' dotée d'un 'patrimoine' non seulement financier mais aussi génétique ou physiologique, tout juste libre de zapper pour choisir sa 'chaîne'» (Kristeva 1998: 15-16). Con más ironía todavía, Baudrillard advierte que la híper-realización de la realidad simbólica ha eliminado el sujeto.[19] ¿Cómo denominar a tal sujeto, fascinado por las imágenes que para Kristeva es un 'entre-deux' y para Baudrillard 'le même', de todos modos 'pas un sujet'?... ¿Cómo llamar a ese 'algo' que oscila entre pasivo y activo, separado de su cuerpo sino en términos de lo abyecto?

Si la abyección es, en su esencia, la confusión de fronteras, esto significaría que el espectáculo podría verse como un fenómeno similar.[20] Desde la perspectiva del espectáculo, lo que haría la abyección no es anular sino intensificar esta confusión. Si la representación se basa en la equivalencia entre los signos y lo Real, en las simulaciones de la hiperrealidad, los signos preceden y fijan lo real. La consecuencia sería –en una época de información, control, y «schizo subjectivity» (Foster 1985: 90)– una nostalgia por lo real, visible por ejemplo en la obsesión del sujeto postmoderno con la memoria, los museos y los monumentos.

Relacionada por Lacan con el espectáculo, la anamorfosis revela algo clave para concebir nuevas formas de abyección que operan a partir de la visualidad.[21] Si Kristeva (1980: 180) sostiene que «la vision de l'abject, par

---

[18] La postmodernidad es, según Foster, el período fetichista por excelencia, en que se continúa viviendo otras formas especulares de (neo)fascismo: «if the trauma of postwar consumer society is the loss of the real, fascism might well be our fetish period» (Foster 1985: 80). El fetiche es siempre un sustituto que bloquea o desplaza el descubrimiento traumático de una pérdida.

[19] «Le succès de toutes ces technologies ne vient-il pas de leur fonction d'exorcisme, et du fait que l'éternel problème de la liberté ne peut même plus être posé? Quel soulagement! Avec les machines virtuelles, plus de problèmes! Vous n'êtes plus *ni sujet, ni objet, ni libre, ni aliéné, ni l'un, ni l'autre*: vous êtes le même, dans le ravissement de ses commutations» (Baudrillard 1990: 65; énfasis nuestro).

[20] Es importante no confundir aquí la abyección espectacular con el sujeto abyecto. El sujeto abyecto se define como paradoja: no es ni sujeto ni objeto, sino un 'algo' innombrable en que se confunden todo tipo de oposiciones posibles (dentro/fuera, masculino/femenino, bien/mal, etc.). La abyección, en cambio, es un proceso inconcluso de separación, un proceso que favorece la confusión, el contagio de las oposiciones.

[21] La anamorfosis proporciona un modelo para entender la visión normativa y para imaginar nuevas maneras, no dadas previamente, de mirar. Una misma imagen puede

définition, est le signe d'un ob-jet impossible, frontière et limite», al convertirse en punto luminoso, lo Real se espectaculariza.[22] Tal es, desde el punto de vista lacaniano, el funcionamiento del deseo en el campo visual. Lo esencial

---

ser mirada/interpretada de diferentes maneras que dependen del ángulo desde el cual es observada. De hecho, la anamorfosis funcionaría como una especie de abyección: ese 'algo' que se destaca dentro de la imagen de Holbein recuerda que el nacimiento es la experiencia emblemática de la abyección. Ese algo que 'nace' dentro del sujeto, es un elemento paradójico que se experimenta a la vez como pérdida y como constitución de la subjetividad. En su ejemplo de *Les Ambassadeurs*, Lacan presenta el objeto anamorfótico, esa mancha irreconocible que se transforma en objeto, como *paradoja*: en esta transformación opera una fuerza que *atrae* al sujeto y paralelamente *aniquila* la subjetividad. El sujeto vive este proceso fascinante como una experiencia traumática, en el sentido lacaniano, al saberse mirado por el *objet petit a*. Es decir, el sujeto toma conciencia del punto ciego, innombrable, que lleva dentro de sí mismo. En este sentido, lo Real siempre triunfaría sobre el sujeto, que se encuentra sumiso a su *jouissance*, al goce (*jouissance*) que llama a sus deseos. El cráneo de Holbein, al fin y al cabo, «n'est rien d'autre que *le sujet comme néantisé* –néantisé sous une forme qui est, à proprement parler, l'incarnation imagée du moins-phi [-Φ] de la castration» (Lacan 1973: 83; énfasis nuestro). La anamorfosis, al crear en el sujeto un deseo (el de poder alcanzar un objeto que es sólo ilusión), al secretar una energía libidinal, tendría un poder mortificante sobre él. Además, el cráneo de la pintura de Holbein, al mirar al espectador, ocupa el lugar del punto luminoso que coloca al espectador en la imagen, lo convierte en espectáculo: hace visible un trozo de lo Real, de algo que habría sido aniquilado, bloqueado para el sujeto al ingresar en el orden simbólico, es decir, en el lenguaje. Según Lacan, la lección que se debería sacar de esta curiosa aparición del cráneo, es que la destrucción imaginaria de parte de la subjetividad es el precio que el individuo paga para acceder a la imagen, una especie de recompensa por entregarse a la distorsión, a la 'patologización' de sí mismo como sujeto. Del mismo modo, la abyección es un proceso ambivalente: es *destructivo* por contagiar al sujeto con elementos amorfos (irrepresentables/sintomáticos/repugnantes, etc.), pero al mismo tiempo es necesario para la *constitución* misma de su identidad.

[22] Lacan (*Ibíd.*: 87) sostiene que «l'essentiel du rapport de l'apparence à l'être [...] est dans le point lumineux», para demostrar que el cráneo de Holbein ocupa el punto luminoso, el cual corresponde con el lugar del *objet petit a*. Es desde este punto que el espectador es mirado y se convierte en «tache» (*Ibíd.*: 90), en una insignificante mancha patológica. Ser mirado es, en efecto, ser aniquilado momentáneamente por lo Real. El punto luminoso es lo contrario del lenguaje y los símbolos que usa el sujeto para ser. Este «point d'irradiation, ruissellement, feu» es lo que el sujeto nunca puede dominar y que perturba profundamente la línea recta que vincula los dos puntos fundamentales de nuestro campo visual. Así, un cuadro por ejemplo no es un cuadro en sí, sino una representación que nace por la luz que cae sobre ella: «C'est là quelque chose qui fait intervenir ce qui est élidé dans la relation géometrale – la profondeur de champ, avec tout ce qu'elle présente d'ambigu, de variable, de nullement maîtrisé par moi. C'est bien plutôt elle qui me saisit, qui me sollicite à chaque instant, et fait du paysage autre chose que ce que j'ai appelé le tableau» (*Ibíd.*: 89).

de la relación entre la apariencia y la existencia se juega al nivel del punto luminoso. Lo abyecto se convierte en atractivo objeto de deseo, (aquello que Lacan llama *objet petit a* como irrupción de lo Real en la realidad). Es decir, a través de esta abyección luminosa, el signo precede y configura la visión de lo real. Al constituir el objeto, el punto luminoso traumatiza, 'destruye' al sujeto, y viceversa, según el punto de vista que uno adopte. Por consecuencia, la abyección espectacular consiste en que este objeto imposible se convierte en una imagen alcanzable y hasta seductora. El espectáculo sutura lo fragmentado (como el espejo que reúne el cuerpo en una imagen) pero lo hace de manera específica. De acuerdo con Debord (1967: 22), «Le spectacle réunit le séparé, mais il le réunit *en tant que séparé*» (énfasis del autor). Es decir, la abyección espectacular, como creación de una imagen, aparentemente pura, es también el proceso susceptible de configurar, a partir de algo abyecto, híbrido y fragmentado un sujeto abyecto *como* imagen. En suma, el espectáculo pinta sobre la cara real, dispersa del sujeto, otra cara simbólica, hasta que se erija en lo que Kristeva (1980: 20) llama un «pseudo-objet», tal como ocurre en la pintura de Holbein.

1.5. Los objetos del sujeto abyecto

Ahora, ¿cuál es el estatuto exacto del sujeto abyecto? El problema es que no tiene estatuto, ya que se considera ontológicamente inexistente. Sólo se puede tratar de acercarse al sujeto abyecto analizando sus objetos. El sujeto abyecto se diferencia del objeto y del sujeto porque nunca llega a ocupar completamente una posición definitiva (la de *ser* objeto o de *ser* sujeto), de modo que puede decirse que *oscila* siempre entre estos dos polos. Puesto que el sujeto abyecto es un seudo-sujeto, un 'algo' a mitad de camino hacia lo Real (el objeto) por una parte, hacia lo Simbólico (el sujeto como lenguaje) por otra, debería concluirse que lo abyecto nunca coincide con una de estas tres posiciones. Si es verdad que «De l'objet, l'abject n'a qu'une qualité –celle de s'opposer à *je*», esta oposición valdría por tanto también para tres objetos o 'síntomas' lacanianos. El síntoma es, en la reformulación de Žižek (1989: 180) «an object which simultaneously attracts and repels us», dos características (atracción y repulsión) que Kristeva también atribuye a lo abyecto. Aunque sostiene claramente que el síntoma es una cara de lo abyecto, Kristeva no dedica mucho espacio a este aspecto: «Dans le symptôme, l'abject m'envahit, je le deviens. Par la sublimation je le tiens» (Kristeva 1980: 19). Más que una fórmula enigmática, la teórica define aquí dos características básicas de lo abyecto (síntoma y sublime).

El carácter sintomático de lo abyecto debe interpretarse en el sentido zize- kiano, como un regreso de lo Real, el núcleo duro del orden simbólico. La propia

Kristeva habla en su texto de un «réel impossible» (*Ibíd.*: 18). Curiosamente, todavía nadie (con dos excepciones)[23] ha destacado este aspecto: que lo abyecto, como sustancia innombrable, participa de *lo Real* en el sentido lacaniano de lo que registra lo traumático. A pesar de que Slavoj Žižek no se basa en los dos conceptos de Kristeva, su definición del síntoma muestra importantes correspondencias con ellos. En su libro *The sublime object of ideology* (1989), retoma un esquema que Lacan proporcionó en su seminario *Encore* (1975) para ilustrar el funcionamiento de los tres registros: lo Imaginario, lo Simbólico, y lo Real. A partir del esquema de Lacan, Žižek determina la interrelación de tres objetos: (*a*), *S*(*A̸*) y (*Φ*).[24]

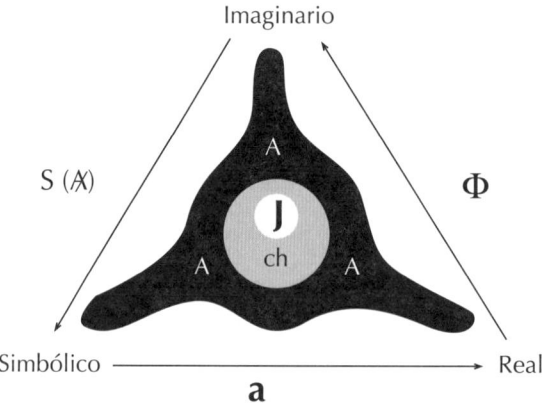

Del esquema se desprende que la abyección (*A*) está representada como una especie de esfera que rodea la *jouissance* (*J*), el goce que amenaza con aniquilar al sujeto absorbiéndolo en lo Real, lo que Žižek (1991: 135) llama «whirlpool of enjoyment» por ejercer una atracción fatal sobre el sujeto. En

---

[23] Foster (1996: 153-168) es uno de los pocos críticos que habla de lo abyecto en términos de lo Real lacaniano; incluye una discusión sobre la abyección, 'The artifice of abjection', en su libro *The return of the Real*, pero no se detiene en la relación teórica entre lo abyecto y lo Real lacaniano. Lo mismo ocurre con Ronen (2002: 23-40) en su libro *Representing the Real*.

[24] *Φ* es la objetivación indiferente, imaginaria de lo Real; *S*(*A̸*) es el objeto de intercambio que circula en lo simbólico; registra la imposibilidad en torno a la cual está estructurado el orden simbólico, es decir, el elemento que pone en marcha la cristalización de la estructura simbólica; el objeto *a*, por último, es el objeto-causa del deseo, una brecha en el centro del orden simbólico, que expone el vacío de lo Real, el *manque* lacaniano; *a* pone en marcha el movimiento interpretativo, simbólico, se presenta como misterio a resolver; *cfr.* Žižek (1994: 12-13).

torno al núcleo de goce (*jouissance*, la fuerza destructiva que Lacan sitúa en lo Real)[25] se encuentra la corriente de abyección que amenaza con aniquilar la subjetividad. Dentro de esta corriente, el sujeto abyecto es susceptible de cambiar de lugar y de moverse en tres direcciones: hacia lo Imaginario, hacia lo Simbólico y hacia lo Real.

El más conocido objeto es desde luego (*a*), el *objet* a, el objeto-causa del deseo, como se ha visto anteriormente. El objeto *a* es sólo un trozo de lo Real que resalta de la realidad, y que coloca al sujeto en una posición sumamente ambigua. En otro libro (*Looking awry*, 1991), Žižek redefine estos objetos como tres 'síntomas'. Los tres objetos no pertenecen al sujeto sino que constituyen el objeto en el sujeto, y este objeto es «a little piece of the Real» (Žižek 1991: 33): es una especie de herida abierta que habita en el sujeto y que no se puede eliminar, ya que su eliminación significaría el fin del individuo mismo: «This is the symptom: an element which causes a great deal of trouble, but its absence would mean even greater trouble: total catastrophe» (Žižek 1989: 78). Simplificando, puede decirse que los tres tipos de objetos sintomáticos (*a*), $S(\cancel{A})$ y (*Φ*), por su relación con lo Real, determinan nada menos que la configuración del sujeto. De hecho, estos objetos lo habitan, en el sentido de que lo llevan a emprender acciones que perturban su equilibrio. Por tanto, el sujeto sería profundamente patológico, ya que obedece a 'algo' que lo aniquila, que va en contra de su subjetividad, lo destruye, pero paradójicamente también le da consistencia (como si se tratara de una anamorfosis). Este exceso que constituye el síntoma es inherente al sujeto, «in you more than yourself» (*Ibíd.*: 76). La paradoja del síntoma consiste en que es una especie de parásito que aparece como aguafiestas, pero al tratar de aniquilarlo se empeora: el sujeto siente que puede perderse inclusive el último resto de su identidad (subjetividad), ya amenazada pero todavía no destruida por el síntoma.[26] Un importante detalle es que Žižek atribuye al síntoma capacidades anamorfóticas: «The fact that this parasitical object incessantly changes its form merely confirms its *anamorphic* status: it is a pure being of semblance» (*Ibíd*: 79; énfasis del autor). Conviene insistir en esta capacidad del síntoma de convertirse en un 'puro estado de apariencia', ya que es precisamente este

---

[25] Según Kristeva (1980: 17), «la jouissance seule fait exister l'abject comme tel. On ne le connaît pas, on ne le désire pas, on en jouit. Violemment et avec douleur».

[26] El síntoma es, según Žižek (1989: 73), el trazo de lo Real en la realidad, en el orden simbólico: «Symptom as real –this seems directly opposed to the classic Lacanian thesis that the unconscious is structured like a language: is not the symptom a symbolic formation par excellence, a cyphered, coded message which can be dissolved through interpretation because it is already in itself a signifier?».

aspecto dinámico, cambiante el que permite reinterpretar la anamorfosis como proceso de abyección. Žižek (1991: 132) resume el concepto de síntoma como «lo que uno ama más que a sí mismo», el punto que funciona como último apoyo de la consistencia del sujeto

Kristeva describe lo abyecto en términos dramáticos similares a los de Žižek: ese 'algo' innombrable, un seudo-objeto/sujeto, lo define como exceso a expulsar, pero también como *necesario*. Para explicar lo abyecto podría parafrasearse a Žižek y decir que lo abyecto es 'lo que uno lleva en sí más que sí mismo y que por tanto lo repugna y lo fascina'. Como en el caso del síntoma, cualquier intento de anular lo abyecto resultaría en su intensificación, y tal vez en la 'catástrofe total' de la cual habla Žižek. Lo abyecto, por parasitario que resulte para el individuo, es necesario, ya que su ausencia resultaría en la destrucción del mismo. Su negación significaría borrar un aspecto fundamental de la vida social e individual. Al cerrar los ojos a lo abyecto, acierta Lechte (1990: 158), «our understanding and capacity to cope are greatly diminished». El síntoma –en el sentido lacaniano– ocupa el lugar ambiguo de la *existence* y *ex-sistence*: por una parte sólo existe lo que se puede simbolizar (existencia), por otra, el síntoma y lo abyecto son precisamente lo que resiste toda simbolización (ex-sistencia), el precio que uno paga para acceder al significado.[27] Podría decirse que el sujeto abyecto sería por tanto un sujeto que, más que sufrir una patología particular, *es* patológico, se ha vuelto síntoma: el sujeto abyecto se encuentra en la frontera misma entre existencia y ex-sistencia. No hace falta, por tanto, valorizar lo abyecto, sino reconocer su punto de exclusión, su presencia como ex-sistencia en el orden simbólico.

Ahora, ¿cómo entender la relación de los tres objetos con el concepto de sujeto abyecto que se ha introducido aquí? Ya que el sujeto abyecto oscila entre dos polos (sujeto y objeto), se puede intentar ver no con qué objetos se identifica (estrictamente hablando, no hay ninguna identificación en la abyección), sino hacia qué objetos se mueve y desde qué objetos regresa a la posición de objeto. El sujeto abyecto, *sin* tener en cuenta la abyección espectacular u otras formas de abyección que puedan operar sobre él, es profundamente impuro, repugnante y fascinante. Ésta es su constitución patológica. Pero como sujeto híbrido, instable, puede negar su cara real-sintomática, para bien o para mal. Para ilustrar lo que entiende por lo abyecto, Kristeva da ejemplos de situaciones concretas, de ciertos comportamientos en que se activa la cara simbólica de lo abyecto:

---

[27] *Cfr.* Žižek (1989: 136-137).

[...] le crime prémédité, le meurtre sournois, la vengeance hypocrite le sont plus encore parce qu'ils redoublent cette exhibition de la fragilité légale. Celui qui refuse la morale n'est pas abject –il peut y avoir de la grandeur dans l'amorale et même dans un crime qui affiche son irrespect de la loi, révolté, libérateur et suicidaire. L'abjection, elle, est immorale, ténébreuse, louvoyante et louche: une terreur qui se dissimule, une haine qui sourit, une passion pour un corps lorsqu'elle le troque au lieu de l'embraser, un endetté qui vous vend, un ami qui vous poignarde (Kristeva 1980: 12).

Si cualquier crimen es generalmente –pero no siempre– abyecto, el crimen premeditado, es decir, el delito cometido por medio de un pretexto que lo justifique o lo presente como socialmente aceptable, lo sería doblemente. Por tanto, podría decirse que aquí el crimen lleva un vestido simbólico. El sujeto abyecto en su sentido más negativo y éticamente despreciable –Kristeva da el ejemplo del criminal que comete un crimen premeditado– es efectivamente corrupto. Como bien resume Lechte (1990: 160), lo abyecto se observa en un individuo

[...] who, slyly and unpredictably, at one time conforms to existing moral princi-ples, and at another secretly flouts them. Even worse. In light of Kristeva's insight, we see that the epitome of abjection is the one who is outwardly beyond reproach (like a judge), and yet secretly getting away with murder. In a word, the one who is abject lacks authenticity, that is lacks any moral consistency [...] Such then, is the way that the concept of abjection would constitute a stimulus for reflection in moral and social philosophy.

El sujeto abyecto no necesariamente es amoral al tener a disposición lo que podría llamarse la 'estrategia del disfraz': puede también disfrazarse con valor simbólico para bien, en el sentido de supervivencia.[28] Un sujeto abyecto puede ser tan frágil en cuanto a su consistencia ontológica, que una 'máscara' simbólica puede funcionar como respaldo sincero. El rechazo ciego del sujeto abyecto es, por tanto, tan nefasto como su aceptación ciega. La angustia por él refleja precisamente el miedo primordial por la separación que se reprime

---

[28] De acuerdo con Butler, lo abyecto se relaciona con diferentes tipos de sujetos (ella habla de 'cuerpos') cuyas vidas y 'materialidad' no importan: «Lo abyecto vive únicamente dentro del discurso como algo que de manera radical *no* se cuestiona, vive como una sombra sin contenido que no se ha hecho todavía real» («Het abjecte leeft echter slechts binnen het vertoog als iets dat op radicale wijze *niet* wordt ondervraagd, het leeft als de inhoudsloze schaduwfiguur van iets dat nog niet werkelijk gemaakt is», Butler 1996: 28; subrayado en el original).

y que llega a ser inconsciente. En este sentido, puede decirse que el objeto es en realidad un referente abyecto. De ahí la dificultad de hablar de él, y la imposibilidad de definirlo, si no fuera en términos paradójicos: darle un perfil demasiado claro significaría su eliminación. Ahora, ¿cuál es el alcance de la sociedad del espectáculo, una sociedad dominada por lo que aquí se ha llamado una abyección espectacular?

2. Puerto Rico: ¿híper-real?

> Le spectacle n'est pas un ensemble d'images, mais un rapport social entre des personnes, médiatisé par des images
>
> Debord, *La société du spectacle*
>
> Dans cette situation, tout devient mauvais objet, et la seule défense est celle de l'abréaction et du rejet
>
> Baudrillard, *La transparence du mal*

2.1. La iluminación y la cultura

En su libro *La raza cómica. Del sujeto en Puerto Rico* (2002), una de las publicaciones de crítica cultural puertorriqueña más interesantes de las últimas décadas, Rubén Ríos Ávila escribe que: «[...] la Utopía habrá muerto, pero las micro-utopías proliferan y todavía proliferan más las imágenes que las publicitan [...] Las utopías siguen prosperando, aunque sea nada más (o nada menos) que como espectáculo» (Ríos Ávila 2002: 295-296). El autor no vacila en referir al sujeto puertorriqueño como un consumidor de imágenes que 'publicitan' las siempre nuevas utopías, pero que, contrariamente a la célebre utopía de la raza cósmica proclamada por José Vasconcelos, pertenece a una 'raza cómica', indefinible: «el yo quisiera ser cósmico. Al sujeto no le queda más remedio que ser cómico» (Ríos Ávila 2002: 12). En la misma línea, Flores sostiene que la creación de utopías es sólo la forma más nueva de colonialismo, que engloba tanto a los puertorriqueños de la isla como a los de la diáspora (Flores 2000: 12): «[...] colonialism has been taking on a new face as its economic and political legitimations become so thoroughly veiled by cultural and commercial ones, and the colonial subject is mostly visible as a consumer».

Para el filósofo puertorriqueño Carlos Gil (autor de *El orden del tiempo. Ensayos sobre el robo del presente en la utopía puertorriqueña*, 1995), el puertorriqueño vive la realidad como irreal, de tal modo que se puede hablar de un «desfondamiento del referente de lo Real»: la cultura, la nación, la *puertorriqueñidad*, etc. serían el resultado tragicómico de un proceso que ciega al sujeto.[29] Para Gil, la subjetividad nacional sería el efecto de lo que llama el «dispositivo cultural de Estado» (Gil 1995a: 155), una especie de pantalla que hace de los individuos espectadores de una realidad cinemática, «entes interpelables por la institución estatal». Es interesante la comparación de la cultura con una fascinante luz: «esta forma de iluminación, un cierto apetito de la mirada de un campo, que hace visibles ciertos objetos mientras obscurece otros» (*Ibíd.*: 158). Por tanto, Gil sugiere que todo lo que se hace visible como 'cultura' y 'política' es de hecho ('en realidad') la configuración de un *trompel'œil* o *efecto* de subjetividad creado por una luz poderosa.[30]

Directamente relacionado con la cultura como espectáculo está desde luego, al nivel político, el famoso problema del estatus político de la isla. Los autores de un libro como *Polifonía salvaje. Ensayos de cultura y política en la postmodernidad* (1995), por ejemplo, tratan de deconstruir este debate estéril, que hoy día tiene –para retomar el término de Ríos Ávila– hasta algo cómico. En los tres ensayos titulados *Plebiscitarian mania I, II y III* (como si se tratase de una exitosa película de Hollywood en tres partes) incluidos en este libro,

---

[29] Así confirma Gil (1995a: 178) al criticar el 'Estado' como creador de un 'sujeto de cultura', una ilusión detrás de la cual está algo innombrable: «Nuestra hipótesis [...] es que esta actividad constitutiva de los sujetos como sujetos de cultura ha pasado a ser una función del Estado. [...] ¿Cómo llegó el Estado a crear este poderoso dispositivo cultural? En realidad ningún Estado llega a este dispositivo por la voluntad de este o aquel sujeto particular. Llega por el nivel de eficacia específica que adquiere el mundo simbólico en una estructura social compleja. Llega, además, por el desfondamiento del referente de lo Real como relato para-sí del sujeto; por el apoderamiento de la esfera simbólica por parte de la instancia Estado en la sociedad moderna con posibilidades primermundistas. Ello se debe a que el Aparato Cultural es una consecuencia natural de la institución histórica del Estado entendido como mediación civilización-individuo. ¿Qué hay, desde el punto de vista de la 'cultura', más allá o de espaldas a... esta función cultural del Aparato Cultural de Estado que hemos descrito? El territorio de lo innombrable.

[30] Es interesante señalar que, en una entrevista, Carlos Gil aclara por qué puso la palabra 'cultura' entre comillas en el subtítulo de la revista *Postdata*, de la cual es editor (el subtítulo es *Escritos varios sobre 'cultura' y 'humanismo'*); confirma la idea de que la cultura es un concepto sumamente crítico en el contexto puertorriqueño de la postmodernidad: «Las comillas son muy importantes en cultura y humanismo, porque se está haciendo una pregunta acerca de los conceptos mismos de cultura y humanismo, que son conceptos modernos. Por eso, *Postdata* trabaja eso que queda como sedimento, como sobras de la cultura y del humanismo, cuando la cultura y el humanismo ya no son utopías que puedan construir grandes agendas universales» (Gil 2000).

muestran el juego estéril que pone en marcha el debate infinito del estatus; un juego político que recuerda lo que dijo Baudrillard (1990: 14) sobre los modos de hacer política en la postmodernidad: «Du politique, on peut dire que l'idée en a disparu, mais que le jeu politique continue dans une indifférence secrète à son propre enjeu». Puede decirse que la intención de estos autores, más que atacar al sistema político puertorriqueño, es llamar la atención sobre el estatus como si hubiera sido un perfecto 'Mac Guffin' al estilo de Hitchcock, es decir, el inalcanzable objeto *a* que se deja admirar anamorfóticamente por tres ángulos: estadidad, independencia y autonomía. Žižek (1994: 11) define el 'Mac Guffin' como nada en absoluto, un lugar vacío, un puro pretexto cuya única función es poner la historia en marcha. Como *objet a*, el estatus sería entonces el juego que pone en marcha una serie infinita de posibilidades aparentes.[31]

El trauma y el dolor, en cambio, que tanto caracterizan lo Real, no desaparecen sino que se encontrarían perversamente mezclados en el espectáculo político y social, como goce prefabricado. O, mejor dicho, lo Real fascina porque queda excluido por la libre circulación de los simulacros y de las simulaciones. Todo ocurre a una distancia del sujeto, que se convierte en el espectador de su propio dolor. Para críticos como Gil, Duchesne, y Ríos Ávila, esta confusión de lo real con el signo ha resultado en nada menos que un holocausto de las formas simbólicas. El fascismo intentó precisamente 'salvar' lo Real, invirtiendo en él. De acuerdo con el análisis de Hal Foster en *Recodings. Art, Spectacle, Cultural Politics* (1985), donde abarca las expresiones artísticas de finales del siglo XX, es precisamente a partir de una paradoja como funcionó el fascismo: conjugando lo irracional (la violencia ciega) con lo racional (la recuperación de lo Real, para sellar el trauma de la pérdida de lo real).[32] Así se explicarían las representaciones atávicas del fascismo, el culto a los mitos del origen, la raza, la sangre y el suelo propio como modo desesperado de rescatar un sentido de lo real: «Nazi leadership exploited this cultural trauma, and just as clearly they

---

[31] Gil describe el juego en torno al estatus como sigue: «¿qué quiere Puerto Rico? Puerto Rico quiere el juego, el retozo, Puerto Rico es un pueblo que *se-deja-gozar* por los hedonistas. Un pueblo, como diríamos, complaciente. Puerto Rico, a su vez, juguetea con el Estado, en la forma del 'problema del status'. Su placer está en convertir el Estado en objeto de deseo, en una erótica del poder cuya práctica más cotidiana son las elecciones, los referéndums y los programas de Ojeda, para llamarlos con un nombre genérico» (Gil 1995c: 289; énfasis del autor).

[32] Foster se basa en este punto en Baudrillard. Aunque ambos críticos usan el término 'lo real' (con minúscula), lo entienden en el sentido lacaniano («il est l'objet à jamais perdu, introuvable, et dont, à la limite, il n'y a rien à dire», Baudrillard 1976: 206). Por tanto, aquí sólo se usará con mayúscula, tal como se ha hecho anteriormente en este trabajo.

exploited the modern mediums and effects which did so much to dissolve the real –mediums like film, effects like spectacle» (Foster 1985: 80). La paradoja fascista reside, por tanto, en el intento de recuperar lo Real a través de lo que lo disuelve, el espectáculo.

Por lejos que se encuentre Puerto Rico como *showcase* de la democracia del fascismo europeo de la Segunda Guerra Mundial, varios críticos sugieren que la modernización iba acompañada de una extraordinaria manipulación de la cultura. Interesantemente, algunos críticos perciben la conversión de Puerto Rico en sociedad del espectáculo como una especie de neofascismo. Carlos Gil (1998) problematiza lo que en varias ocasiones llama explícitamente el 'neofascismo' que domina la vida cultural y política en Puerto Rico, recordando las estrategias de fascinación a las cuales recurría el fascismo para absorber al individuo: «es posible identificar en Puerto Rico un fascismo sincrético, neo, (un *ur-fascismo*, en el sentido que le da Eco) mediante unos estilos de enunciación y las prácticas correspondientes a ellos» (Gil 2001: 124; énfasis del autor). Es decir, la modernización de la cultura por medio de la creación de 'aparatos', la inversión en los mitos nacionales (piénsese en la resurrección del jíbaro como símbolo nacional a finales del siglo)[33] podría interpretarse como una inversión en lo real.[34]

2.2. Del país en tránsito al país en trance

Además, críticos como Gil, Ríos Ávila y Duchesne sugieren que en Puerto Rico, como en muchas de nuestras sociedades postmodernas, la confusión de dos opuestos: lo abyecto (impuro / excremento / repugnante / etc.) *versus* lo no-abyecto (puro / atractivo / imagen / etc.) ha resultado en una sociedad profundamente 'híper-real' en el sentido de que lo real quedaría no sólo 'desfondado' sino hasta absorto en el espectáculo irreal y transparente de la realidad.[35]

---

[33] *Cfr.* Ríos Ávila (2002: 296).

[34] Gil (2001: 122) enumera siete componentes del discurso neofascista puertorriqueño de los cuales cuatro son particularmente importantes para una interpretación del sujeto puertorriqueño (y de Puerto Rico) como un sujeto vaciado de su subjetividad: «1) la desaparición de la ciudad como sujeto, sustituida por una voz audible por el líder; 2) la evaporación de las instituciones, para cristalizarse en el cuerpo del jefe, el cual concentraba, a la vez, el programa y la agenda del gobierno; 3) la cancelación del sujeto civil, del ciudadano, al cual se dirija el gobernante; 4) dependiente de ello, la eliminación de todo interés subjetivador del individuo por medio de la educación».

[35] Ya a principios de los ochenta, Baudrillard (1981: 69) sostuvo que «aujourd'hui, c'est l'histoire elle-même qui envahit le cinéma comme contenu imaginaire». La tendencia a un nihilismo que se presenta como transparencia (*Ibíd.*: 229) ha desembocado en lo que más

En el contexto puertorriqueño, la obsesión nostálgica con el pasado 'nacional', se haría visible, por ejemplo, en la «reencarnación *kitsch*» del Monumento al Jíbaro, el hombre de la tierra puertorriqueña cuya mirada «se dirige ahora al consumo rápido de la población en tránsito» (Ríos Ávila 2002: 296). El jíbaro sobrevive no tanto como mito, sino como un espectáculo colocado a mitad de camino en la autopista principal de la isla. En lugar de que pueda considerarse al jíbaro como algo auténtico, su monumento, para Ríos Ávila, cobra una carga no tanto cómica sino obscena. Todo apuntaría aquí a una inversión en la percepción de lo que se interpretaba como 'naturaleza', 'origen', etc. El sujeto puertorriqueño habría perdido contacto con lo Real al ingresar en la modernidad. Sería la prueba de que la frontera entre lo rural y el espectáculo se haya borrado: «Todo parece indicar que el campo desapareció, o se convirtió en un espacio híper-real» (*Ibíd.*: 293). Y es que la modernización, ante todo a partir de la Operación Manos a la Obra, habría hecho de Puerto Rico el objeto visible por excelencia: «A casi medio siglo de la *Operación Manos a la Obra*, es innegable que el proyecto de modernización del Partido Popular creó un país de cierta manera desarrollado: la luz, la energía y la movilidad son los signos verificadores del progreso *que se ve*» (Ríos Ávila 2002: 291; énfasis del autor). En otro ensayo, Ríos Ávila llama a Puerto Rico «el punto más brilloso» por ser «el país más electrificado del mundo».[36] A pesar de esta transparencia y visibilidad aparentes, no habría nada más difícil que nombrar esta isla.

En efecto, al tratar de nombrar la 'isla del encanto', ésta ya se habría convertido en «esa *otra* isla real que no se deja nombrar», en «la serie infinita de un significante innombrable» (Ríos Ávila 2002: 293; énfasis del autor). A pesar de la omnipresencia de imágenes atractivas, 'primermundistas', Puerto Rico y el sujeto puertorriqueño arrastran consigo un equipaje rural, 'tercermundista', del cual no se pueden deshacer:

> En un país cuya población completa no cabe en su territorio, pero sí cómoda-
> mente en sus automóviles, donde casi cada casa tiene un teléfono y un televisor
> [...] se hace difícil aceptar que seamos, así, sin contemplaciones, del tercer mundo.

---

tarde llamó *La transparence du mal* (1990), una sociedad postmoderna en la que nada es lo que parece ser.

[36] Rubén Ríos Ávila, «Luces», Embocadura, sección de la revista *TuTv Puerto Rico* (versión electrónica), <http://tutv.puertorico.pr>. Esta participación de Ríos Ávila, uno de los críticos más renovadores del debate sobre Puerto Rico, en una revista divulgativa como *TuTv* puede interpretarse como el acto metafórico de inscribirse en el espectáculo mismo, como una manera de ejercer la crítica desde la imagen.

El acceso parece *borrar el borde* tradicional campo-ciudad» (*Ibíd.*: 293; énfasis nuestro).

El sujeto puertorriqueño, equipado por la modernidad con las novísimas tecnologías, y ante la evocación *kitsch* de un ancestro ya inexistente (el jíbaro), parece colocarse en *otra* realidad-imagen basada en la simulación anunciada por Baudrillard hace más de dos décadas. Esta abyección espectacular, como proceso de seducción y desviación del puertorriqueño, haría olvidar su propio estatuto abyecto. Es decir, su carácter híbrido, innombrable, doloroso, marginal, espantoso, real en suma, se vuelve *invisible* a través del acceso instantáneo, ya que viste de un encanto *visible*.

En su libro *Ciudadano Insano. Ensayos bestiales sobre literatura y cultura* (2001), Juan Duchesne, refiriendo a Guy Debord, el conocido situacionista, trata de acercarse a esta paradoja: «Ya no hablamos de las situaciones post-utópicas de los situacionistas sino de las situaciones repulsivas, horríficas, peligrosas, absurdas, crueles; pero también cómicas, pasionales, eufóricas, extáticas, ataráxicas, contemplativas» (Duchesne 2001: 227). No sorprende que, en tales condiciones de confusión postmoderna, críticos como Carlos Gil, Juan Duchesne y Rubén Ríos Ávila expresen una profunda desconfianza hacia el mundo visible, 'lo que se ve', donde la luz arrastra al individuo en juegos especulares, borrando su perfil real y por tanto su estatuto de sujeto abyecto. Ahora, 'borrar el borde', suturar las diferencias no significa que la náusea se borre también, como ha sugerido Žižek.

2.3. La náusea de la imagen

En *Looking awry* (1991) Žižek da un ejemplo interesante, extraído de la novela de Robert Heinlein *The Unpleasant Profession of Jonathan Hoag*: la apertura de la ventanilla del carro que separa al investigador Randall (sentado en el coche) de un 'afuera' percibido como amenaza, ilustra perfectamente el 'horror' que puede percibir el sujeto cuando se borra el borde entre dos espacios, i.c. cuando desaparece la frontera entre interior y exterior:

> Our uneasiness consists in the sudden experience of how close really is what the windowpane, serving as a kind of protective screen, kept at a safe distance. But when we are safely inside the car, behind the closed windows, the external objects are, so to speak, transposed in another mode. They appear to be fundamentally 'unreal' as if their reality has been suspended, put in parenthesis – in short, they appear as a kind of *cinematic reality* projected onto the screen of the windowpane. It is precisely this phenomenological *experience of the barrier separating inside*

from outside, this feeling that the outside is ultimately 'fictional', that produces the horrifying effect of the final scene in Heinlein's novel (Žižek 1991: 15; énfasis nuestro).

En la postmodernidad, con la llegada progresiva de la híper-realidad, esta frontera que separa el afuera/adentro aparentemente habría desaparecido. La experiencia de la realidad como algo cinemático, irreal, resulta de la confusión de lo Real (el 'afuera' innombrable, peligroso) y la realidad (el 'adentro', el universo simbólico del individuo). Ahora, de acuerdo con lo que Žižek dice en otro lugar, la imagen, a pesar de su pureza, es capaz de llevar el sujeto a la náusea.[37] A diferencia de hace medio siglo, en la postmodernidad asumiría una función sumamente ambigua: «it [the image] is a kind of barrier enabling the subject to maintain distance from the real, protecting him or her against its irruption, yet its very obtrusive *'hyperrealism' evokes the nausea of the real*» (énfasis nuestro).[38] Es decir, la imagen, en su aparente pureza, reforzaría el proceso impuro de la abyección espectacular.[39] La conversión en híper-realidad significa, concretamente, que se vive la realidad como algo cada vez más *irreal*, como si fuera una experiencia cinemática. Baudrillard es el crítico más agudo y apocalíptico que denuncia la idea de esta especularización en la postmodernidad.[40] Este mundo es uno de «hypertrophie» (*Ibíd.*: 39) y «coma imaginaire» (*Ibíd.*: 62), en el que la saturación de la información y de las imágenes obstaculizan la rebeldía necesaria para dar a luz ideas revolucionarias.[41]

---

[37] «Il y a une nausée particulière dans cette inutilité prodigieuse. La nausée d'un monde qui prolifère, qui s'hypertrophie, et qui n'arrive pas à accoucher. Toutes ces mémoires, toutes ces archives, toutes ces documentations qui n'arrivent pas à accoucher d'un événement, toutes ces armes sophistiquées qui n'arrivent pas à accoucher d'une guerre» (*Ibíd.*: 39).

[38] *Apud.* Foster (1996: 268).

[39] Según Baudrillard (1990: 81), en la postmodernidad vomitamos la indiferencia que nos parece repugnante, pero al mismo tiempo ésta nos fascina: «nous aimons tout mêler, mais en même temps ça nous repugne».

[40] «Il est vrai aussi que rien ne nous dégoûte plus vraiment. Dans notre culture éclectique, qui correspond à la décomposition et à la promiscuité de toutes les autres, rien n'est inacceptable, c'est pour cela que le dégoût grandit, l'envie de vomir cette promiscuité, cette indifférence du pire, cette viscosité des contraires. Ce qui grandit dans cette mesure même, c'est le dégoût de l'absence de dégoût. La tentation allergique de rejeter tout en bloc, l'intoxication en douceur, la suralimentation en douceur, la tolérance, le chantage à la synergie et au consensus» (Baudrillard 1990: 80).

[41] «Le manque n'est jamais dramatique, c'est la saturation qui est fatale: elle crée en même temps une situation de tétanisation et d'inertie» (*Ibíd.*: 39).

El ejemplo que Žižek toma de la novela de Heinlein para ilustrar cómo la realidad se puede vivir de manera cinemática, es útil para definir la abyección espectacular en el contexto puertorriqueño. Por lejos que la pureza de la imagen esté de la náusea, que Žižek sitúa en el registro lacaniano de lo Real, en la postmodernidad, es precisamente de esta conversión en punto luminoso, en abyecto sujeto, lo que más sufriría el puertorriqueño. Es decir, el exceso de imágenes que ha creado lo que Ríos Ávila llama el Puerto Rico híper-real (entrañando entre otras cosas la desaparición de la frontera campo/ciudad y la proliferación de 'lo nacional', de la cultura como efecto espectacular) es una señal importante de la aparente eliminación de la frontera que separaba lo Real de lo Simbólico.[42]

---

[42] Desde fuera, se tiene efectivamente la impresión de que la divinización del automóvil en Puerto Rico, «donde existen [tantos] autos como habitantes» (Duchesne 2001: 229), ha tomado dimensiones alucinantes. Pero tal vez sea necesario desplazar la atención de la ventanilla del automóvil, símbolo de la modernidad, como 'pantalla cinemática' al carro mismo como espacio virtual. Bernabé (2002: 15) se pregunta: «¿quién va a negar que el automóvil nos seduce [a los puertorriqueños]?»; y continúa: «Seducidos por la comodidad, la aparente seguridad, la temperatura agradable, la música o el silencio, olvidamos que esa cápsula de metal es la que precisamente convierte a la calle en un lugar repelente y hostil a los sentidos, incómodo y peligroso a la persona, en eso que un estudioso del tema ha llamado la *geografía de ningún sitio*. Así, los encantos del automóvil se nos ofrecen como consolación ante la destrucción que el mismo automóvil genera» (*Ibíd.*: 21-22; énfasis del autor). Duchesne, por su parte, subraya la 'insanidad' y la náusea que afectan a uno tanto dentro del mismo: «En él [el automóvil] se materializa con intermitencia la ciudadana o ciudadano insano [...] Estamos presenciando otra forma de la deriva situacionista: la deriva en automóvil, un *on the road* boricua inevitablemente más *cool* que el de Kerouac, con rutas circulares que se bifurcan secretamente, impuestas por la dimensión isleña» (Duchesne 2001: 229-230; énfasis del autor). El exceso de espectáculo ha penetrado el carro, colocando al individuo en el lugar mismo del *objet petit a*, lo distorsiona en el momento mismo en que se sienta en su espacio climatizado: «El auto deja de ser medio de transporte para convertirse él mismo en destino del trance sexual, farmacológico o surreal» (*Ibíd.*: 230). El autor interpreta este espacio como uno de contagio por excelencia. Al abrir la ventana del carro, el sujeto abyecto, 'insano', ya no experimentaría la invasión del 'afuera' descrito por Žižek, sino la misma náusea que percibe por dentro: «La única zona de aparente visibilidad del ciudadano o ciudadana insana se abre con la ventana del contagio [...] Ese ciudadano insano es identificable en la forma de un contagio, en la dinámica de la percepción y la interacción como instancias de contagio» (*Ibíd.*: 222). Por enigmática que parezca esta idea, no cabe duda que el énfasis continuo en el 'contagio' apunta a lo que anteriormente se ha definido como 'abyección espectacular'. En el trance que entraña el espectáculo, el sujeto no alcanzaría ninguna pureza, sino lo contrario: situado en una 'zona de aparente visibilidad' nuevamente pasa a ser una mancha patológica.

2.4. Visita con Bataille a un espacio (im)público

Visto oblicuamente, el encanto creado en torno al sujeto puertorriqueño sería capaz de llevarlo hasta el éxtasis. Pero una mirada frontal revelaría otra cosa. Como en el caso del cráneo de Holbein, el mismo sujeto puertorriqueño 'sano', el que prepara su comida sin calorías en microondas, admira desde el carro al simulacro del Jíbaro, o al simulacro del Viejo San Juan (que según una voz en la novela *Sirena Selena vestida de pena* de Mayra Santos-Febres «parece un bizcocho de bodas, con todos sus edificios coloniales restaurados», Santos-Febres 2000a: 40), se volvería una mancha patológica si se mirara frontalmente. A pesar de vivir su ilusión de modernidad, la ilusión de 'erigirse' como imagen, como distorsión libidinal, la real condición del sujeto puertorriqueño sería innombrable –no un sujeto sino un «conglomérat d'organes» como dice Kristeva–. Sólo podría hablarse del puertorriqueño en términos patológicos, como un «ciudadano insano»:

> [El ciudadano insano] Ni siquiera es un sujeto de cambio social. Ni un sujeto. Ni un individuo. Ni una persona. Ni siquiera un personaje literario. Se trata de una mancha patológica, de un espectro viral que cobra visibilidad en eventos singulares de contagio [...] el ciudadano insano es una singularidad desprovista de identidad representable, absolutamente irrelevante para la sociedad y el Estado y, por ello, en una manera todavía por conocerse, absolutamente intolerable para éste último (Duchesne 2001: 221-222).

La inquietante visión de Duchesne se halla en la línea de la tesis de la desaparición del sujeto en la postmodernidad, en una época en la que ya se habla no sólo del fin de la historia, sino también de la universidad. ¿Existe todavía la posibilidad de ser intelectual? La respuesta sería: no como sujeto, sí como espectáculo. Por una parte, al intelectual puertorriqueño no le queda otro remedio sino entregarse críticamente al espectáculo de la sociedad que lo habita. Por otra, debería precisamente aprender su lenguaje, sumergirse en él para operar críticamente *desde* él. La «misión» del intelectual (y del escritor) en Puerto Rico es la de «confundirse en el espectáculo de su propia desaparición» (*Ibíd.*: 15), de ser un sujeto abyecto, decaído, que, situado dentro de un orden simbólico en ruinas, observa el «despliegue lujosamente ruinoso del edificio social» (*Ibíd.*: 223). Sobrevivir en este otro Puerto Rico, el del espanto, implicaría necesariamente adoptar el lugar de una 'mancha patológica'. Saberse espectáculo sería la única manera de ejercer una forma mínima de crítica en un contexto político y social sumamente problemático.

La estrategia propuesta por Duchesne, la de 'confundirse en el espectáculo' sería comparable con una forma de mimetismo crítico como modo de supervivencia del intelectual, necesario en un contexto de manipulación del individuo como sujeto cultural *ready made*. La 'misión' de confundirse con el espectáculo podría redefinirse como una forma de mimetismo crítico. Una manera de moverse sobre un terreno fascinante que el crítico percibe como hostil o ajeno al suyo. Tampoco es casual que el seminario de Lacan sobre la anamorfosis preceda a su seminario sobre la mirada como *objet petit a*, donde aborda el tema del mimetismo. Significaría que el mimetismo vendría a ocupar para el sujeto abyecto un lugar primordial, no un papel secundario tal como sugiere Kristeva.[43]

No es casual que Duchesne empiece su ensayo del «Ciudadano insano» refiriendo a un extraño texto de Bataille, titulado «L'oeuil pinéal» (Bataille 1970a: 14-20) para desarrollar su teoría del 'ciudadano insano'. Cabe regresar un momento al texto mismo del filósofo francés. De manera consciente o inconsciente, Bataille dio con este texto una importante contribución a la teoría de la abyección, imaginándose a sí mismo como sol. Durante una visita al zoológico de Londres le entraron a Bataille unas ganas irresistibles «de devenir soi-même soleil», al contemplar con fascinación el espectáculo que le proporcionaba la vista de las nalgas rosadas de un chimpancé, a lo cual añade entre paréntesis: «soleil aveuglé ou soleil aveuglant, peu importe» (*Ibíd.*: 14). A partir de esta experiencia, Bataille se detiene ante el fenómeno de la luz como un terror invisible, describiéndola como una fuerza negativa.[44] Además de «oeil pinéal», en sus ensayos «l'anus solaire» (*Ibíd.*: 79-86) y «soleil pourri» (*Ibíd.*: 231-232) se acerca al fenómeno de la expulsión descrito por Kristeva. Una extraña «conception anale (c'est-a-dire nocturne) que je me faisais primitivement du soleil» (*Ídem.*) lo lleva a definir (por medio de una escritura que Duchesne califica de «demencial», 2001: 220), su concepto del

---

[43] Kristeva sólo dedica algunas frases al tema del mimetismo: «Dans cette guerre [de l'abjection] qui façonne l'être humain, le *mimétisme*, par lequel il s'homologue à un autre pour devenir lui-même, est en somme logiquement et chronologiquement secondaire. Avant d'être *comme*, 'je' ne suis pas, mais *sépare, rejette, ab-jecte*» (Kristeva 1980: 21; énfasis de la autora).

[44] La concepción negativa de la visión trazada por Bataille no es ninguna excepción, si se tienen en cuenta las múltiples contribuciones sobre el tema de la mano de otros pensadores franceses, como Sartre, Merleau-Ponty, Lacan y Deleuze. Para un estudio completo de la interpretación de la visión y la visualidad como negatividad en el pensamiento francés, véase Jay (1993).

'ojo pineal'.[45] En su fantasía, Bataille se imagina este ojo como un 'horrible volcán en erupción', un 'sol resplandeciente', y un 'órgano sexual' de una sensibilidad extrema.[46] La concepción solar del filósofo francés es sumamente estrambótica: se trata paradójicamente de una visión 'nocturna' y 'anal' del astro y de la luz que emana de él.

Clave en esta experiencia de Bataille es ante todo la interpretación del sol y de la visión no sólo como negatividad sino también como proceso de abyección (concepto, por cierto, que Kristeva toma de Bataille para desarrollarlo). Es interesante ver cómo Bataille describe esta experiencia como una ambigua en que se reúnen euforia y desilusión, encanto y espanto: por una parte siente un placer innegable, una fascinación extática, por otra una náusea tan fuerte e inaguantable ante ese 'cráneo ignoble', ese ojo abyecto que lo mira, que le provoca una furia y unas ganas de suprimir el objeto que lo obsesiona. En la línea de Sartre, Bataille relaciona aquí náusea y visión: la percepción visual, lejos de ser una experiencia pura, es una experiencia de abyección. El sol, sugiere, tiene el poder de enloquecer, de convertir al sujeto sano en sujeto insano. Además, como subraya Duchesne, la experiencia de Bataille se puede calificar de 'anamorfótica', por la profunda distorsión de la subjetividad a la cual lleva el espectáculo.[47] A partir de su lectura del *oeil pinéal*, Duchesne se propone concebir su teoría del ciudadano insano: «propongo un recurso teórico de linaje parecido [a Bataille] en el *ciudadano insano* que he sentido, y me he sentido, al rondar el espacio *impúblico* posmoderno» (2001: 220-221; énfasis del autor). ¿De dónde esta fascinación por lo radicalmente impuro, lo 'impúblico' y lo 'insano'? El texto de Duchesne sugiere que el intelectual es de por sí un sujeto abyecto. En muchos textos de crítica cultural puertorriqueña

---

[45] El 'ojo pineal' es originalmente el tercer ojo que llevan algunos reptiles a la altura del cráneo. Descartes se refiere en un texto a la 'glándula pineal' como una mancha libidinal en el cerebro que activa las cargas libidinales en el sujeto.

[46] «L'oeil pinéal répond probablement á la conception anale (c'est-a-dire nocturne) que je me faisais primitivement du soleil et que j'exprimais alors d'une phrase comme 'l'anus intact... auquel rien d'aussi aveuglant ne peut être comparé á l'exception du soleil (bien que l'anus soit la nuit)'. Je me représentais l'oeil au sommet du crâne comme un horrible volcan en éruption, justement avec le caractère louche et comique qui s'attache au derriere et a ses excrétions. Or l'oeil est sans aucun doute le symbole du soleil éblouissant et celui que j'imaginais au sommet de mon crâne était nécessairement embrasé, étant voué à la contemplation du soleil au summum de son éclat» (Bataille 1970a: 14).

[47] «El cráneo con un ojo pineal al centro de su superficie superior es una anamorfosis del trasero simiesco. El superhumano ojo alciónico que sólo contempla, más allá del bien y del mal, la altura del cenit solar, se plasma gracias a la distorsión patológica de la crapulosa abertura anal del simio» (Duchesne 2001: 220).

escritos en torno al cambio del siglo, como éste, se insiste en regresar a *lo Real*, en des-cubrirlo, como si hubiera un deseo de hacer visibles las condiciones existenciales del sujeto abyecto.

3. Lo abyecto como regreso a la existencia

Este regreso, parece, va acompañado de una preocupación por lo que la sociedad-espectáculo más excluye: el horror y dolor subyacentes al 'maquillaje' postmoderno en tiempos de escaso pensamiento e intensificada globalización. No sorprende, por tanto, que la obra de varios críticos emane una nostalgia hacia otros tiempos de ebullición del pensamiento humano, como fue el caso del existencialismo, y más generalmente de la fenomenología.[48] Esta nostalgia recorre claramente la obra de Kristeva a partir de *Pouvoirs de l'horreur* (1980), particularmente en libros como *La Révolte intime* (1997), *Sens et non-sens de la révolte* (1996) y *Avenir d'une révolte* (1998), libros cuyos títulos se centran todos en una misma palabra: rebeldía. En el pensamiento filosófico occidental del siglo XX, aparecieron pensadores como Sartre, Hegel y Heidegger cuyas reflexiones pueden interpretarse, según Kristeva, como el apogeo del pensamiento occidental que luego decaería irremediablemente. La fuerza que constituye la obra de estos pensadores, aclara Kristeva, reside precisamente en la *negatividad*, aquello que Sartre llamó *le néant*: una sensación de angustia en la cual el filósofo buscará la experiencia de la 'repulsión', de «ab-jection» (Kristeva 1998: 23), es decir la contingencia absoluta de la existencia.[49] Lo que más faltaría en el umbral del nuevo milenio, sería precisamente la experiencia de la negatividad: «retrouver le sens du négatif» (*Ibíd.*), y también recobrar el sentido primitivo de una abyección anclada en el ser humano como proceso que equilibra al sujeto.

Una palabra como 'rebeldía' siempre ha sido y sigue siendo problemática en el contexto de Puerto Rico al considerar que es la más vieja colonia del mundo. Para más de un crítico, y no sólo los puertorriqueños, en la postmodernidad ya es inútil *hacer* algo, en el sentido de comprometerse activamente con la sociedad. Duchesne, por ejemplo, propone otra estrategia para buscar el sentido de la negatividad: «la pregunta radical con respecto a esta sociedad

---

[48]   *Cfr.* Lechte (1990: 16).

[49]   Fomentar la negatividad necesaria no implica, en la visión de Baudrillard, Bataille y Kristeva ejecutar determinada acción, como tampoco se trata de recuperar algo perdido en el pasado. Sugieren que la negatividad sólo puede obtenerse a través de la creación de un exceso (o sea, ya no a través del compromiso humano tal como pensaba Sartre).

que vivimos no es '¿Qué hacer?', sino '¿Qué deshacer?'».[50] Ésta sería la razón
por la cual, en la estela de Bataille, propone sustituir al puertorriqueño 'sano'
que diariamente queda sometido a los espectáculos sociales con un modo de
vida 'insano', condición necesaria para deshacer la abyección espectacular y
tratar de crear una sociedad centrada en la convivencia, en lugar de la seducción de los individuos.[51]

Aunque libros como *El orden del tiempo* (1995), *Ciudadanía insana* (2001),
La raza cómica (2002) proponen claramente *deshacer* las concepciones existentes del sujeto y de la nación puertorriqueños, falta –además de la poca claridad
expositiva que frustra a menudo la lectura de estos textos– una propuesta clara
para alcanzar este objetivo. Pero la *opacidad* misma que impregna mucha crítica
puertorriqueña actual, por cuestionable que sea este modo de escritura postmoderna, podría interpretarse, tal vez, como una 'rebeldía íntima', una acción
mínima contra las respuestas fáciles, basadas en los conocidos binarismos
(falso/verdad etc.) que imponen los discursos oficiales al sujeto.[52] Ríos Ávila
(2002: 247) aboga por una aceptación de este exceso, de lo que el texto, como
el sujeto, tiene de cómico. Kristeva subraya este aspecto cómico: «car face à
l'abjection, le sens n'a de sens que strié, rejeté, ab-jecté: comique». Mucha de
la agresividad del narcisismo actual se originaría en la fascinación con las
seductoras imágenes idealizadoras –con una fuerte carga primermundista– y
toda la pureza y plenitud que éstas prometen. Una reacción a este fenómeno
es la voz del crítico, que se quiere profundamente impura, abyecta, compuesta
de restos irrelevantes.[53]

---

[50] *Cfr.* la contraportada del libro *Ciudadanía insana* de Duchesne (2001).

[51] «[…] recordemos [de Bataille] su tesis de que es el horror y no el contrato social
rousseauniano, lo que cimienta la convivencia social. La sociedad es un sistema de repul-
siones, de alianzas y complicidades ritualizadas que mantienen a raya la abyección […] De
hecho, si se sigue la lógica batailleana hasta el fin, se arriba al planteamiento fundamental
de Jean Baudrillard: cualquier dinámica de antagonismo positivo o negativo frente al poder
sólo genera la energía conducente al incremento y proliferación del poder y sus focos»
(*Ibíd.*: 226-227).

[52] En *L'avenir d'une révolte*, Kristeva (1998: 31) se pregunta cómo conjugar la extra-
vagancia de una cultura mediática con la intimidad y la sensibilidad: «Suis-je en train de
plaider, en somme, la cause de la révolte intime comme seule révolte possible? Je n'ignore
pas les impasses commerciales et les enlisements spectaculaires de toutes les productions
imaginaires dans lesquelles se manifeste notre intimité révoltée (…) Notre époque est de
celles-ci. Mais nous pouvons encore méditer, face à l'invasion du spectacle, sur ce que
l'imaginaire peut ressusciter dans notre intimité comme potentialités révoltées».

[53] «Lo cómico se asocia particularmente a ese momento del movimiento que ya no
cuadra, porque se piensa como innecesario. Por eso, se relaciona con un gasto imprevisto

Los críticos puertorriqueños no son, desde luego, los primeros en buscar nuevas maneras de hacer crítica, basadas en el individuo, reconociendo las contradicciones inherentes a la existencia. Podrían trazarse paralelismos con algunos filósofos existencialistas, o con los mayores críticos del psicoanálisis, como Lacan, o uno de sus sucesores más importantes, Žižek (a quien un crítico llamó, por su renovación de la manera de 'hacer' teoría lacaniana, «the philosopher as stand-up comic»).[54] Y hasta con los teóricos más importantes de la teoría literaria, cuyo modo estructuralista 'duro' de escribir teoría parece haberse transformado en otro más fluido.[55] Tal vez Kristeva intuía ya en *Pouvoirs de l'horreur* la necesidad de buscar otra forma, más dinámica, de hacer crítica, creando un espacio mínimo para ejercer la crítica en tiempos de menos sensibilidad, de más espectáculo. Pero –y esto es importante– sin que la crítica misma perdiera su carga crítica, fenómeno que en muchos casos lamentablemente se habría convertido en una realidad.

También la crítica literaria y cultural, debería cuidarse del abuso de los conceptos kristevianos aquí discutidos y ampliados: este capítulo ha tratado de ser, por tanto, también un ejemplo de cómo repensar críticamente la negatividad misma de la crítica, que en su aplicación ciega de lo abyecto, lo ha vaciado de su carga crítica. El alejamiento del «reino del ego humanista» (Ríos Ávila 2002: 10), portavoz de la Razón, podría ser ventajoso para explorar nuevos modos de hacer crítica. A condición de que se haga con cuidado, sin perder de vista el texto mismo, y su contexto. Lamentablemente, muchos se entregan precipitadamente a un trabajo barato de corte postestructuralista, convencidos de que hace falta hacer *tabula rasa* con todas las tradiciones. Ya es un lugar común decir que la crítica literaria pasa por una profunda crisis. Se ha generalizado el recurso demasiado fácil a las teorías del postmodernismo y del postcolonialismo, categorías en que hoy desgraciadamente todo cabe.[56]

---

de energía, con la extenuación de la expectativa, con la sospecha de que, detrás del final esperado del movimiento, se agazapan otros, tendenciosos, impertinentes» (Ríos Ávila 2002: 12).

[54] En el *Voice Literary Supplement*; *Cfr.* la contraportada al libro *Looking Awry* (1991) de Žižek.

[55] Un buen ejemplo sería la teórica del análisis cultural y literario Mieke Bal, autora de la importante obra *Narratology* (Bal 1997a), que en su edición inglesa mostraría claramente un enfoque postestructuralista en comparación con la edición francesa (*Narratologie*, Bal 1977).

[56] Una propuesta de lectura interesante, mejor dicho un antídoto crítico eficaz, como respuesta a esta crisis es la de Isabel Hoving. En el prólogo a su libro *In Praise of New travelers. Reading Caribbean Migrant Women Writers*, escribe: [...] «let's turn back to the text, indeed –but let's read *certain* texts, texts that are marginalized, texts that may oppose

Un verdadero diálogo con el texto es necesario para revivificar no sólo conceptos como lo abyecto, sino gran parte del debate mismo sobre la condición postcolonial, abandonado por muchos a favor de la busca de lo puramente literario, tanto en el texto literario como en la teoría literaria misma.[57] Si es verdad que Kristeva usa a los grandes autores para argumentar su teoría, no lo hace a expensas de la negatividad como base de la crítica. Al contrario, busca promoverla, en lugar de eliminarla tal como se hace hoy día.[58]

Este trabajo se propone –de manera sesgada– regresar a otra forma de hacer crítica, centrada en 'ciertos textos', de acuerdo con la propuesta de Hoving. Las novelas aquí escogidas, cuyo análisis se aborda en los próximos capítulos, no caben cómodamente en lo 'postmoderno' y lo 'postcolonial' como etiquetas prefabricadas. Son *ciertas* novelas seleccionadas con mucho cuidado, en función de su carácter específico, textos marginados, todavía poco conocidos –sobre todo fuera de Puerto Rico– susceptibles de formular su propia teoría. Un

---

certain Western aesthetic standards, texts that are self-reflective and that articulate their own theories of writing and reading. And let's listen to the ways in which these texts refuse isolation and reification of the literary [...] reading about the social, political and economical context of the texts, and about the theorizing that has been done already, from within the same context especially [...] But above all, reading closely and attentively and entering into a real dialogue with the text might be a way to revitalize the very necessary debate about the postcolonial condition, a debate that is nonetheless urgent even if the manner in which it has been conducted has wearied some of its participants» (Hoving 2001: 10).

[57] Como bien han visto críticos como Culler (2000), Brenkman (2000) y Simpson (1995), lo literario es *la* característica de mucha crítica 'postmoderna'. Culler, por ejemplo, sostiene que es posible devolver lo literario a la literatura, anclarlo de nuevo en el texto. Una de las cosas seguras de la literatura sería, según Culler (2000: 290) su habilidad extraordinaria de resistir lo previsible, lo que se presupone que el texto diga: «If the literary has triumphed, as Simpson claims (and for him the postmodern is the name of the triumph of the literary), then perhaps it is time to reground the literary in literature, to go back to actual literary works to see whether the postmodern condition is indeed what should be inferred from the operations of literature».

[58] Escrito a principios de los ochenta, *Pouvoirs de l'horreur* constituye un cambio fundamental en la obra teórica de Kristeva. Como ha visto Lechte (1990: 6), «there is in this text a strong sense that the origin of psychoanalysis itself might be brought into the picture, via the notion of abjection [...] Powers of Horror introduces a marked 'lightening' of style with a more liberal use of the first person and the more frequent inclusion of personal experience as illustrative of points being made». Mientras que antes de la aparición de este libro, Kristeva se dio a conocer como discípula del estructuralismo de los sesenta (con figuras claves como Barthes y Jacobson), los años de oro para las teorías como la semiótica, a partir de aquel momento la tendencia es 'postestructuralista' en el sentido de que comenta obras literarias y artísticas para explicar conceptos, como es el caso de la abyección.

criterio de selección clave para las tres novelas ha sido el reto que lanzan hacia el *establishment* de la crítica y la teoría literaria, y todo lo que éste considera conocido y ontológicamente demostrado *ergo* existente. El énfasis en la teoría sicoanalítica, en este estudio, se hará a partir de este problema subyacente que afecta a la crítica actual y su modo de hacer crítica. Kristeva sugiere que la única manera que le queda al hombre (post)moderno para recomenzar una vida psíquica es a través del psicoanálisis, que abre un camino para la libertad, multiplicando las lecturas posibles que puedan llevar al sujeto abyecto –y no sólo al puertorriqueño– a identificarse con sus síntomas.[59] Este estudio se quiere parte de este proyecto: se quiere posicionar en un lugar fronterizo con respecto a los estudios postcoloniales actuales: no se tratará de negar sus ideas pero tampoco se identifica plenamente con ellas. Podría decirse que se tratará de mirarlos, desde una perspectiva sesgada, tal como hace, por ejemplo, Žižek con la *high theory*, de modo que en este trabajo se pueda ofrecer una interpretación sobre la identidad y la nación que escapa a la mirada 'de frente' con la cual se ha estudiado gran parte de la literatura puertorriqueña.[60] Más que una frívola celebración, una simple vuelta, una caricia 'postmoderna' con aroma 'postcolonial', un análisis textual detenido puede ser parte activa de la creación de una contravoz.

---

[59] La identificación del individuo con sus propios síntomas (no la eliminación de éstos, misión imposible) es el objetivo final del psicoanálisis: «C'est donc sa capacité à rencontrer les autres comme autres, et à commencer par rencontrer son analyste comme autre [...] qui pourrait être la précondition de ce 'choix' qui lui permettrait, hors du cadre analytique, de décider librement entre le bien et le mal» (Kristeva 1998: 50).

[60] Žižek aclara el uso de Lacan por medio de la cultura popular (y viceversa: el uso de la cultura popular por medio de Lacan) de la manera siguiente: «What is at stake in the endeavor to 'look awry' at theoretical motifs is not just a kind of contrived attempt to 'illustrate' high theory, to make it 'easily accessible,' and thus spare us the effort of effective thinking. The point is rather that such an exemplification, such a mise-en-scène of theoretical motifs renders visible aspects that would otherwise remain unnoticed» (Žižek 1991: 3).

III

LA AGÓNICA LEVEDAD DEL SER TRAVESTI: *SIRENA SELENA VESTIDA DE PENA* DE MAYRA SANTOS-FEBRES

> Yo no creo en marginalidades fijas, quizás
> porque pertenezco a varias.
>
> Mayra Santos-Febres

> La configuration d'une chose n'est pas seule-
> ment l'image de sa nature, c'est le mot de sa
> destinée et le tracé de son histoire.
>
> Proust, *Contre Sainte-Beuve*

1. Sobre intereses revestidos

«¿Cuántas personas se travisten en la postmodernidad?», podría uno pre-guntarse adaptando levemente la pregunta con la cual Jean Howard (1988: 418) empieza un conocido artículo suyo sobre el travestismo en la Inglaterra renacentista.[1] Pese a que la respuesta sería –como la de Howard– «muy pocas», no cabe duda de que el travestismo se puede ver, más que como un espectáculo, como un discurso que parece expresar no sólo una angustia por la dislocación socio-económica y cultural, sino también –relacionada con esta crisis– una multiplicidad de intereses. Son probablemente estos intereses los que habrán incitado a Marjorie Garber a titular su libro sobre el fenómeno –que se ha con-vertido ya en un clásico– *Vested interests. Cross-dressing & Cultural Anxiety*

---

[1] Según Howard, la práctica de travestirse durante ese período apunta a una cultura patriarcal en crisis, perturbada por profundas ansias y contradicciones, con consecuencias importantes para las configuraciones de género e identidad.

(1992). La fuerza del travestismo reside en que funciona como metáfora cultural y punto de confluencia de diversos 'intereses revestidos'. Aunque en un contexto geográfico e histórico muy diferente al teatro renacentista inglés, también la literatura puertorriqueña de finales del siglo XX recurre a la figura del travesti por su poder metafórico, como es el caso de la novela *Sirena Selena vestida de pena* de Mayra Santos-Febres.[2] La escritora (nacida en 1966 en Carolina, Puerto Rico) pertenece a la novísima generación de escritores (i.e. los autores que empezaron a publicar en los años noventa). Inicialmente escribió libros de cuentos (*Pez de vidrio* 1995, *El cuerpo correcto* 1998) y poesía (*Anamú y Manigua*, 1991a, *El orden escapado*, 1991b) antes de publicar en el año 2000 su primera novela, *Sirena Selena vestida de pena*. Después de esta novela aparecerá otro libro de poesía, *Tercer mundo* (2000). Con la publicación de dos novelas más, *Cualquier miércoles soy tuya* (2002) y *Nuestra Señora de la noche* (2006), finalista del Premio Planeta, confirma su lugar en la literatura puertorriqueña y caribeña contemporáneas.

El tratamiento de la imagen del travesti en *Sirena Selena vestida de pena*[3] constituye uno de los mejores ejemplos del carácter transgresivo que se ha apropiado la literatura puertorriqueña al comienzo del nuevo milenio. La obsesiva búsqueda de la identidad nacional en las letras –que ha persistido contra viento y marea– no ha desaparecido sino que a su vez se ha 'travestido', sin por lo tanto 'cambiar de sexo'. Si la retórica de la liberación nacional predominaba (con excepciones importantes como Alejandro Tapia y Rivera, Julia de Burgos y Manuel Ramos Otero) a partir de los años setenta se ha venido observando un creciente énfasis en los deseos y en lo que Díaz Quiñones (2000a: 29) llama «las relaciones imaginarias entre los cuerpos» al referir a la reconfiguración del cuerpo y de la sexualidad en las letras.

---

[2] El tema del travestismo en el campo de la literatura puertorriqueña ha sido explorado anteriormente por varios autores: ya a finales del siglo XIX, Tapia y Rivera abordó los deseos del cuerpo en dos novelas que problematizan el tema del travestismo: *Póstumo: El transmigrado* (1872) y *Póstumo: El envirginado* (1882). En su análisis de estas novelas, Rivera (1998: 32) define el cuerpo del travesti como «locus for cultural survival and resistance», y el travestismo del personaje Póstumo como «a recipe for transgression» (*Ibíd.*: 34). Posteriormente, el tema fue abordado por Luis Rafael Sánchez en el cuento «Jum!», recogido en su libro *En cuerpo de camisa* (1994: 55-60) y por el autor puertorriqueño-español Carlos Varo en su novela *Rosa mística* (1987). El travestismo también ha sido el tema central de las novelas de varios escritores latinoamericanos, como por ejemplo *Cobra* (1972) de Severo Sarduy, *El lugar sin límites* (1979) de José Donoso y *Tengo miedo torero* (2001) de Pedro Lemebel.

[3] A partir de ahora se usará –por razones prácticas– la forma abreviada *Sirena Selena* para referir a la novela.

La trama de la novela es sencilla y se puede resumir en algunas frases. La historia se articula en torno a Sirena Selena, un joven, menor de edad, con una voz especial. Sin hogar, negro y pobre, parece predestinado a vivir en la calle, hasta que lo descubre Martha Divine, travesti ya mayor y «con sangre de empresaria» (11). En poco tiempo, transforma a Sirena en un travesti cantante de boleros y decide dirigir su vida como su agente; así, Martha se convierte en una «madre con su hijito quinceañero» (13). Puesto que en la isla se prohíben estas prácticas a los menores de edad, lleva a Sirena a la República Dominicana a fin de ganar dinero con los espectáculos que presentaría el joven en hoteles de lujo; luego, irían a Nueva York para realizar sus sueños más atrevidos. Tras una larga espera, Sirena y su madre-empresaria se dan cuenta de que el contrato prometido por Contreras, gerente de un hotel de lujo, es una pompa de jabón. En lugar de encontrar el éxito esperado, Sirena conoce a Hugo Graubel, perspicaz hombre de negocios, quien, retrasando la firma del contrato, se propone seducirlo con el pretexto de presentar un *«show»* (155) privado en su casa. Para no depender de otros, Sirena se ve obligado a acceder a sus propuestas. Mediante sus «boleros exterminadores» (210) no sólo seduce a Graubel, sino también a su esposa Solange, cuya identidad de 'dama de sociedad' al oír la voz de Sirena resulta tan inestable como la del magnate dominicano.

Está de más decir que la novela llama la atención ante todo por el tema del travestismo. El título alude ya a un personaje *«vestido de pena»*, una clara referencia al carácter trágico del protagonista. Los nombres de los personajes son igualmente significativos: 'Sirena' refiere al mito del canto de las sirenas que por su fuerza seductora promete placer pero lleva las naves al naufragio; 'Selena', la palabra latina que significa 'Luna', es un símbolo bisexual y sugiere el carácter 'lunático', extravagante del personaje. En su *Banquete*, Platón describe a la Luna como andrógina, relacionándola con el momento de la concepción del hombre en el microcosmos y atribuyéndole la característica de la bisexualidad, mientras que vincula al Sol con el hombre y a la Tierra con la mujer. Si por una parte la Luna fascina por su encanto, por otra destaca por su carácter artificial, ya que su luz es puro reflejo.[4] En la novela, la 'selenidad' resulta el significante principal que se construye en torno a Sirena como personaje: desde el principio es evocada como una criatura 'cósmica' y divina, antes de convertirse en una creación 'cosmética' de Divine:

---

[4] Según Empédocles, la Luna tiene una función de intermediaria; por encontrarse en la intersección de Sol y Tierra proyecta la luz del primero sobre la segunda. En consecuencia, la Luna es un astro divinizado que se ha interpretado como el lugar donde se reconcilian los contrarios. *Cfr.* sobre este simbolismo el libro de Perreo (1999).

Cáscara de coco, contento de jirimilla azul, por los dioses di, azucarada selena, suculenta sirena de las playas alumbradas, bajo un spotlight confiésate, lunática (9).

Si la luz de la Luna es sólo un reflejo del Sol, el *spotlight* bajo el cual canta la 'lunática' se puede considerar como doblemente artificial: no es más que un simulacro comparado con el astro.[5] El nombre 'Martha Divine', por su parte, refiere a una figura que se imagina ser una 'diva' (diosa), y evoca a otro famoso travesti que ya forma parte de la literatura universal: la Divine de *Notre-Dame-des-Fleurs* (1942) de Jean Genet, que también prestó su nombre a la *drag queen* inmortalizada en las películas de John Waters.[6]

Este capítulo consta de tres partes. En la primera se analizará las relaciones entre los personajes y los juegos de intereses que establecen entre sí. En el segundo apartado se estudia la voz del personaje principal y su doble función en *Sirena Selena*: por una parte funciona como objeto de deseo y 'espejo acústico', que se hace eco del estadio del espejo lacaniano; por otra evoca imágenes que fascinan al otro. En la tercera parte se analiza, inversamente, la importancia de la imagen como voz en la novela. Por 'voz' se entiende aquí la narración y las técnicas desplegadas para narrar. Se prestará especial atención a la visualidad de *Sirena Selena* como estrategia narrativa inspirada en artes visuales como el cine, la pintura y la fotografía.

La espectacularidad y visualidad en *Sirena Selena* superan efectivamente el nivel temático. Una reseña calificó la novela como «A book which creates a complete movie for your mind, invigorating all the reader's senses».[7] La comparación con una 'película completa para la mente' merece más atención.

---

[5] A otro nivel, el de la cultura popular, 'Selena' recuerda por supuesto a la cantante chicana que póstumamente fue reconocida como una *latin crossover* por su música bilingüe (interpretada por la estrella boricua Jennifer López en la película de título homónimo).

[6] La novela de Santos muestra también la influencia de Genet (a quien Redonnet [2000] llama el 'poeta travesti'); varios personajes genettianos se caracterizan por su ambigüedad sexual, lo cual se observa p.e. en la confusión de los artículos masculino y femenino, como también es el caso en *Sirena Selena*. Otro personaje, Solange, la esposa de Graubel, recuerda al personaje con el mismo nombre en *Notre-Dame-des-Fleurs*.

[7] *Cfr.* individuo anónimo, en: *Mind Caviar*, Vol.3, <http://www.mindcaviar.com/reviews/reviews9.html> (3 de diciembre de 2002). He aquí otra reacción de un lector que va en la misma dirección: «Me encantó esta novela. No sé mucho de estilos literarios, pero encontré el texto casi hipnotizante. Me han dicho que está escrito de una manera que se puede cantar al ritmo de un bolero. Es casi *como haber visto una película*, puedo imaginar los personajes y las escenas del libro como si los hubiera visto, en vez de visualizado al leer» (énfasis nuestro), en: <http://www.amazon.com/exec/obidos/ASIN/0312263929/

La visualidad de la novela exige detenerse en cuatro aspectos que orientan una lectura visual del texto y que determinan la voz narrativa: 1) Sirena como imagen literaria 2) el mimetismo del travesti 3) la narración visual 4) el lector y su percepción del personaje como efecto-imagen. El travestismo como metáfora y forma de mimetismo será el foco de atención de la cuarta parte del capítulo. Se propondrá leer el travesti a partir de las teorías aparentemente divergentes de, por un lado, Lacan y Deleuze sobre la mirada y la luz, vinculando sus conceptos con los de Kristeva acerca de la abyección y lo abyecto, como dos procesos que lo configuran como figura paradójica.

Aquí se parte de la hipótesis de que en la novela se observan complejos juegos de intereses en torno a los cuales se viene tejiendo la historia. Los personajes se mueven en un mundo falto de estabilidad que los marca sensiblemente. Para conseguir el objeto de su deseo, todos los personajes, sin excepción alguna, establecen alianzas con otros; pero la falta de estabilidad es patente también dentro de la misma alianza. Se observa no sólo un cambio de roles, sino también movilidad y transgresión de un espacio a otro: los personajes se desplazan constantemente para entablar nuevas alianzas con otras figuras de las cuales quieren aprovecharse al máximo.[8] Una herramienta imprescindible para desentrañar los juegos de intereses es el conocido modelo actancial de Greimas (1966), que aplicaremos a la novela a lo largo de este capítulo. Dicho modelo consiste en una clasificación de los personajes ('actores') en seis 'actantes' (o clases de personajes), lo cual permite detectar y estructurar las relaciones que establecen los personajes entre sí.[9]

---

qid%3D1005100664/sr%3D1-1/wheredecadencele/104-5697111-7463107> (3 de diciembre de 2002).

La escritora reconoce en una entrevista el carácter visual de su escritura: «Hay mucha gente que dice que la novela mía es bien visual, que la poesía es bien visual» («Mayra Santos-Febres. La respuesta como obsesión», Santos-Febres 2001: 25). Otra prueba de su interés por las artes visuales es su participación en el congreso llamado *Coincidencias y Disidencias: La problemática relación de la literatura, la televisión y el cine con el poder y los tabúes*, 17-19 de octubre de 2002, The King Juan Carlos of Spain Center NY University NY City; por último, es significativo que confiese en dicha entrevista que las artes visuales, ante todo el teatro, tienen tremendo impacto en su obra.

[8] Entiendo el concepto de espacio aquí, no en el sentido de 'lugar', sino en una aceptación más abstracta y múltiple, en el sentido de que un personaje puede pasar ('transgredir') de un espacio (geográfico, genérico, narrativo, etc.) propio a otro, no suyo. Véase sobre este concepto Bauer/De Graat/Fokkema (1990).

[9] La semiótica greimasiana clasifica a los protagonistas de los textos según seis funciones actanciales, repartidas en tres parejas (sujeto-objeto, destinador-destinatario, oponente-ayudante). El sujeto *(S)* intenta conseguir algo o a alguien que constituye su

Ya que dos travestis, Martha y Sirena, se van juntos «de negocios» (9), son los actores (o sujetos) de un mismo actante: el travesti; ambos sujetos tienen intereses paralelos (sobrevivir a la miseria vendiendo espectáculos), y, por consiguiente, funcionan como un actante dual (*cfr.* la sigla S^2 en el esquema 1), es decir una pareja de actantes. Este actante dual se desdobla en dos actantes singulares, lo cual significa que Sirena y Martha funcionan en la historia también como sujetos individuales, cada uno con su propio proyecto. El sujeto se propone vender espectáculos, por medio de 'travesti-*shows*', por dos razones (que juntas forman el 'destinador' del sujeto): la necesidad de sobrevivir a la pobreza y a la prohibición de presentar tales espectáculos en Puerto Rico. El comercio de espectáculos constituye el instrumento que a ambos les permitirá alcanzar su objeto: el *glamour* en el caso de Sirena y el cambio de sexo en el caso de Martha. Puesto que Contreras los invita a presentar estos espectáculos en su hotel prometiéndoles un contrato, es el ayudante de los dos para que cumplan su proyecto. No es sorprendente que, a medida que se va desarrollando la trama, también se vaya complicando cuando, en vez de firmarse el contrato, intervienen factores desconocidos que podríamos llamar en términos generales el 'oponente' del sujeto (el lector descubrirá luego que el aplazamiento y fracaso de la firma del contrato se deben a Graubel y a Contreras).

Huelga decir que a Sirena le interesa ante todo incorporarse al mundo del *glamour*. Por el contexto marginal de la pobreza en que siempre ha vivido, conseguir el lujo que emana la *high society* es su máximo deseo (el mero éxito del artista no le interesa):

---

objeto *(O)*. La realización de su empresa (o 'programa narrativo') se ve obstaculizada por un oponente *(Op)*, pero también suele aparecer un ayudante *(A)*, que le ayuda a llevarla a cabo. El destinador *(D)* es aquel actante que 'hace hacer' al sujeto, mientras que el destinatario *(d)* es el que 'recibe', por lo cual a menudo coincide con el sujeto. La ventaja del modelo actancial es que permite aclarar la estructura de las relaciones entre los actantes y, en consecuencia, entre los actores. Entre los actantes se establecen, por tanto, diferentes relaciones: entre el destinador y el destinatario, una relación de implicación; entre el sujeto y el objeto, una relación de proyección y, entre el ayudante y el oponente, una relación de contradicción. Puesto que los actantes son una abstracción de la relación entre los actores, pertenecen a la estructura profunda del texto (los actores en cambio se manifiestan al nivel superficial). No sólo los individuos (personajes) pueden ocupar los seis puestos en el modelo actancial, sino también grupos y conceptos más abstractos como 'familia', 'nación', etc., que funcionan entonces como actantes colectivos. Posteriormente al análisis de los actantes, estas relaciones se presentarán en un esquema actancial para facilitar la lectura.

Pero [Sirena] era muy nena todavía como para ganarse contratos en los hoteles de la zona turística. 'Ni mintiendo te lo dan, mi amor, que las leyes federales prohíben el child labour' [...] Y ahora, gracias a las leyes federales, Sirena Selena estaba a punto de convertirse en la diva del Caribe. Despertaría ansias en todo un público nuevo con la ilusión de su canto. Se convertiría en la estrella de un show para hoteles de cuatro estrellas. Tendrá un vestidor y luces confeccionados con las mejores telas que se prestaran para el simulacro (11-12).

Así, el ser humano *real* detrás de 'Sirena Selena' desaparece 'detrás de la ilusión de su canto' por su aspecto de 'simulacro', de fetiche. Martha, su 'madre', constituye el soporte necesario para que se transforme en 'la diva del Caribe', porque gracias a ella podría realizar dicho deseo. El protagonista es consciente de que, mientras que Martha lo forma como artista y lo enseña a adiestrarse en el negocio de los contratos, ella constituye paradójicamente también su oponente en la conquista de la libertad y del *glamour*. Así consta en un diálogo que Sirena se imagina tener con Martha, hacia el final de la novela, más exactamente en el capítulo XLIII, cuando el joven «de bruces se topa con su culpa» (263) por haberse escapado del hotel donde su protectora y él estaban esperando el visto bueno de Contreras para el espectáculo; el joven reflexiona:

Sabes que en mi lugar hubieras hecho lo mismo. Hubieras estado orgullosa de mí si la que perdiera fuera otra. Aplaudirías la hazaña, me servirías vino en una copa, reirías conmigo diciéndome: '¡Qué niña más arpía, ángel celestial! ¡Tan chiquita y tan capaz de sacarle los ojos hasta a su propia madre!' (236).

Como se desprende de la cita, el joven establece relaciones ambiguas con Martha según sus propios intereses. Por una parte siente orgullo por haberse fugado, por otra tiene remordimientos por ese comportamiento ingrato. Como mánager experimentado de un travesti-bar en Puerto Rico, Martha sabe que es esencial conseguir el contrato con Contreras para subsistir: «en la Isla del Encanto nosotras comemos armando shows en barras» (232). Su objetivo final es conseguir el anhelado cambio de sexo, por lo cual necesita un pacto: el contrato con Contreras, quien funciona de esta manera como ayudante. Ahora bien, éste viene convirtiéndose gradualmente en su oponente, puesto que, a la demanda de Graubel, retrasa adrede la contratación de Sirena. Queda claro que Contreras no es más que el puente necesario para conseguir su deseo; por la indeterminación en torno al contrato, Martha está, como empresaria experimentada, «dispuesta ya a coordinar otras demostraciones con hoteleros menos indecisos que el Contreras que le había hecho perder tiempo y dinero

con la espera» (121).[10] Martha es desconfiada también por su condición de
marginada, lo cual implica que tiene que estar atenta a todo enemigo o peligro
que le aceche; y ese enemigo –invisible– frente al cual se muestra impotente es
Graubel. A primera vista, Graubel es por lo tanto ayudante, pero en realidad es
un obstáculo en el camino hacia el *glamour* de Sirena, a quien sólo le interesa
el ambiente de lujo que rodea al multimillonario.

Los juegos de intereses se han recogido en el siguiente esquema general,
que desgraciadamente no permite ver con precisión todas las distintas alianzas móviles que se establecen a lo largo de la novela, pero sí da una visión de
conjunto de la interacción de los actantes al nivel profundo del texto.

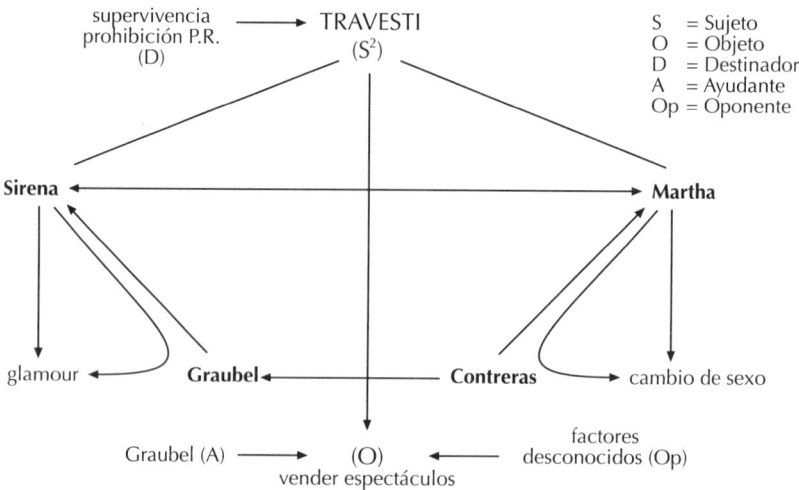

2. La voz como imagen

2.1. A la recherche de l'objet perdu

A pesar de que no hay lazo biológico entre Martha y Sirena, se establece
entre ellos una función materna en la que la primera intenta cumplir concien-
zudamente con el papel de la maternidad. Mientras que Sirena desempeña el
papel de hijo, Martha se propone ser «su mamá» (8, 9): «Y ella que era, pero

---

[10] El nombre 'Contreras' refleja la caracterización negativa del personaje (su tendencia a 'oponerse'). Por otra parte, Contreras es administrador del hotel 'Conquistador', lo
cual, aparte de su evidente connotación colonial, anticipa el lugar donde Graubel intentará
conquistar a Sirena.

no, la madre celosa, la doña entrada en años que no se dejaba vencer por la maternidad, que había sido madre joven, confidente amistosa y apoyo de la familia» (13). Martha se perfila como la bonne mère: considera al joven como «su hijito quinceañero» (13), «ahijada» (20, 26), «ahijadita» (48), «nene» (8, 21), «Mijito» (21), «su protegido» (*Ibíd.*), «Sirenito» (83), etc. Las referencias a Sirena se sitúan casi todas en el campo semántico de la filiación. En suma, todo indica que ambos personajes buscan una relación materno-filial. Esta relación no deja de ser cruel y paradójica al saber que se trata de una madre explotadora y un hijo manipulador. Si Martha siente una necesidad casi natural de cuidar a Sirena, éste también parece necesitar la protección materna que se le ofrece, y por lo tanto la acepta. Puede decirse que, más que simplemente cuidar al quinceañero, la 'diosa' Divine quiere crear a Sirena Selena –el nombre de artista con el cual Martha probablemente lo bautizó pero cuyo verdadero nombre se desconoce– conforme a su propia imagen, como si fuera una diosa: como Pigmalion, Martha Divine crea a Sirena conforme a su imagen ideal de la mujer.

No es casual que, antes de que Sirena desempeñe completamente su papel de 'estrella', sea descubierta cuando produce un «murmullo de pena, una agonía desangrada» (10) que lleva a las dragas que lo oyen a «recordar cosas que les hacían llorar» (*Ibíd.*). Este 'murmullo' evoca la situación del niño que, en busca de ayuda, dirige su mirada hacia la madre, y viceversa. Un poco más tarde, en la novela se describe la voz del menor como un «gorgojeo de pena percudida, pero siempre fresca, tan antigua y tan fresca como el mismísimo mal de amores sobre la faz de la tierra» (12). La voz prematura que luego será soporte principal del soñado éxito de Sirena, se describe como un grito de pena y de dolor que llama la atención de su nueva mamá; Martha efectivamente «con la vista buscó el origen de aquella voz» y «lo encontró» (11). El pasaje del descubrimiento es narrado como si Sirena iniciara de nuevo el famoso Estadio del espejo, que según Lacan corresponde con el orden de lo Imaginario. La voz de Sirena parece funcionar como lo que Lacan denomina el *objet a*, es decir un objeto con sólo un poco de 'otredad'; es un elemento de identificación entre Martha y su 'niño' recién encontrado y adoptado. El *objet a* es un *entre-deux*, un objeto fronterizo que se sitúa *entre* ajeno (materno) y propio, entre perdido y encontrado.[11]

---

[11] Antes de concebirse como un sujeto autónomo y diferenciado de la madre a través de la imagen, el niño vive una relación diádica con su progenitora. En esta etapa crucial para la formación del individuo –ya que para Lacan constituye el umbral que el sujeto debe pasar antes de tener acceso al mundo visible– varios elementos maternos (voz, tacto,

2.2. El espejo acústico

Curiosamente el canto de boleros protege a Sirena de todo tipo de violencia y agresión: «Todos los boleros de la abuela eran el caudal que [Sirena] necesitaba para protegerse de las noches en la calle» (19). ¿De dónde viene esta función protectora del bolero? En el capítulo VI, la voz del joven es relacionada explícitamente con otra voz materna, cuando Sirena hace de «segunda voz» (40) con su abuela. La abuela le confirma la importancia y el poder de su voz:

> Tienes una voz hermosa, muchachito del cielo. Que Dios te la bendiga. Igualita a la de tu madre, que si no se hubiera perdido, sería hoy por hoy una cantante de primera [...] Y tú cantas igualito que ella. Además, eso viene de familia (41).

A pesar de que Sirena ha perdido a su madre biológica «en paradero desconocido» (9), su voz le ayudará a establecer un vínculo con sus antepasados. Es significativo que el diálogo entre Sirena y su abuela destaque por la intimidad y el entreteje de sus palabras:

> ¿Cuántos cuartos tiene esta casa, abuela? Yo creo que tiene seis. No, son cuatro y dos baños. Pero afuera tienen otro cuartito al lado de la piscina. ¿Tú ves esa puertita al lado de la barra? Por ahí se entra. *Dan las doce y tú no estás aquí a mi lado... Quién tu cuerpo estrechará entre sus brazos...* Tú te imaginas, tanto cuarto. Yo me conformaría con vivir en el de afuera. Me levanto por la mañana y me tiro de cabeza a la piscina nada más que para levantarme. Ay abuela, ahí yo viviría feliz. Quién no, papito, quién no (38; énfasis en el original).

No hay marcas sintácticas claras que separen las voces de un 'yo' y un 'tú', como requiere una situación conversacional: los enunciados de la abuela se mezclan fluidamente con los de su nieto y –detalle importante– con las letras de los boleros. Mientras que Sirena claramente formula preguntas acerca de la casa de su abuela, ésta se las contesta sin que haya demarcación frástica de acuerdo al estilo directo, como para reforzar la relación armoniosa entre ellos. La aparente simplicidad e ingenuidad de estos diálogos hace casi olvidar cuándo Sirena es la 'segunda voz', puesto que hay un engarce íntimo de las dos voces

---

seno, mirada, etc.) pertenecen tanto a la madre como al niño: «Ce qui manifeste dans le triomphe de l'assomption de l'image du corps au miroir, c'est cet objet le plus évanouissant à n'y apparaître qu'en marge: l'échange des regards, manifeste à ce que l'enfant se retourne vers celui qui, de quelque façon l'assiste, fût-ce seulement de ce qu'il assiste à son jeu» (Lacan 1966: 157).

que confluyen en el bolero. Otro detalle importante es que la abuela no revela el nombre de la futura artista, sino que lo llama simplemente 'papito', 'nene', o 'muchachito', con lo cual insiste en el carácter enigmático del joven que más tarde se transformará en la en-cantadora 'Sirena Selena'. Cuando muere su abuela, el menor se enfrenta con los vicios de la calle y se nota cuán intenso fue el vínculo con ella:

> Anteriormente, cuando la asaltaba la melancolía, tarareaba tonadas, cantaba pedacitos de coro, pero el bolero como tal se le escapaba, como si sufriera de un maleficio que le hacía olvidar las letras tan pronto le saltaba la entonación a la memoria [...] Su abuela, voz temblorosa, cuerpecito yerto que se llevaba la ambulancia, le fue trayendo todos los boleros del mundo al pecho, letra a letra, la memoria exacta de sus melodías (92).

Si la voz de Sirena juega un papel central en la presentación del personaje, esta voz siempre está relacionada directa o indirectamente con el bolero, con la femineidad y, en última instancia, con la voz materna como escudo protector para el personaje. El protagonista aplica sus boleros, por tanto, de dos maneras: primero para defenderse contra posibles peligros que lo acechan; y, segundo, para hacerse desear por Graubel, es decir para crear artificialmente un efecto libidinal y alucinador en el 'anfitrión'.

Sirena usa la voz, por su carácter frágil y vulnerable, como arma para producir deseos en el otro y para conquistar el objeto perseguido; éste es el motivo por el cual cuida su voz como una cosa sagrada, haciendo «gárgaras de pétalos de rosa y magnolia con ajo» (13). Seduce por su aspecto de fragilidad, consciente de que una ligera manipulación de las apariencias es un recurso eficaz al poder. La seducción consiste en hacer creer al otro que es y sigue siendo el objeto del deseo, sin caer uno mismo en esta trampa; pero ¿quién seduce a quién? ¿Sirena a Graubel, o Graubel a Sirena? ¿Martha a Sirena o Sirena a Martha? Más bien cabe hablar de una seducción recíproca. Ambos travestis, además, se dejan seducir por un contrato prometido por Contreras pero que nunca llega. Más generalmente, puede decirse que en la novela se observa un complejo juego de seducciones y máscaras entre todos los personajes, en el cual se transforma la dialéctica del amo / esclavo. La estructura de la novela se hace eco de este juego, moldeándose sobre una de las formas narrativas más conocidas del Caribe: el bolero.

2.3. El bolero, o cómo vestirse de imágenes

El bolero no es un tema lateral de *Sirena Selena*, sino que la novela estaría incluso construida como un bolero. En una comunicación personal, Santos-

Febres confirma: «escogí el bolero para Sirena y, lo que es más, estructuré la novela entera en torno a él».[12] El bolero es una especie de poema que funciona como una «educación sentimental» para la gente, que recita este poema caribeño para «lidiar con la soledad urbana».[13] En este sentido, constituye una forma de poesía urbana que fomenta la intimidad como reacción a la despersonalización de las relaciones sociales en las ciudades caribeñas: el bolero construye un imaginario, un espacio donde la intimidad se vuelve posible.[14] Tal como está concebido en la novela, el bolero construye en efecto un espacio en que el individuo puede intimar con el otro, pero no para enamorarse de él/ella sino para desarmar al otro mediante un flujo de emoción, que puede ser puro simulacro. Un buen ejemplo de cómo aplica Sirena estratégicamente sus boleros como arma, como un simulacro eficaz, se encuentra en el pasaje siguiente, donde se deja besar por el anfitrión:

> Selena deja que lo siga besando, pensando en el bolero que debe pegar en un momento como este, el anfitrión y ella bajo la luna, paseando por los jardines de una residencia lujosa al lado del mar. Debe haber un bolero que cantar en un momento como este (218).

Mientras que el beso es el acto físico con el cual los enamorados sellan su intimidad y en el cual uno se pierde momentáneamente, Sirena, en cambio, no se enamora en absoluto del otro, sino que razona y piensa en la imagen que conviene crear para llevar a cabo la seducción, y hasta ridiculiza a Graubel; cuando éste le pregunta en qué está pensando, Sirena le contesta: «pienso en la canción de una cantante que piensa en su hombre que le pide que piense en él» (*Ídem.*). El énfasis en el verbo 'pensar' muestra que cantar boleros no es un juego gratuito para Sirena sino producto de su lucidez, su habilidad de aprovechar el espectáculo como campo de batalla. Su lucidez está relacionada con su capacidad de reflejar la luz, de 'iluminar' a sus espectadores.

La novela de Santos-Febres parece justificar y defender la 'inocencia' que caracteriza la intimidad entre Sirena y Graubel, por una parte, y entre el joven y su 'madre' por otra. En vez de denunciar a uno u otro o a los dos, detrás de la lucidez de los personajes parece subrayar la ceguera de la injusticia que afecta a ambas alianzas (Martha/Sirena, Sirena/Graubel), ya que ninguno de ellos sería culpable de la violencia causada al otro; ambos siguieron los impulsos inconscientes de sus deseos. Aunque la relación entre Sirena y Graubel

---

[12] Comunicación personal con la escritora, 16 de octubre de 2001.
[13] *Ídem.*
[14] *Cfr.* Gelpí (1999: 22).

se puede definir como una de hostilidad de parte del protagonista hacia su admirador, es innegable que se caracteriza también por la intimidad entre ambos. Ya que esta relación está desprovista de amor, conviene especificar de qué tipo de vínculo se trata. Sirena reconoce en Graubel lo que podría llamarse un 'enemigo íntimo': aunque no lo confiesa, la hostilidad que siente hacia su 'anfitrión' va acompañada de un intenso sentimiento de fascinación e intimidad. Es imprescindible recurrir al texto para ilustrar esta paradoja. En el capítulo XLIII, el joven medita sobre dicha relación, evocando la primera noche de amor con Graubel durante la cual no pudo recordar uno de sus boleros 'protectores'. Sirena se da cuenta de que «algo extraño está ocurriendo» (235) entre él y su cliente:

> Sirena se sentía incómoda [...] Ahora no podía evitar que la conmovieran las caricias de Hugo. A veces, hasta le daban ganas de llorar. Ese Cliente le había trastocado las pautas de su acostumbrado plan, y a ella cada vez se le hacía más difícil mantenerse envuelta en la ilusión de amor y entrega que hasta entonces la había protegido. Algo en Hugo la hacía vulnerable a la realidad (234).

Como se desprende de este pasaje, el joven pierde control de su juego de seducción / manipulación, a pesar de que «quiere convencerse de que aún controla la situación» (235), y se siente invadido por un sentimiento que no se puede definir como 'amor' pero sí como 'intimidad'. Si la 'ilusión del amor' y la 'entrega' han sido hasta entonces para ella mera simulación, ahora los abrazos de Graubel sustituyen su «vulnerabilidad asesina» (44) por una incontrolable sensibilidad afectiva. No es suficiente que Sirena ame «el lujo que lo rodea, su bolsillo siempre lleno de billetes» (235); la protección que el escudo del bolero le ofrece contra posibles peligros exteriores parece haberse desvanecido a favor de otra protección:

> [Sirena sabe] que a veces, de noche se desvela recordando cosas que había empujado hasta el fondo de su inconciencia. En medio de su desvelo se había abrazado a Hugo. 'Puro reflejo', intenta pensar la Sirena. Pero dentro de ese abrazo se ha sentido protegida, y, casi sin proponérselo, ha conciliado de nuevo el sueño (Ídem.).

La 'entrega' simulada ha llevado, pues, a otra situación imprevista, a una entrega real ya que la cantante se siente extrañamente 'protegida' por alguien que consideraba ser su rival. Aunque su conclusión es que «de alguna forma se tiene que proteger de esa promesa de amor» (238), en la cita anterior el verbo 'intentar' ('intenta pensar') revela la pérdida –por lo menos parcial– de control de la cantante sobre su juego de manipulaciones. También es importante que se revele aquí el carácter *inconsciente* que acaba caracterizando esta intimidad, del deseo de Sirena por Graubel. En otras palabras, entre ambos se establece un juego de atracción / repulsión que se reconoce fácilmente en el bolero. El bolero reproduce la paradoja en que el 'yo' se siente atraído por el otro (el 'tú'), mientras que al mismo tiempo necesita su ausencia. Esta dialéctica se observa en *Sirena Selena*, pero con la diferencia de que aquí se omite la experiencia del amor. Del bolero se conserva en la novela no el amor/desamor sino la experiencia de la intimidad y de la necesidad mutua.

Ahora bien, para entender el doble funcionamiento de su voz es imprescindible introducir otro concepto: el de la '*Xora* semiótica', que supone una abstracción de lo que se ha dicho acerca de las características vocales del joven. El bolero tiene una función íntima, ya que ahora conecta al sujeto con el cuerpo de la madre, con la experiencia de plenitud como 'parte' de ella. En este sentido, más abstracto, el bolero constituye también un cuerpo irrepresentable, un locus de *jouissance* donde el sujeto es a la vez 'otro' y 'yo'. Kristeva (1974: 22-30) define la *Xora* semiótica como una especie de receptáculo que opera como una fuente de vida, puesto que allí se concentran los flujos de energía. Kristeva toma en préstamo de Platón no sólo el término de 'Xora', sino también su función materna: «Platon [...] désigne ce réceptacle comme nourricier et maternel, non encore unifié en un Univers, car Dieu en est absent [...] L'espace-réceptacle platonicien est une mère et une nourrice» (*Ibíd.*: 25). Es necesario mencionar el origen platónico de este receptáculo, dado que ya el filósofo griego habló de su función 'alimentadora'. El bolero es un espacio protector que lleva a Sirena a la pulsación de su abuela, su «mère-nourrice», del cual un 'dios creador' –como lo es literalmente la 'madre-diosa' Divine– está todavía ausente. En efecto, el protagonista, marginado y errante, halla su energía, su vitalidad, en esta fuente nutritiva que es la *Xora* materna, a la cual accede por medio del canto del bolero. Aunque *Xora* y voz no son sinónimos, Kristeva insiste en su analogía: «[la *Xora*] ne tolère d'analogies qu'avec le rythme vocal ou kinésique» (*Ibíd.*: 24). Ahora, si es verdad que el bolero evoca una fantasía amorosa entre un 'yo' y un 'tú', más que una realidad, su carácter fantástico está de acuerdo con el funcionamiento de la Xora, de modo que se puede decir que se trata de una 'fantasía chórica'. Como 'sábana sonora' que protege al sujeto, la Xora tiene un carácter imaginario. En su libro *The acoustic mirror* (1988) Kaja Silverman especifica que interpretar la Xora como una fantasía implica «to emphasize that trope's *retroactivity* rather than its fictiveness –to indicate its status as an after-the-fact construction or reading of a situation which is fundamentally irrecoverable, rather than to posit it as a simple illusion» (Silverman 1988: 73; énfasis de la autora). La

Xora es un puente entre dos momentos: uno presimbólico, anterior al deseo, y otro simbólico, plenamente situado dentro del deseo. En el primer caso, el sujeto habita la Xora, lo cual se observa en la novela cuando Sirena se rodea de una esfera protectora para sobrevivir. Al mismo tiempo, ese espacio es fugaz e irrecuperable, una 'sábana' frágil que el otro puede romper. Esto ocurre por ejemplo cuando Sirena se da cuenta de que se le hace «difícil mantenerse envuelta en la ilusión de amor y entrega que hasta entonces la había protegido» (234). El segundo momento consiste en interiorizar el deseo, en incorporar a la madre como un receptáculo móvil. El sujeto no sólo habita la *Xora* sino que ésta habita el sujeto bajo la forma de una economía libidinal: funciona como estructura controlable que permite crear el deseo en el otro.[15] Esto ocurre cuando el joven, gracias a su voz, *objet a*, se convierte en el deseo de Graubel.

Ahora, si el bolero es un saber, una forma de conocimiento, en que «cada letra trae un jirón de corporeidad» (Zavala 1990: 103), en *Sirena Selena* esta epistemología es inseparable de la visualidad, puesto que, «El arte del bolero es el de *persuadir con las imágenes*» (*Ibíd.*: 92; énfasis de la autora). El bolero promueve lo imaginario, lo cual hay que entender en su sentido literal: lo imaginario es el terreno de las imágenes. Más que el estatismo de una foto, el bolero sigue la fluidez de una película: es el proceso de «escenificar la ilusión» (*Ibíd.*: 97). En este sentido, muestra un vínculo directo con el cine: «Este *saber* y su cuerpo son el objeto de la observación por medio de una imagen real proyectada por la lente cinematográfica de la imaginación» (*Ibíd.*: 92; énfasis de la autora). La voz de Sirena es capaz de fascinar al otro porque crea imágenes que envuelven al otro. Graubel queda desarmado ante la voz cristalina de la artista, y hasta alucina al escucharla: «Como en el cine, contempló a un muchachito-mujer frágil y malvada planificar ágilmente los escenarios para las tramas enrevesadas de un bolero de amor» (136). Si Sirena es ante todo una voz enigmática, más que un personaje de carne y hueso, a través del canto de boleros la voz misma «se convierte en imagen» (*Ibíd.*: 61). Al fin y al cabo, vale el silogismo que implica que con su transformación en cantante-bolerista el protagonista se ha convertido en una imagen. Como el travestismo, cantar boleros no es sino apropiarse de imágenes, vestirse de ellas y venderlas al otro.

La voz encantadora de Sirena, que le permite cantar boleros seduciendo así a su público, tiene un efecto lubrificante y alucinador sobre Graubel; pero, como sostiene Barthes en su análisis de *Sarrasine* de Balzac, la voz también

---

[15] *Cfr.* Silverman (1988: 73).

tiene el poder de romper fronteras: «la voix est diffusion, insinuation, elle passe par toute l'étendue du corps, la peau; étant passage, abolition des limites, des classes, des noms [...] elle détient un pouvoir particulier d'hallucination» (Barthes 1970a: 116). Por su capacidad de transgredir múltiples fronteras (de clase, género, edad, etc.), la voz de Sirena promueve la movilidad del personaje. Esta voz lo libera a Graubel del exilio sexual del cual sufre desde su infancia. La idealización de Sirena por Graubel parece modelada sobre la relación entre los dos personajes del relato de Balzac: Sarrasine y el castrado la Zambinella, como Sirena Selena, un personaje sexualmente ambiguo con una voz especial. La relación Graubel / Sirena parece reproducir las ambigüedades de la relación entre Sarrasine y Zambinella. Como ésta, el joven travesti se presenta también como un ser sexualmente indeciso, con una diferencia importante: en la figura del castrado se suprime la masculinidad que conserva el travesti (ya no puede ser lo uno o lo otro). Sin embargo, ambos cantantes (siendo el primero cantante de ópera) no sólo destacan por una voz extraordinaria por medio de la cual seducen a sus admiradores, sino que también 'devoran' a sus víctimas a través de ella. Lo que Graubel busca en Sirena es la imagen de la mujer ideal, pero desconoce que Sirena en realidad es un significante, que en última instancia encarna el *objet a* lacaniano. De ahí que repita la frase «Te amaré, Selena, como siempre quise amar *a una mujer*» (60; nuestro énfasis). Sarrasine, por su parte, no quiere amar (sólo se quiere a sí mismo) sino ser amado: «être aimé d'elle, ou mourir!» (*apud* Barthes 1970a: 252.). Graubel y Sarrasine buscan el amor (el primero quiere amar, el segundo quiere ser amado), pero en vano. Si Sirena canta boleros para crear ilusiones de amor, Zambinella le quita cualquier ilusión a Sarrasine cuando exclama: «ce sentiment [d'amour] est étouffé dans mon coeur. Je n'ai pas de coeur!» (*Ídem.*).

Tanto en *Sarrasine* como en *Sirena Selena* permanece, no obstante, la oscilación entre femenino y masculino en las referencias a los cantantes: Sirena se presenta unas veces como *la* Selena, otras veces como *el* Sirenito. El uso del artículo ante el nombre propio muestra una idealización de Sirena como imagen femenina.[16] En ambos artistas, sin embargo, el aspecto femenino oculta un vacío interior que se resume en la frase de Zambinella de que ella sólo existe en la escena: «Le théâtre sur lequel vous m'avez vue, ces

---

[16] «Toute perte de l'article a donc une fonction herméneutique de déchiffrement, en faisant passer le sopraniste du féminin au masculin (Zambinella). D'où tout un jeu de cet article, présent où absent selon la situation du locuteur par rapport au secret du castrat» (Barthes 1970: 185).

applaudissements, cette musique, cette gloire à laquelle on m'a condamnée, voilà ma vie, je n'en ai pas d'autre».[17] También en *Sirena Selena* se sugiere, aunque de manera menos explícita que en *Sarrasine*, que el travesti sólo existe en el escenario, i.e. como *performance*. La otra vida del cantante de boleros, fuera del escenario, es la que permanece invisible, la que se considera inexistente.

2.4. Hacia la plenitud: los juegos de identificación

Paralelamente a los juegos de intereses entre los personajes, se observan en *Sirena Selena* lo que podría llamarse juegos de identificación, modelados éstos, como los primeros, sobre el bolero. Concretamente, los personajes principales cuyas miradas copulan de manera específica con Sirena se organizan en tres parejas o díadas: (1) Martha / Sirena, (2) Sirena / Leocadio y (3) Graubel / Sirena.

La primera relación diádica se establece, como ya se vio anteriormente (véase 2.1. en este capítulo) entre Martha y Sirena. Desde el descubrimiento de Sirena por la calle, Martha parece funcionar efectivamente como una especie de 'madre' en la cual 'el Sirenito' se reconoce y bajo cuya protección seguirá por algún tiempo su vida. Ahora bien, la condición primera será que el joven se modele según la imagen de la diva. Después del «artificio» (44) que constituye la preparación al espectáculo, «Miss Martha Divine, maestra entre maestras» (45) viste y aplica maquillaje a Sirena de tal modo que se convierte en «la viva imagen de una diosa» (*Ídem.*), y ésta no debería ser sino otra Divine. Mientras que los gestos de Martha son «estudiadamente femeninos» (9), ella obliga también a su 'hija' a estudiarse la femineidad que le corresponde al 'travesti-bolerista' hasta encarnar la femineidad misma: «cada paso [de Sirena], cuidadosamente estudiado, emanaba famas de bolerista consumada» (49).[18] Cabe detenerse ante el porqué de tal vínculo materno-filial. Ante todo parece una estrategia de unidad para protegerse contra el otro: vendiendo espectáculos,

---

[17] *Apud* Barthes (1970a: 252).

[18] Es interesante observar la diferencia generalmente aceptada entre las palabras *femineidad* y *feminidad*. Según el Diccionario de la Real Academia Española, *feminidad* significa «la cualidad de femenino» pero también tiene otro significado que la RAE clasifica de 'patológico': «(Pat.) Estado anormal del varón en que aparecen uno o varios caracteres sexuales femeninos» (Real Academia Española 1992: 958). Femineidad, en cambio, es tanto la «cualidad de femíneo», como la «cualidad de ciertos bienes, en cuanto pertenecientes a la mujer» (*Ídem.*). En resumidas cuentas, el primer término se asocia con la 'anormalidad' de las enfermedades, mientras que el segundo cabe, según la RAE, dentro de la 'normalidad'.

los dos personajes unen temporalmente sus fuerzas para enfrentar posibles peligros. Esta unicidad supone, como se discutirá más adelante, la cosificación del sujeto por medio de la conversión de sí mismo en imagen ante la mirada del otro, i.e. la auto-reducción a un objeto espectacular / especular, como estrategia para vencer al otro.

En el apartado anterior, se ha intentado demostrar que a partir del momento de su encuentro con Martha, el joven desfavorecido inicia de cierto modo una entrada en el estadio del espejo que simboliza el proceso de formación de un nuevo 'yo', de una nueva identidad a partir de una imagen. Lacan define 'lo Imaginario' como un proceso de identificación, «à savoir la transformation produite chez le sujet, quand il assume une *image*, -dont la prédestination à cet effet de phase est suffisamment indiquée par l'usage, dans la théorie, du terme antique d'imago» (Lacan 1966: 96; énfasis nuestro). En esta etapa de transformación del niño, la identificación de éste a su imagen especular se hace posible en la medida en que esté sostenida por cierto reconocimiento del Otro (la madre). El término 'imagen' es fundamental aquí, ya que sugiere que la identificación del niño consigo mismo se basa en una ilusión de plenitud. El estadio del espejo pone en marcha un juego de identificaciones entre madre e hijo a partir de un doble movimiento: *identificación* con la madre por una parte, pero *alienación* de ella por otra. Como *objet a*, la mirada de su 'hijito' tiene un doble funcionamiento sobre Martha: se reconoce en ella, pero también la inquieta. Recuerda cómo al descubrirla «quedaba [...] alelada por una simple miradita [...] entre asustada y seducida, entre muriéndose de ganas y loca por huir de aquella mirada abrumadora» (44). Más que meras coincidencias en el texto, las referencias a las miradas de Sirena no sólo sugieren que Martha siente admiración y confianza hacia su 'hijito': lo seducen, pero también le asustan y tienen el poder de embrujarlo.[19]

La alianza materna entre los dos travestis es amenazada por la alienación propia al travesti: no sólo cada uno tiene –para retomar el título del estudio de Garber (1992)– 'intereses revestidos' propios, sino que cada uno crea su propio imaginario, sus propias imágenes idealizantes, que tienen un efecto alienante sobre su identidad. La creación de un imaginario propio se explica porque Martha y Sirena están dentro de *lo* Imaginario lacaniano: acceden a una identidad propia sólo a través de las imágenes del *glamour*, que forma

---

[19]   Valga recordar la preparación ritual a los espectáculos del joven: «Antes de cerrar la puerta, miró a su mamá con una de esas miradas con las que embrujaba al público nocturno del Danubio Azul. Nunca supo la Martha qué escondía Selena detrás de aquellas miradas, perversas inocencias, vulnerabilidad asesina» (*Ídem*.).

su yo ideal. Pero su narcisismo –entendido como la fascinación por la propia imagen– necesariamente aleja un personaje de otro; el interés por sí mismo prevalece sobre el interés por el otro.

El juego de identificación más complejo ocurre, sin duda, entre Sirena y un muchacho dominicano, Leocadio, que funciona como doble del primero, y cuya historia se narra paralelamente. A primera vista, en estos capítulos dedicados a Leocadio se narran episodios de la vida de Sirena. La confusión se introduce en el capítulo VIII, cuando el narrador en tercera persona presenta a dicho personaje. Ya que *Sirena Selena* es el nombre de artista del joven, se le presenta la posibilidad al lector de que 'Leocadio' sea el nombre verdadero del joven antes de su conversión en artista. La identificación del 'niño Leocadio' como el 'niño Sirena' se refuerza por los rasgos andróginos del primero, a partir de su similitud con su hermana Yesenia:

> Yesenia se le parecía en cantidad. También tenía la piel amarilla y el pelo encrespado, color miel. Pero en sus rasgos había algo duro, quizás en el mentón de la quijada, o en las cejas, algo que provocaba que Leocadio la mirara largamente, como si fuera él quien debiera tener esos rasgos y ella los suyos, como si las caras de ambos hermanos estuvieran equivocados de cuerpo (54).

Un poco más lejos en el capítulo, Leocadio encuentra a otro niño que se le parece, que muy bien podría ser Sirena, pero que tampoco se identifica como tal; se trata de una «*criatura*» (57) con «*mirada de gato*» (*Ídem.*) en que reconoce sus propias características andróginas: «Leocadio caminó hacia aquella aparición y la miró con una curiosidad que no podía disimular. Era un muchacho, un muchacho que parecía una nena, igual que él, igual que su hermana, pero con la piel color canela claro, el pelo muy oscuro y las cejas depiladas. El muchacho le devolvió la mirada con un hastío hostil. Pero después le regaló una sonrisa» (*Ídem.*). Además, al pequeño Leocadio le fascina la voz de su madre, de la misma manera que a Sirena le fascina la voz materna de su abuela (como resulta del capítulo VI): «Leocadio oyó a su madre reír con la boca abierta, como nunca, y se contagió de risa. Yesenia también se echó a reír, sin saber muy bien por qué» (54-55). Este capítulo también anuncia la mirada de un *voyeur* que –como será el caso de Graubel– reduce a Leocadio a un objeto exótico: «Ni en la playa lo dejaban quieto aquellos hombres. Él no sabía cómo lo hallaban, cómo le seguían los pasos por todas partes, cómo identificaban algo en él que los hacía relamerse las carnes y les llenaba los ojos de picardía» (56). Sobra decir que este 'algo' que identifican en él no es sino aquello que Lacan llama el *objet a*, el objeto causa del deseo. Leocadio y Sirena comparten no sólo rasgos andróginos sino también la visibilidad necesaria para convertirse en el cuerpo espectacular del travesti.[20]

Un tercer juego de identificación se observa entre Sirena y Graubel. Aunque Graubel representa ante todo la mirada masculina del *voyeur* en la novela, también proyecta sus deseos en el travesti. El procedimiento que se observa en *Sirena Selena* –la oposición de una mirada masculina a otra femenina– parece directamente inspirado en el cine. Como han mostrado convincentemente teóricos feministas como Silverman (1983, 1992) y Mulvey (1991), lo masculino se vincula generalmente con la invisibilidad y la discreción. Si la mujer se define por su visibilidad y su capacidad de atraer la mirada del hombre, éste es ante todo un *voyeur* dotado de la capacidad de mirar. Desde el punto de vista sicoanalítico, este juego de atracción visual se explicaría por la necesidad del sujeto masculino de apaciguar su miedo a la castración.[21]

Podría decirse que para Graubel, Sirena encarna una especie de pantalla o espejo de sus deseos, que hace que el dominicano quiera redescubrirse a sí mismo. La luz proyectada sobre el cuerpo del travesti pone en marcha una especie de película que le hace vivir de nuevo una plenitud.[22] La mirada 'masculina' de Graubel no es unidireccional, sino que implica la atracción y el reflejo de una mirada 'femenina'. Mientras que por una parte Graubel se identifica con el cuerpo doble, andrógino de Sirena, paradójicamente ambos personajes crean por medio de la «copulación de las miradas» (Zavala 1991: 82) un juego de oposiciones (masculino / femenino) que se inspira efectivamente del cine. Graubel recuerda haber experimentado tal sensación de cuerpo doble cuando su padre lo llevó a su primera experiencia sexual con una prostituta: «Su cuerpo

---

[20] En otro capítulo (XVII) surge la posibilidad de que Sirena podría ser el narrador en primera persona, posibilidad que se descarta sólo pasada la mitad de este capítulo (101), cuando otro personaje (Alfonso) se dirige al verdadero narrador: Leocadio. En suma, es al nivel imaginario donde el lector establece inconscientemente paralelismos entre ambos personajes.

[21] Otra estrategia del sujeto masculino consistiría en relacionar lo femenino con lo pasivo (hasta lo enfermizo o paranoico), mientras que el hombre simbolizaría lo activo, i.e. por la idea que se hace de tener el falo, mientras que considera a la mujer como 'castrada'. Cabe señalar que con 'sujeto masculino' no se refiere al sexo biológico. El espectador del cine y el lector de una novela, indiferentemente de su sexo biológico, pueden considerarse como posesores de una mirada masculina, en busca de un objeto de placer, lo que Mulvey (1991: 19) llama the «bearer of the look».

[22] «Creía que Selena le evitaba *la mirada* por pudor. Juró que por un instante le *vio* un dejo de vergüenza en la cara. Pero después, justo después, *vio* cómo el rostro se le transformó a Selena, cómo volvió a convertirse en muchachito buscón jugando a ser bello y elusivo *ante los ojos* de su anfitrión» (131; énfasis nuestro).

respondía, pero él, Graubel no estaba allí. Él estaba *mirando* desde afuera, lo que la mulata le hacía. *Lo veía* todo entre cristales, entre una bruma, *como en el cine*» (134; énfasis nuestro).[23] Graubel es –como el espectador de una película– un testigo, pero no agente de su propio 'yo'. Siempre había sido un espectador de su propia vida: «Toda su vida la había vivido a través de cristales, del espejo retrovisor del auto, de las ventanas con vitrales de la casa, como si aquellas fueran *las pantallas donde se proyectaba el escenario de una vieja película*» (131; énfasis nuestro). Si la protagonista se imagina ser una estrella de cine en persecución de una imagen de *glamour*, su 'cliente' se define como un espectador atrapado entre pantallas. Al notar el interés del magnate dominicano, Sirena decide contestar la mirada 'masculina' de Graubel a través del poder de la seducción femenina:

> Sin proponérselo Hugo Graubel, le daba el pretexto para montar su personaje. Adrede, Sirena demoró sus gestos. Fue alzando los ojos lentamente, hasta clavarlos fijamente en la mirada del señor que la auscultaba. En esos momentos, Hugo Graubel no pudo evitar un nervioso parpadeo (50).

Cuando la cantante nota que su empresa ha sido exitosa, no hace sino prolongar la sensación de deseo de su 'anfitrión' a través del intercambio furtivo de miradas.[24]

La copulación de las miradas de Graubel y Sirena recuerda que también el bolero es un juego de identificaciones. Graubel es víctima de un espejo que lo fascina y que lo arrastra, como Martha, en una dialéctica identidad / alienación. En el bolero, la subjetividad se crea, como en el estadio del espejo, por medio de «un juego seductor entre la alienación y la identidad» (Zavala 1990: 85). El bolero es un «Juego de opacidades y conjuntos flotantes, de ondulaciones, de espejos recíprocos, donde significado y significante se reflejan mutuamente»

---

[23] En los recuerdos de juventud de Graubel prevalecen los verbos 'ver' y 'mirar', como se desprende del siguiente pasaje que narra su primera experiencia sexual: «las quería ver de veras [...] Volvió a ver a las mujeres de su pueblo [...] La gente lo miraba sin verlo, o haciendo que no lo veían [...] Había quien no se contenía y lo miraba con deseo y odio a la vez, como mucha gente lo miraba [...] Él se limitó a mirar fuera de la ventanilla [...] Vio cómo condujeron por las calles del pueblo [...] Hugo vio a Eulalia sonreírle coqueta, agarrarlo del brazo. Y él se dejó llevar (como siempre) adentro de la casa [...]» (132-133).

[24] Es significativo el comportamiento que acompaña la reacción de Graubel después de oír por primera vez el canto de la 'sirena': «jamás he visto cosa igual –Y esto lo dijo *mirando* a la Selena, que le esquivó astutamente esa y otras *miradas* sucesivas, para mantenerse inasible y deseada» (51; énfasis nuestro).

(*Ibíd.*: 40). Así ocurre en *Sirena Selena*: el bolero crea no sólo un imaginario personal para el individuo sino también un 'imaginario social', determina sus relaciones con el otro, su modo de vida articulado en torno al espectáculo.[25]

No deja de ser curioso cómo Sirena –que destaca por «toda aquella fragilidad» (220)– *aparentemente* renuncia al poder. Ahora bien, en realidad lo transforma en un juego, en que el fetichismo desempeña un papel fundamental. La pasividad y fragilidad femeninas de Sirena son sólo aparentes, ya que en realidad ejerce activamente todo su poder de fascinar al otro. Usa estratégicamente su cosificación y sus 'boleros exterminadores' para convertir al otro en víctima. Su satisfacción como travesti de hacerse visible se inscribe en su anhelo 'primermundista' por alcanzar el *glamour* del otro.[26] Es una manera de apropiarse del poder a través del espectáculo. La visualidad como estrategia de Sirena no sólo se limita al nivel diegético, sino que impregna también esa otra voz que determina nuestra lectura de la novela: la voz narrativa.[27]

3. La imagen como voz

3.1. De la imagen al punto luminoso

Una técnica poderosa para crear un efecto visual en textos literarios es la introducción de detalles por medio de un *zoom-in* que hace que la descripción minuciosa se estire, de la misma manera que se extiende. Valga como ejemplo la transformación de Sirena (que ocupa gran parte del capítulo VII, 44-49):

---

[25] Los personajes de la novela serían entonces –para retomar el título de un ensayo de Zavala (1990)– los 'héroes y heroínas en lo imaginario social'.

[26] Lacan (1973: 71) relaciona explícitamente femineidad y visibilidad con la mirada y el espectáculo cuando afirma: «J 'entends [...] que nous sommes des êtres regardés, dans le spectacle du monde. Ce qui nous fait conscience nous institue du même coup comme *speculum mundi*. N'y a-t-il pas de la satisfaction à être sous ce regard [...] ce regard qui nous cerne, et qui fait d'abord de nous des êtres regardés, mais sans qu'on nous le montre? Le spectacle du monde, en ce sens, nous apparaît comme omnivoyeur [...] Au niveau même de l'expérience phénoménale de la contemplation, ce côté omnivoyeur se pointe dans la satisfaction d'une femme à se savoir regardée,à condition qu'on ne le lui montre pas» (énfasis en el original).

[27] El travestismo no es evidentemente ninguna 'reconciliación' con la femineidad, sino que ésta coexiste incómodamente con el sexo original. Por lo tanto, no se observa en *Sirena Selena* ningún derrumbe de un sistema de binarismos existentes (p.e. masculino vs femenino) sino que éstos siguen en vigor dentro del cuerpo conflictivo, híbrido del protagonista.

Ahora había que poner el corrector. Claro en el puente de la nariz, debajo de los ojos y en los huesos de los pómulos. Oscuro a los lados de las fosas nasales, y por el borde del mentón para suavizar los ángulos. Otra capa de polvo, y mucho rouge en la hendidura del cachete y sobre las sienes. De nuevo polvo para evitar las perlas del sudor y fijar el trabajo. Solo quedaban desnudos los ojos (47).

De esta descripción de la cara de Sirena en primer plano se desprende claramente una mirada móvil que viaja de la nariz a los ojos, que luego baja de los pómulos al mentón, y de ahí de nuevo sube, hasta las sienes.

Como apunta Mieke Bal acerca de *A la recherche du temps perdu* (1913-1927) de Proust, el efecto del *zoom* supone una mirada móvil que separa el sujeto-observador del objeto observado. En su lectura cercana del texto de Proust, Bal (1997a) analiza las imágenes literarias en la obra de Proust, demostrando cómo un personaje como Albertine se convierte en imagen literaria, a través de distintas técnicas (como el *zoom*).[28] El *close-up* en la cara de un individuo (el objeto observado) también lo priva de su individualidad y anula su rol social, al punto de parecerse al otro; convierte su cara en fantasma.[29] Este proceso ocurre de manera más explícita en *Sirena Selena* que en *A la recherche du temps perdu*, ya que la transformación del travesti en imagen literaria supone una modificación de la figura mucho más radical que el acercamiento a la piel de Albertine. El efecto en ambos casos es, sin embargo, que se refuerza lo que Bal (1997a: 14) llama la *platitude* o carácter bi-dimensional, liso, de la imagen literaria.

La técnica del *zoom* es particularmente eficaz para visualizar al travesti y la descomposición de Sirena entre su ser y su parecer (su imagen, la «luna de papel», 7) con la cual reta la mirada. Una escena que se repite como leitmotiv a través del texto y que se acaba asociando con el personaje es el descenso de Sirena en una escalera de mármol (que simboliza el lujo) durante sus actuaciones. Este descenso enigmático se narra en el siguiente pasaje, que tiene una fuerte carga poética:

> Untada en cielo y sudor
> Sirena
> baja desde la cima de su sueño
> peldaño
>   a
>   peldaño

---

[28] *Cfr.* Bal (1997a: 177).
[29] *Cfr.* Deleuze (1983b: 141).

Deja su cola junto al mar
Allá de orillas
Pie envuelto en gasas de tenue luz; pie tacas gruesas de trabilla [...] Una a una
las uñas esmaltadas del pie primero, el pie de Adán en tacas, el pie de la génesis
y el sueño. Pie. Hielo seco trepa por aquella perfección de carne. Humo seco. Pie.
Suspiros del auditorio.

La Selena
        baja
              un
                 escalón
                        otro
                            y otro

hasta que el aire le falta a los testigos, el aire seco enredado en su finísima
cintura, fina de apretar de un solo brazo, de un solo zarpazo y la Sirena echando
llamas por los ojos, llamas secas de fuego azul, lanzando llamas por la frágil
cinturita de gacela arrinconada y seco ya su salto en esas tacas. Su cintura ondu-
lando como un mar lanzallamas de frente y de espaldas, de espaldas su cintura ya
desnuda, hurracanes, cataclismos... (sic!) y la bruma del mar se le trepa, callada
hasta su pechito de paloma, su pechito tan angosto con dos protuberancias huecas
allí, senitos en almíbar, frutilla de cera, la imitación más suave de un durazno, con
todo y pelusita quinceañera
[...]
Selena,
Abierta cual la luna de los pobres
Y por tanto más cerrada que un abismo
Ella es, ah sí, la puerta de todos los deseos (203).

El texto representa gráficamente a Sirena bajando la escalera 'peldaño a
peldaño'. Los pasos del personaje aparecen como instrucciones de guión, y
más tarde en el capítulo están incluso sincronizados con el texto, que parece
ser la letra de un bolero.[30] La 'escalera textual' refuerza desde luego la imagen
mental que queda grabada en la mente de los que la miran bajar. A pesar de
que el pasaje citado se acerca a la poesía, el personaje muestra un paralelismo
interesante con Albertine, objeto del narrador-*voyeur* Marcel en *A la recherche
du temps perdu*; como Sirena, Albertine se encuentra bajo una luna que ilumina
y acentúa partes de su cuerpo:

---

[30] «(pie) qué sutil magia tienen tus pasos (pie) me dejaron un halo en su rastro (pie)
aún yo siento en mi rostro tus manos (pie) y siento en las mías (pie)» (207).

[...] la vallée était éclairée par le clair de lune. La vue du cou nu d'Albertine, de ces joues trop roses, m'avait jeté dans une telle ivresse [...]. La mer [...] les seins bombés des premières falaises de Maineville, le ciel où la lune n'était pas encore montée au zenith, tout cela semblait plus léger à porter que des plumes pour les globes de mes prunelles qu'entre mes paupières je sentais dilatés [...] (Proust 1954: 933).

Marcel se emborracha visualmente cuando percibe el cuello iluminado de Albertine. El exceso en esta vista ('ces joues trop roses') fragmenta el cuerpo femenino que queda reducido a una serie de objetos despegables.[31] En *Sirena Selena*, Graubel se 'hunde' como en un naufragio al entregarse a la vista y al canto de su admirada, y hasta literalmente se quema los dedos con el cigarrillo que lleva en la mano (210). La ligereza que evoca la vista del 'pechito de paloma' de Sirena lo acerca a la imagen de Albertine cuya levedad es destacada por Marcel ('plus léger à porter que des plumes'), quien en otro momento la compara con una muñeca de cera («une poupée de cire», Proust 1954: 934). El cuerpo leve e igualmente 'portátil' de Sirena se observa en los 'senitos en almíbar, frutilla de cera'. A diferencia de los senos de Albertine (han sido objeto de especulación por excelencia de la crítica proustiana), que parecen también despegables –Proust los describe como frutas maduras y naturales–[32] Sirena debe contentarse con 'dos protuberancias huecas', una 'imitación más suave de un durazno'.[33]

Pero lo que ante todo nos interesa aquí es, una vez más, la luminosidad interior que emana el cuerpo de Sirena cuando aparece «bajo su luna en una mansión de fantasía» (63). Supera la diferencia sexual y se convierte radicalmente («de la façon la plus brûlante», diría Lacan (1973: 99) al hablar de la ambigüedad genérica del travesti) en deseo. Se le describe como un cuerpo «echando llamas por los ojos, llamas secas de fuego azul», un cuerpo que ondula en «un mar lanzallamas». Más lejos en el capítulo se le describe como «aquel ángel que traslucía bajo sus ropajes fuego y hielo seco» (206). En *A la recherche*, Albertine emana una misma luminosidad interior:[34]

---

[31] *Cfr.* Bal (1997: 115)

[32] *Ibíd.*: 117.

[33] Va sin decir que, por el carácter 'despegable' de los senos de Albertine, algunos críticos han comparado a Albertine con la figura del travesti (*cfr. Ídem.*). El mismo narrador-*voyeur* sugiere esta posibilidad, cuando identifica a Albertine como «un être, disséminé dans l'espace et dans le temps, n'est plus pour nous une femme, mais une suite d'événements sur lesquels nous ne pouvons faire lumière» (*Apud. Ibíd.*: 195).

[34] *Ibíd.*: 178-179.

[...] le visage rond d'Albertine, éclairé d'un feu intérieur comme par une vei-
..euse, prenait pour moi un tel relief qu'imitant la rotation d'une sphère ardente,
il me semblait tourner telles ces figures de Michel-Ange qu'emporte un immobile
et vertigineux tourbillon.[35]

Esta luminosidad perturba al narrador-*voyeur* y lo arrastra en un 'torbellino
vertiginoso'. En *Sirena Selena*, los travestis se llegan a comparar con una mariposa carnívora (203) y un 'ángel translúcido'; Albertine, por su parte, parece
'une veilleuse', lo cual no sólo significa 'lamparilla', sino también 'mariposa'.[36]
Aunque el aspecto fino de Sirena parece contradecir el relieve que cobra las
formas de Albertine, en realidad ocurre lo contrario: ambos se caracterizan por
su carácter llano.[37] Tanto en *Sirena Selena* como en *A la recherche*, el *zoom-in*
descorporaliza a los personajes, los reduce a lo que Bal (1997a: 10) llama la
«*platitude*» de las imágenes literarias. Más que en Proust, el travesti que brilla
«*con luz propia*» (50) se caracteriza por su estado de pura exterioridad, puro
brillo, puro fetichismo.

3.2. El espectáculo como espectador

En la novela, Sirena no sólo es un cuerpo-espectáculo, donde el *voyeur*
percibe desde una distancia íntima una imagen visual, una superficie sin cuerpo
palpable. Hay otra inquietante experiencia en que como espectáculo se convierte en espectador de su público. En un fragmento particularmente significativo se lee que «Sirena se roba la luz como una ladrona. Sirena le [*sic*!] roba los
ojos a quienes la adoran» (253). Es revelador que en el texto no figura 'roba la
luz' sino '*se* roba la luz', lo cual implica que ya posee esa luz al mismo tiempo
que la refleja. 'Robar los ojos' de los espectadores podría interpretarse no sólo
como atraer su mirada, sino también convertirlos en observadores pasivos,
«como en el cine» (136), fascinados por la forma que cobra el travesti «bajo
un spotlight» (7). De Sirena efectivamente se podría decir que no sólo está en
los rayos de luz de «miles candilejas» (9), sino que también es una especie de
pantalla que a la vez los refracta y refleja.

En *Sirena Selena* hay, por tanto, una doble dinámica en que el protagonista
se ve directamente implicado: por una parte, las luces que iluminan a Sirena lo
convierten en imagen ante los ojos de los espectadores, por otra es curiosamente
él mismo un punto luminoso que ilumina a su público. Para echar luz sobre esta

---

[35] *Apud. Ibíd.*: 179.
[36] *Diccionario de la Lengua Española*, Madrid: Real Academia Española, 1992.
[37] *Ibíd.*: 114.

relación entre observador y observado es imprescindible recordar un pasaje
evocado por Lacan en su conferencia «La ligne et la lumière» recogida en *Les
quatre concepts fondamentaux de la psychanalyse* (1973). Durante un viaje de
juventud en un barco pesquero, un miembro de la tripulación llamó la atención
de Lacan (todavía adolescente) sobre una latita que flotaba sobre la superficie
de las olas, que brillaba al sol: «¿Ve esa lata? ¿La ve? Bueno, ¡ella no lo ve
a usted!». La aserción del pescador inquietó a Lacan, porque él podía inferir
el ángulo desde el cual no estaba en lo cierto. «Elle [la boîte de sardines] me
regarde au niveau du point lumineux, où est tout ce qui me regarde, et ce n'est
point la métaphore» (Lacan 1973: 89). Siguiendo las ideas de Lacan, la Mirada
es comparable con un punto de luminosidad ('point lumineux').[38] El proceso
de la 'luz que me mira' ocurre por ejemplo cuando se observa un cuadro: la
imagen que percibe el ojo sólo se da por los rayos de luz que la configuran y
que de cierto modo 'miran' al espectador (como el pintor que nos mira en *Las
meninas* de Velásquez).[39] Aplicando el modelo lacaniano, la situación en *Sirena
Selena* se puede visualizar en una serie de figuras:

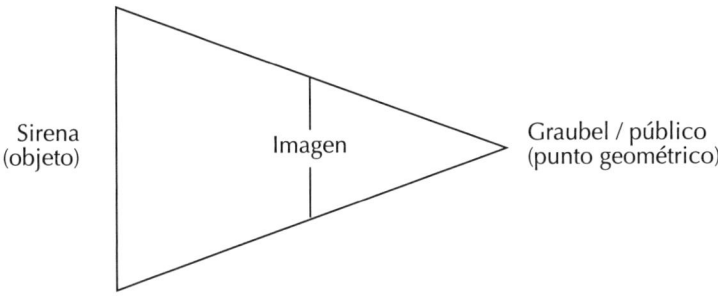

Sirena
(objeto)

Imagen

Graubel / público
(punto geométrico)

Figura 1

La primera figura muestra la situación inicial en que las miradas de Graubel
y los espectadores, esos 'ojos' que Sirena 'roba', miran al artista desde una

---

[38] *Cfr.* Lacan (1973: 87). Lacan diferencia entre la Mirada (*regard*) y la mirada/el ojo
(*oeuil*), siendo la primera una categoría superior a la segunda, ya que funciona como una luz
que a la vez que mira al espectador (posesor de la mirada/el ojo), participa tanto de lo Simbólico como de lo Real (mientras que la mirada/el ojo sólo participa de lo Simbólico).

[39] «Ce qui est lumière me regarde, et grâce à cette lumière au fond de mon oeil, quelque
chose se peint [...] qui est impression, qui est ruissellement d'une surface qui n'est pas,
d'avance, située pour moi dans sa distance [...] C'est bien plutôt elle qui me saisit, qui me
sollicite à chaque instant, et fait du paysage autre chose que ce que j'ai appelé le tableau»
(*Ibíd.*: 89).

posición que Lacan llama el 'punto geométrico'. Ya la imagen de Sirena en esta situación unidireccional de la mirada perturba la idea de maestría visual por parte del observador: muestra que el sujeto sólo es capaz de ver el objeto bajo la forma de una 'imagen' (por lo tanto no puede reivindicar ninguna autoridad epistemológica implícita en este modelo).

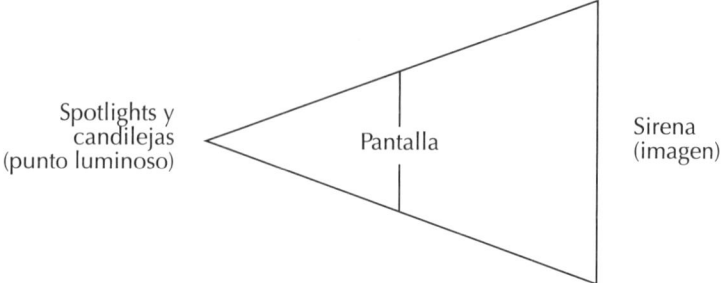

Spotlights y candilejas (punto luminoso) — Pantalla — Sirena (imagen)

Figura 2

Este segundo esquema muestra cómo la luz, que se sitúa del lado exactamente opuesto del punto geométrico del observador, convierte el cuerpo-espectáculo de la figura 1 en imagen; pero la configuración de la imagen no sería posible si no interviniera un factor mediador que Lacan llama 'écran'.[40] Lo que se presenta al espectador, lo que le es visible no es entonces un objeto sino la imagen proyectada en una pantalla. Sin la intervención de este mediador, la luz no convertiría al objeto mirado en «un effet d'éclairage [qui] nous domine» (Lacan 1973: 99).

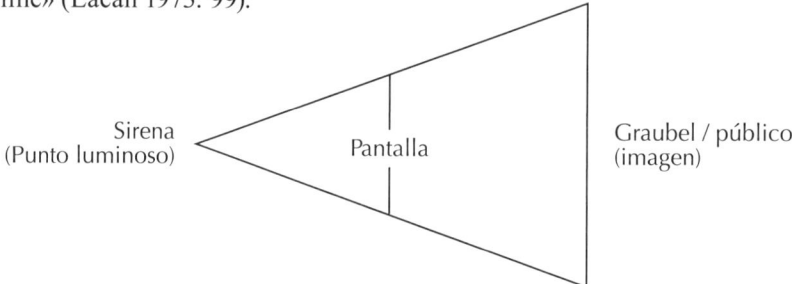

Sirena (Punto luminoso) — Pantalla — Graubel / público (imagen)

Figura 3

---

[40] «Le corrélat du tableau, à situer à la même place que lui, c'est- à-dire qu-dehors, c'est le point de regard. Quant à ce qui, de l'un à l'autre, fait la médiation, ce qui est entre les deux, c'est quelque chose qui joue un rôle exactement inverse, qui opère, non point d'être traversable, mais au contraire d'être opaque – c'est *l'écran*» (Lacan 1973: 89; énfasis en el original).

En la tercera figura, Sirena figura como punto luminoso que 'contesta' la mirada del público, lo ilumina como si se hubiese convertido en foco de luz, del mismo modo que la luminosa Albertine echa su luz sobre Marcel. La luz del cuerpo espectacular de Sirena funciona, pues, como el objeto anamorfótico lacaniano, es decir, como efecto visual. Además de su brillo como fetiche, que también refleja la mirada, Sirena se caracteriza por una luz propia, interior.

El punto luminoso, tal como lo define Lacan, es una posición de poder. Sirena usa la luz como arma: no se deja metafóricamente 'enlatar' por una mirada cosificadora, sino que la refleja estratégicamente. Sirena se define como una mirada poderosa, que refuerza su estatuto de *objet a* (el objeto que causa deseos en el sujeto). Es voz y mirada, poseedor por excelencia de esos objetos capaces de fascinar, que abren una herida en el oyente/espectador.[41] Lacan reúne los triángulos anteriores en una figura en que sitúa a la vez el sujeto de la representación y el observador como imagen (parte del espectáculo):

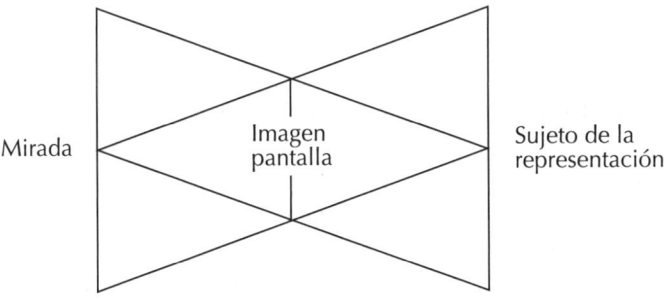

Figura 4

Como se desprende de la figura anterior, la mirada se sitúa fuera del que mira, y convierte al observador en observado; el espectador se ha convertido él mismo en imagen, i.e. en espectáculo.[42] Lo que determina al sujeto en lo visible (lo que Lacan llama el 'régimen escópico') es una mirada que se encuentra fundamentalmente fuera del sujeto. La pantalla no es entonces sólo lo que se le presenta al espectador, sino también lo que instaura la *distancia* entre éste y el objeto observado, necesario para la creación de deseos en el

---

[41] Lacan (*Ibíd.*: 97) explica su concepto de la mirada como *objet a* en su seminario «Qu'est-ce qu'un tableau?»: «*L'objet a* dans le champ du visible, c'est le regard». Una elaboración interesante de esta idea, aplicada a las películas de Hitchcock, es la que ofrece Žižek (1994: 155-203) en un ensayo titulado «En su mirada insolente está escrita mi ruina».

[42] «[...] dans le champ scopique, le regard est au-dehors, je suis regardé, c'est-à-dire je suis tableau» (Lacan 1973: 98).

voyeur. En suma, Sirena llega a ocupar las tres posiciones que definen este esquema: mirada, imagen/pantalla y sujeto de representación. Se entiende que el bolero se puede interpretar como la proyección de la voz en una pantalla vocal, en un espejo acústico. Durante su encuentro con Graubel, «Sirena sigue pensando en el bolero y en que, una vez lo encuentre, completará el *cuadro* de lo bellos que se deben ver los dos a la luz de la luna» (219; énfasis nuestro). El 'cuadro' que se crea con Graubel y Sirena 'a la luz de la luna' cobra otro significado que una simple escena aparentemente romántica. Cabe insistir en que Selena es una luz activa, una mirada capaz de incluirse a sí misma y a su víctima en una imagen, en un cuadro. Estar fascinado por las imágenes implica convertirse fatalmente en imagen. Ahora bien, la pantalla excede siempre el cuerpo mirado (Lacan usa el término 'fotografiado').[43] En otras palabras, el travesti no puede simplemente 'escoger' la manera en que es visto, no puede sustituir la pantalla presente por otra. La única alternativa será jugar con el repertorio de imágenes que tiene a disposición.

3.3. El personaje invisible

A pesar de su poderosa luminosidad, no puede sino resultar irónico cuando se lee que «Ella [Sirena] no tiene que ocuparse. Ella tiene su voz» (214), ya que es de ésta justamente de lo que el protagonista carece. La ironía consiste en que constantemente se hace alusión a Sirena como personaje con una voz excepcional, pero éste nunca toma explícitamente la palabra como narrador. ¿Cómo explicar entonces ese gran silencio tras el espectáculo 'Sirena Selena'? ¿Por qué puede decirse que su visibilidad es, al fin y al cabo, invisibilidad?

En casi todos los capítulos de la novela, el lector está obligado a hacer varias identificaciones sucesivas con los personajes que se le presentan. Es necesario aclarar que por 'lector' se entiende aquí el 'lector-implícito', el principio estructurante que refiere no al lector físico, sino al lector pre-estructurado por el mismo texto narrativo, el lector tal como está *programado* en el texto (Iser 1974). El concepto del lector implícito implica aquí la lectura como participación activa en el texto.[44] La identificación de las voces narrativas como 'Sirena Selena' está programada al nivel de la narración.

---

[43] «Ce qui me détermine foncièrement dans le visible, c'este le regard qui est au-dehors. C'est par le regard que j'entre dans la lumière, et c'est du regard que j'en reçois l'effet. D'où il ressort que le regard est l'instrument par où la lumière s'incarne, et par où [...] je suis *photo-graphié* (Lacan 1973: 98; énfasis del autor).

[44] «This term [implied reader] incorporates both the prestructuring of the potential meaning by the text, and the reader's actualization of this potential through the reading

Este lector implícito, el lector tal como lo concibe el texto narrativo, tiene que saltar de una identidad a otra, dando un significado a los 'yo' y 'tú' que pasan revista ante sus ojos: de Sirena a Leocadio, de Leocadio a la madre de éste, de Sirena a su abuela, de Sirena a Graubel, de Graubel a Solange, de Solange a Martha, de Martha a Sirena, etc., sin mencionar los personajes *anónimos*, sin nombre, las sombras que recorren las páginas de la novela. Es significativo que algunos capítulos muestren los retratos de unos travestis desconocidos que aparecen al margen de la historia pero que son perfectamente identificables con Sirena y Martha: parecen decirnos que lo que cuenta no es tanto la historia –al fin y al cabo imposible– sino la situación de espera de los personajes, el parálisis, en que se encuentran como objeto de espectáculo, y que contrasta radicalmente con su aparente movilidad. No sólo Sirena y Martha, sino absolutamente todos los travestis que se presentan en la novela, sufren de la misma condición icónica; todas estas voces aluden oblicuamente al protagonista. En todos los casos, las identificaciones de 'yo' y 'tú' se presentan siempre en relación diádica / binaria; pero esto implica también que no hay identificación definitiva posible, o sea, no se definen identidades fijas, sino que sólo hay *identificaciones* momentáneas.

La estructura narrativa, a un nivel superficial, se puede describir fácilmente: se divide en cincuenta secuencias narrativas, que corresponden con cincuenta capítulos breves. Sin embargo, el análisis detenido de las secuencias revela la complejidad de la narración. Como muestra, aquí se estudiarán los tres primeros capítulos. Acercándose a las voces narrativas, a la pregunta '¿quién habla?', se pueden distinguir dos niveles. A un primer nivel (que por razones prácticas se llamará el nivel A), la historia es narrada por un narrador en tercera persona, extradiegético e impersonal, que narra la historia de dos travestis que parten de viaje. El segundo capítulo define este marco narrativo: «En el avión, sentadito de chamaco con la Martha, que es toda una señora veterana de miles candilejas...» (8). Sin embargo, los dos capítulos vecinos, el capítulo I y III, difícilmente son comparables con el capítulo II: ambos son una especie de estrambótica invocación. La primera se dirige a Sirena (aquí el destinatario de la narración), la segunda a lo que parece ser una diosa del culto de la santería (una tal «María Piedra de Imán», 16). En el primer capítulo, el yo invoca a Sirena Selena como criatura cósmica, una 'lunática' capaz de apropiarse rayos de luz y transponerlos como «ave fotoconductora de electrodos insolentes» (7). La invocación de Sirena por este yo-narrador da un carácter icónico, casi

---

process. It refers to the active nature of this process [...] and not to a typology of possible readers» (Iser 1974: xii).

mítico, al personaje, que sin embargo se encuentra todavía ausente, todavía no ha salido de su 'luna de papel'.

En el capítulo III también se observa un yo-narrador, como en el capítulo I. Este 'yo' se presenta como errante y vulnerable, obligado a «cantar para sobrevivir» (16); pide protección a un 'tú' con el extraño nombre de 'María Piedra de Imán', a quien confiesa el deseo de renovar su canto: «Quiero cantar desde la boca nueva, como si naciera justo cuando me alumbre el reflector» (16). Ese 'reflector' que sugiere el yo-narrador se sitúa precisamente en el primer nivel narrativo: el lector imagina el contenido (o significado) del 'yo' como Sirena, situado en el nivel A. Lo importante es que en ambos casos habla un 'yo' que no se identifica.

La situación narrativa se puede resumir en la siguiente tabla:

Capítulo		
I	II	III
–Narrador: personal ('yo' no identificado)	*–Narrador*: impersonal (3ª p.)	*–Narrador*: personal ('yo' no identificado)
–Narratario: tú = Sirena	*–Narratario*: ?	*–Narratario*: tú = María Piedra de Imán

La sucesión de los tres primeros capítulos ya permite definir el régimen narrativo aparentemente arbitrario de la novela, puesto que vale para toda ella: el paso del capítulo I al II es un cambio de lo aparentemente *personal* (se habla en la forma personal pero el 'yo' no se identifica) a lo *impersonal*, mientras que el paso del capítulo II al III es un salto de lo impersonal a lo aparentemente personal. Aunque Sirena en los capítulos I y III está ausente del marco narrativo definido por el capítulo II, este juego de presencia-ausencia es fundamental para la manera en que el lector visualiza a Sirena como personaje. En efecto, el personaje 'Sirena Selena' es el resultado de varias voces narrativas que lo configuran como tal. El nivel B está en gran parte compuesto por monólogos narrados por personajes travestis. Frecuentemente, el lector queda en la incógnita en cuanto a la 'verdadera' identidad del yo-narrador. Así ocurre, por ejemplo, con el 'yo' anónimo que narra en el capítulo XI: «[...] Es que aquella noche la calle estaba floja. Fabiola, Lizzy Star y yo nos aburríamos como moscas sentadas en la barra sin nada que hacer y de vez en cuando salíamos a la calle a ver si por obra y gracia del Espíritu Santo caía un pargo» (70). El lector se identifica erróneamente con Sirena como narrador. El yo-narrador corresponde con la voz de un personaje que no se identifica pero que claramente forma parte del marco narrativo (nivel A). Se trata de un travesti que conoce el inframundo callejero de la prostitución (como Valentina Frenesí que aparece posteriormente en la novela) y que narra cómo sobrevivir en unas condiciones de vida espantosas. Poco después, el travesti-narrador sin nombre revela lo que para Martha y su 'hijito' constituye la esencia de ser travesti: estar obsesionado con el cambio en imagen atractiva: «[...] me llevé la imagen de la computadora conmigo y no podía sacudírmela del sistema. Yo con aquella naricita respingona y fina, parecía otra, la que debía ser, la que por dentro desde niña» (72). Una vez más, este 'yo' hace oblicuamente referencia a Sirena: «Trabajé trabajé y trabajé por meses, guardé todo el dinero, ni comía. Me puse flaca, lo cual me ayudó a visualizarme mejor en mi mejoramiento estético» (73). Las voces anónimas del nivel B, como este travesti, suplican (por lo menos en la imaginación del lector) que se les identifique como 'Sirena Selena' (situada en el nivel A), ya que están desprovistas de cualquier identidad. El lector obedece a esta suplicación: atribuye automáticamente –en su inconsciente– el significado 'Sirena' al personaje-narrador anónimo. En el nivel A, en cambio, Sirena Selena se presenta como un personaje juguetón pero hermético, sin vida interior. Su opacidad contrasta con el tono personal y dramático de las voces-travesti del nivel B, donde Sirena está ausente.

Es interesante ver que, incluso cuando el yo-narrador se identifica explícitamente, como es el caso del 'yo'-narrador (Martha) en el capítulo V, el lector no puede sino establecer un vínculo con la figura de Sirena. El efecto-personaje queda reforzado por el hecho de que en su monólogo, Martha no se identifica directamente como tal: «Luisito Cristal era terrible. La diva de los setenta. Le decíamos Cristal porque siempre iba a la discoteca envuelta en luces y rhinestones, en gowns de vidrio y bisutería. Le encantaba el brillo [...] Era para la época en que yo me estrenaba como Miss Martha Divine» (28). Antes de identificarse a sí mismo como Martha, el yo-narrador presenta a un travesti llamado Luisito Cristal que, como Sirena, tenía un gusto por el brillo y que iba 'envuelta en luces'. Martha recuerda también a otro travesti, cuyo nombre ha olvidado, aunque le ha quedado fresco en la memoria, como espectáculo («Es como si la estuviera viendo», 35) ...¿Pasará entonces –o ya ha pasado– lo mismo con Sirena? Si éste sin nombre (el pseudónimo del artista es siempre fugaz) queda grabado en la memoria de sus espectadores, es ante todo como espectáculo. Una cosa queda clarísima: llámese Sirena, Luisito, Valentina, Martha u otro, todos podrían ser uno y el mismo travesti anónimo,

ya que todos son sin nombres: sufrieron, sufren o sufrirán el mismo destino
espantoso de nunca llegar a ser un sujeto respetable y respetado. Nunca se
llegará a conocer su verdadera identidad: la existencia misma del travesti es
la de vivir en el umbral del anonimato.

Ahora se entiende también por qué el juego de identificación entre Sirena
(personaje situado en el nivel A) y Leocadio (situado en el nivel B) sirve para
reforzar el *efecto* de Sirena como personaje. Es en el momento preciso en que
el lector deja –en su propia obsesión de familiarizar o colonizar lo extraño–[45]
de identificar a ese otro muchachito andrógino con Sirena, en el punto en que
se da cuenta de que se trata de otro personaje (Leocadio, no Sirena), de que el
juego de identificación se rompe, pero también cobra todo su sentido. Estable-
ciendo intuitivamente una identidad entre Leocadio y Sirena, el lector vivió
un momento de encanto, de goce (*jouissance*). El *desencanto* que acompaña
la ruptura de la identificación imaginaria recuerda el momento de 'castración'
que implica el paso del estadio del espejo al orden simbólico. Al pasar de B a
A el sistema narrativo sella o sutura esta brecha abierta en la imaginación del
lector, a través del lector implícito. Lo que se le presenta como 'Sirena Selena'
resulta del sistema de *sutura* que implica la interacción entre ambos niveles. La
lectura misma no es sino el deseo del lector –como del espectador en el cine– de
vivir momentáneamente una plenitud imaginaria a la cual sigue necesariamente
la castración o des-identificación con el protagonista. Sólo así, a través de la
imagen, vive la ilusión de ganar acceso al orden simbólico lacaniano.

Si la seducción es una 'estética de la desaparición', tal como afirma Baudrillard (1979: 118), ésta opera a partir del juego de ausencias y presencias que
activa el sistema narrativo a través del lector implícito como principio estructurante de este sistema). Mientras que la voz del protagonista funciona como
objet a que seduce a Graubel y Martha, la voz narrativa es el objeto que seduce
al lector: la imagen de Sirena como personaje (= significante) es el efecto de
la sucesión de personajes-imágenes (= significados) travestidos como Sirena.
En suma, en el nivel B Sirena funciona como significante (como ausente), en
el nivel A como significado, como contenido ilusorio del primero.

Puede decirse que por la oblicuidad del juego de identificaciones, *Sirena
Selena* propone una matriz parecida al sistema de cine narrativo. Los constantes saltos de un personaje a otro, de lo impersonal a lo personal, y viceversa,
dan una impresión de subjetividad en el lector, como si fuera el espectador

---

[45] Cabe recordar que la identificación, el atribuir una identidad es un gesto de apropiación, un modo de convertir lo ajeno en familiar. En este sentido, es también un acto
violento por parte del identificador.

de una película. La novela coloca estratégicamente al lector en el punto de la mirada, proporcionando de esta manera un sistema de sutura. De acuerdo con Žižek (1994: 166), puede decirse que el lector es ciego al hecho de que todo el espectáculo está montado «con un ojo en nuestra mirada, es decir, para atraer y fascinar nuestra mirada». Si la figura del travesti ya de por sí constituye un señuelo, también al lector se le presenta una trampa en el proceso mismo de la lectura. Lo que se visualiza como 'Sirena Selena' no es sino el efecto que nace de la interacción de las voces narrativas. La situación se puede resumir en la siguiente tabla:

Nivel narr.	Tipo de narración	Voz	Función
A	Narración impersonal	3ª p.	Sirena = significado
B	Narración personal	Varias voces anónimas	Sirena = significante

La voz narrativa de Sirena se define como parte de un todo que siempre queda por completarse. El significado ilusorio de este Ausente (el significante) se da pro- o retrospectivamente, en el nivel A.[46] Vale la pena, sin embargo, volver al uso original del término por el mismo Lacan: la sutura es una 'seudo-identificación',[47] un efecto, que en la novela nace de la superposición e interacción de dos niveles narrativos. Pese a las pocas explicaciones de Lacan respecto a la sutura, es clave su afirmación de que constituye el nexo del orden

---

[46] A pesar de que el término 'sutura', usado para designar este proceso, originalmente es de Lacan (y que éste sólo lo usa en dos ocasiones), ha sido ante todo desarrollado por los teóricos lacanianos del cine (como Jean Pierre Oudart, Jacques Alain Miller y Daniel Dayan). Cabe recordar que, en su sentido estricto, la sutura es el efecto que nace de técnicas cinemáticas como el *shot/reverse shot* (campo/contracampo). Opera a partir de lo que los teóricos lacanianos de la sutura, como Dayan (1974: 449), llaman el «Ausente», es decir, la sensación del espectador de que sólo se le permite 'ver' la realidad de una película a través de la mirada de otro espectador/personaje ausente de la ficción: «The absent-one's glance is that of a nobody, which becomes (with the reverse shot) the glance of a somebody (a character present on the screen)». La sutura consiste en un momento de plenitud imaginaria seguido por un momento de desencanto en el espectador cuando éste descubre el marco narrativo.

[47] *Cfr.* Lacan (1973: 107).

de lo imaginario con el orden de lo simbólico.[48] Un detalle importante es que estos niveles (A y B) son espacial y temporalmente diferenciados: el paso de A a B y viceversa implica saltos de Puerto Rico a la República Dominicana y viceversa, de un travesti 'desgastado' por la droga (como Valentina Frenesí) al cuerpo inocente de un muchacho andrógino.

El lector quiere 'ver' a Sirena, el *objet a* que también a él lo 'distorsiona', y se pierde en este proceso con la esperanza de darle –como Graubel– un significado último. Sin embargo, no se queda atrapado entre las imágenes –como es el caso del espectador de una película– sino que se le revela el hilo de la sutura que marca el sistema narrativo.[49] Ante todo en el último capítulo, el hilo se hace visible. El lector debe adivinar quién sería el 'yo'-travesti que entretiene a su público (huelga decir que pensará en *su* objeto de deseos: Sirena): «Buenas noches, mi querido público. ¿Cómo se encuentran hoy?» (263). Sin embargo, en seguida cambia el tono: «Espero que mejor que yo. Ay sí, Padre amado. Desde el fondo de mi corazoncito les deseo que la vida los haya tratado mejor de lo que a mí me trató anoche» (*Ídem.*). De repente, este travesti desencantado decide dejar su performance y le echa la culpa de su miseria al público: «La culpa la tienen *ustedes*. Sí, ustedes y este trabajo de artista con que honradamente me gano las pepas que me adelgazan y las pestañas postizas que me embellecen» (265; énfasis nuestro). El pronombre 'ustedes' ha invertido el foco de luz que iluminaba al artista. Ahora ilumina directamente al espectador (i.e. el lector implícito) que es interpelado a asumir la culpa, como si se encontrara ante un tribunal. El lector implícito se identifica automáticamente con el 'Ustedes' a quien se dirige el yo-narrador, pero es obligado a asumir la presencia del 'verdadero' espectador, ausente, que atribuye un significado particular al significante. El momento de desencanto ocurre cuando el lector descubre que no ve su propia imagen reflejada en el

---

[48] «L'instant de voir ne peut intervenir ici que comme suture, jonction de l'imaginaire et du symbolique, et il est repris dans une dialectique [identificatoire du signifiant], cette sorte de progrès temporel qui s'appelle la hâte, l'élan, le mouvement en avant, qui se conclut sur le *fascinum*» (*Ídem.*; énfasis en el original).

[49] En la gran mayoría de las películas de ficción, las imágenes han sido diseñadas y percibidas como el 'punto de vista' de un personaje particular, el cual puede variar. A pesar de que se usa más un narrador en tercera persona en las novelas que en el cine, es justamente el salto de una persona a otra al nivel de la narración lo que fomenta la sutura: «Note [...] that when this cinema adopts the personal form, it does so somewhat obliquely, rather like novelistic descriptions which use 'he' rather than 'I' for descriptions of the central character's experience [...] this *obliqueness* is typical of the narrative cinema: it gives *the impression of being subjective* while never or almost never being strictly so» (Dayan 1974: 449; énfasis nuestro).

espejo narrativo. El verdadero 'ustedes', el verdadero destinatario del mensaje es el espectador-narratario implícito al texto.[50]

El juego de identificaciones momentáneas, en primer lugar entre los personajes, en segundo lugar entre el lector y las voces narrativas es comparable con el código preestablecido, programado en el bolero.[51] Más que el estatismo de una foto, el bolero sigue la fluidez de una película: es el proceso de «escenificar la ilusión» (*Ibíd.*: 97). En este sentido, muestra un vínculo directo con el proceso de 'sutura' que ocurre en el cine: «Este *saber* y su cuerpo son el objeto de la observación por medio de una imagen real proyectada por la lente cinematográfica de la imaginación» (*Ibíd.*: 92; énfasis del autor). El paso de lo objetivo a lo subjetivo, del significante al significado, del 'yo' al 'tú', de la presencia a la ausencia, de lo impersonal a lo personal y viceversa son dobles movimientos que programa el cine en el espectador, de la misma manera que lo hace el bolero 'por la lente cinematográfica de la imaginación'. Lo que los teóricos del cine han dicho sobre la identificación del espectador en el cine vale también para el oyente (tú) del bolero, que es invitado a ser 'yo', es decir a pasar de sujeto enunciado a sujeto de enunciación, y viceversa: «Un bésame mucho a oídos masculinos o femeninos, una perdid*a* que se transforma por arte de birlibirloque en perdid*o* en el escenario interior de una mujer insomne. Es decir, que los enunciados se re-agrupan, se re-definen, se re-semantizan, se re-articulan a partir del receptor o receptora de la letra del texto» (Zavala 63; énfasis de la autora). Como significantes, 'yo' y 'tú' pueden recibir diferentes contenidos: «[en el bolero] el *Tú* puede ser una persona real, un receptor imaginario o, incluso, el auditor concreto» (*Ibíd.*: 72; énfasis de la autora). Se ha dicho que la relación Sirena / Graubel está modelada, organizada de modo cinemático (*cfr.* 2.4.), en que el travesti funciona como femineidad, es decir un cuerpo visible e iluminado, puro espectáculo, mientras que Graubel corresponde, como se ha visto, al espectador masculino, a la mirada que anhela, y por tanto, al testigo invisible. Varios capítulos obedecen a este orden. Por ejemplo, el capítulo XXXVII muestra a la artista en todo su 'esplendor', mientras que el capítulo

---

[50] En este sentido, el sistema narrativo recuerda el cuadro *Las Meninas* de Velázquez, donde la pareja reflejada en el espejo pintado dentro del cuadro son los reyes, los verdaderos espectadores del espectáculo (no el que observa el cuadro y a quien aparentemente el pintor mira). Es al saberse excluido del espectáculo cuando el observador del cuadro pasa por un momento de desencanto.

[51] Como explica Zavala (1991: 72), este código se activa en el oyente del bolero: «El mensaje del bolero [...] transforma al *tú* y al *yo* en héroes y heroínas aunque sólo sea fugazmente. En lo 'imaginario social', nos transformamos en la dama y el señor, la princesa y el príncipe, en un juego recíproco de identidades e identificaciones» (énfasis de la autora).

siguiente (XXXVIII) nos coloca plenamente en la *jouissance* del 'anfitrión'.[52] Secuencias como ésta muestran que la sutura continúa a los niveles genérico y gramatical, como muestra la oscilación entre *la* y *el* delante del nombre 'Sirena Selena'. La novela trabaja aparentemente a partir de una oposición tradicional entre masculino y femenino, pero esta oposición se permeabiliza, se ablanda y se vuelve reversible, como ocurre en el bolero: la brecha entre 'yo' y 'tú' se sutura momentáneamente.[53]

4. La brega del travesti

> But when the neon lights are dark,
> That's when you shed your player's heart
> Being free to fall in love with me.
> Until then I'll remember, the player's golden rule
> That the sun always shines for the cool...
>
> Miguel Piñero, *The Sun Always shines for the Cool*

4.1. Del travestismo como mimetismo

Los travestis no se visten sólo de imágenes hasta volverse ellos mismos imagen, sino que, como se ha dicho al principio de este capítulo, cada uno tiene también sus propios intereses. El protagonista, mientras que Martha lo

---

[52] Es ante todo cuando está iluminado por las candilejas, durante su *performance*, cuando el cuerpo del travesti se vuelve espectacular y opera en Graubel una atracción particularmente especular: «Hugo quiere entregarse, que al fin acabe todo. Desea no haber invitado a nadie. Sus invitados forman una barrera que lo separa de su éxtasis. Da vergüenza sentirse así, tan vulnerable en medio de tanta gente. Incomodan los testigos, cada uno desfalleciendo, con las manos sosteniéndose los pechos, los vientres. Sus poses lo distraen. No lo dejan cerrar los ojos en paz, quedarse sin aire, tocar fondo, al fin enfrentarse con aquello que rutila a lo lejos» (210).

[53] También en el bolero opera un 'tú' como Ausente, y la herida imaginaria de la 'castración' percibida por el oyente es sólo momentáneamente suturada: «[en el bolero] Cualquier auditor puede identificarse con los cuerpos inscritos en el discurso por el pronombre *tú*; el lenguaje proyecta la tercera dimensión del 'tercero' *o 'tercera' ausente*. Esta representación arma el tablado imaginario y abrevia la distancia y la tensión que separan el interior y el sujeto/objeto que constituye el deseo» (Zavala 1991: 72; énfasis nuestro). El bolero arma un 'tablado imaginario', es decir, que arma temporalmente la subjetividad del 'yo'.

forma como artista y le enseña a adiestrarse en el negocio de los contratos, no tardaría en «sacarle los ojos» (236) para alcanzar lo suyo. Así, los personajes parecen conjugar en sus distintas dimensiones un verbo muy puertorriqueño, y que según Díaz Quiñones (2000a) constituye un arte: 'el arte de bregar'. *Bregar* es un verbo polisémico (de raíz germánica, *cfr.* alemán: *brechen* / neerlandés: *breken* / inglés: *to break*) que refleja bien el carácter polifacético del Caribe: no significa sólo 'trabajar', sino que también se refiere al acto de amor; tiene un tercer significado: «jugar sin saber de antemano cómo terminará el juego» y «sobrevivir con cierta dignidad, aun cuando sea simulando teatralmente que se ha resuelto algo» (*Ibíd.*: 32). *Bregar* consiste en un juego cuyo objetivo es armonizar intereses y necesidades divergentes fingiendo o simulando algo a fin de sobrevivir; pero la *brega* es también –así sugiere la novela– una mascarada que cuaja perfectamente con la condición de ser travesti.

De hecho, el travesti en *Sirena Selena* sufre un desdoblamiento importante; puede decirse que en realidad es objeto de un doble despegue: en primer lugar, necesita montarse en un avión; necesita separarse del propio suelo para acercarse a su sol, es decir, para conquistar lo imposible. Como Ícaros de la modernidad, Sirena y su 'madre' salen en busca del *glamour* a la República Dominicana, con la ilusión de ir a Nueva York. Ya que está «en la punta de su cenit» (8), pronto se convertirá en la «diva del Caribe» (12). El segundo despegue es la separación de su propia piel, lo que Lacan al hablar del travestismo llama 'une peau détachée', una descomposición del sujeto entre su ser y su apariencia, lo cual lo hace particularmente apto al mimetismo. Ahora, este despegue también implica una negación del 'yo' y de su realidad.

En «La ligne et la lumière», Lacan define el travestismo como un juego de máscaras.[54] Reconoce el poder mimético del travesti, a quien atribuye la función de 'señuelo' (fr. *leurre,* ingl. *lure*). De hecho, camuflaje y travestismo funcionan más o menos de la misma manera. En ambos se despliega un señuelo para engañar el ojo, un *trompe-l'œil* que se aplica no sólo como mecanismo de defensa, sino también como arma.[55] Al reflejarse sobre una superficie, la luz que da forma a un objeto determinado puede o bien acentuar su visibilidad, o bien hacerlo invisible. Piénsese p.e. en la estructura luminosa de la cabeza de algunos peces mediante la cual atraen a la presa. El travesti destaca por su capacidad de jugar con la luz y la mirada, de crear un efecto visual (un «effet d'éclairage», dice Lacan 1973: 99) que domina y cautiva al otro. Hablando del travesti, Lacan sostiene que «Sans aucun doute, c'est par l'intermédiaire des

---

[54] *Cfr.* Lacan (1973: 99).
[55] *Ídem.*

masques que le masculin [et] le féminin, se rencontrent de la façon la plus aiguë, la plus brûlante. [...] L'homme, en effet, sait jouer du masque comme étant ce au-delà de quoi il y a le regard» (*Ibíd.*: 99). El mimetismo del travesti supone una descomposición del individuo entre su ser y su apariencia, «entre lui-même et ce tigre de papier qu'il offre à voir» (*Ibíd.*: 89). Cuando la 'lunática' Sirena Selena se estrena efectivamente 'bajo un spotlight' y canta sus 'boleros exterminadores', se transforma en un pez luminoso que atrae a su presa, se convierte en un señuelo seductor que reta la mirada y el oído del otro. Por ello necesita asemejarse al *glamour* que rodea a Graubel quien lo invita a su mansión:

> Las preciosas baldosas de mármol rosado le acentuarían los destellos rojizos de su piel, los boudoirs de mimbre filipino blanco y la luz aterciopelada de los patios interiores le destacarían su silueta de sílfide en pena. Su tez pálida y aceitunada de criolla de los años cuarenta refulgiría contra los colores pastel del empapelado en la pared. Su peluca negra azabache deslumbraría sedosa cuando se contrapusiera a las cortinas satinadas que cubrían las paredes de la residencia de los Graubel. Muebles de caoba antigua y de guayacán labrado, baldosas italianas en el patio, inmensos cuadros expresionistas y la lámpara de lágrimas de cristal cortado del recibidor sería al fin el escenario perfecto para que Sirena pueda en serio convertirse en su imagen (110).

La 'luz aterciopelada' que destacaría 'su silueta de sílfide en pena' acerca al personaje al fondo de lujo sobre el cual se mueve, lo disuelve en él, lo convierte en pura apariencia. La 'conversión en su imagen' de la protagonista puede interpretarse como su adaptación a este 'escenario perfecto', pero éste también podría significar un peligro.[56] Es significativo que Sirena confiese que «sería difícil *batallar* contra todo el *glamour* con que podía sonsacar al anfitrión. Dificilísimo. 'Cautela, que *hay trampa*', se avisó y procedió a afinar su rutina para contrarrestar el embrujo de aquella casa y sus enjambres» (109; énfasis nuestro). El mimetismo del travesti es más que mera defensa; también existe un mimetismo ofensivo, como indica el camuflaje del guerrero. La fijeza es parte de

---

[56] De la misma manera que el *glamour* de la mansión de Graubel le 'sienta bien' a Sirena, para Martha, el lujoso restaurante *La Strada* es «el escenario perfecto para que Martha Divine sacara a relucir sus dotes de dama elegante y seductora. Toda la ambientación le sentaba al dedillo. La luz a medio del restaurante resaltaba el brillo de sus ojazos negros. El tenue rutilar de los candelabros acrecentaba el lustre de su moño midnight auburne. La temperatura del lugar la iba a mantener lozana el resto de la velada. Hasta el conjunto que lucía combinaba perfectamente con ambiente y anfitrión» (186).

esta forma de mimetismo.[57] Según exijan las circunstancias, el joven se adapta miméticamente a ellas. Nada más llegar al hotel, por ejemplo, Martha insiste en que su 'querido' se adapte a las reglas de la casa: «En cuestión de segundos, la cara de adolescente juguetón de la Sirena se transformó en billboard de cartón piedra» (44). Así, Sirena es capaz de convertirse en una especie de animal-travesti, una «luna de papel» (7) que Lacan (1973: 89) define como un tigre de papel: no busca una apariencia amable para atraer, sino una incorporación de la fijeza, con el objetivo de desaparecer. Si por una parte Sirena destaca por su visibilidad como cuerpo espectacular, por otra es capaz de hacerse invisible pareciéndose miméticamente al otro. En ambos casos, es cuestión de jugar con la luz a fin de combinar con «el ambiente y anfitrión» (186).

Del ejemplo anterior se destaca también la importancia que cobran los colores en la configuración de Sirena como imagen. Durante su transformación, Martha presta especial atención a los distintos matices que relucirá su abigarrada 'hija':

Así iba *borrando* de la faz de la tierra los *rasgos distintivos* del rostro del adolescente, para después dibujarlos nuevamente con delineador negro y luego rojo, rellenar los labios de lipstick raspberry wine en tonos mate, cubrirlos con una finísima capa de más polvo, y someterlos a otra de lipstick bien brillante, con gloss que los hiciera *relumbrar contra las candilejas del escenario* (47; énfasis nuestro).

Borrar 'los rasgos distintivos', ajustar los colores del rostro (con 'delineador rojo', 'lipstick raspberry wine en tonos mate') de acuerdo con sus vestidos para que pueda 'relumbrar contra las candilejas del escenario' son más que un juego de disfraces: coloca al personaje plenamente en el dominio del mimetismo. En medio de su aparición, Sirena «bellamente coloreada en malva por las esquinas» (205) parece metamorfosearse en mariposa que –cabe recordarlo– es uno de los insectos más miméticos que existen:

[...] embalsamada en tintes del olor exacto, casi la bruma del polvo pegándose a la piel, posándose en cada poro cual danzante, los toques de rubor sobre cada mejilla, difuminados sólo en su sospecha, los pinceles ágiles delineando a trazos finos aquella boca redonda de mariposa carnívora, labios enteramente para el beso y la balada. Rosa-malva perlado en tonos de coral, entreabiertos como almeja sonora.

---

[57] Lacan (1973: 92) aclara su visión del mimetismo como camuflaje y arma, que también se encuentra en *Sirena Selena*: «Il ne s'agit pas de se mettre en accord avec le fond mais, sur un fond bigarré, de se faire bigarrure –exactement comme s'opère la technique du camouflage dans les opérations de guerre humaine».

Los colores afinan la nariz, delgadísima nariz sin poro abierto, brújula de sirena. Y los ojos negros, negrísimos de pedrería en vitral de tienda por departamentos, con la misma soledad del rhinestone (205).

Como se desprende de estos fragmentos, el color es capaz de *suturar* al sujeto con el fondo sobre el cual se mueve; como efecto, se borran los bordes del cuerpo.[58] Dos fragmentos en este capítulo vinculan la falsa visibilidad de Sirena con el piano: [1] «Todos recuerdan entonces al piano pero fijos los ojos en su cara, hecha a la perfección»; [2] «Los testigos recuerdan haber oído al mar enredado en aquel piano de visión» (205). Lo que ven los espectadores ya no es un cuerpo sino una 'visión', una imagen 'hecha a la perfección'. Como recuerda Severo Sarduy, en su ensayo sobre el mimetismo, la sutura del color es clave para invisibilizar el cuerpo: «poco a poco el cuerpo desaparece, se convierte en una textura idéntica a la del piano que lo sostiene, sin volumen, sin bordes, sometida a una única ley: el derroche; atraído, imantado por lo invisible, por lo inaparente» (Sarduy 1999: 1294).

La desaparición del cuerpo evocado por Sarduy, su conversión en la misma textura que 'la del piano que lo sostiene' –como es el caso de la Sirena 'bellamente coloreada'– confirma la doble estrategia del travesti en la novela. Su «cuerpito menudo» (220) –y 'menudo' casi se puede entender aquí en el sentido comercial de 'moneda pequeña' ya que su vida consiste en venderse el cuerpo–[59] tiene dos caras: tras la aparición y la visibilidad está la desaparición y la invisibilidad. Sirena se acerca una vez más a la Albertine de Proust por la 'platitude' que cobra su imagen: su configuración no está lejos de otro concepto, definido por Bal como 'l'écran diapré', la pantalla metafórica que Proust introduce en su texto. Esta pantalla «inscrit sur une image plate la variation et les nuances de couleurs» (Bal 1997: 24). La iconificación a la cual lleva la descripción de Sirena incita a una lectura visual del personaje como imagen literaria.[60] Se trata de leer el personaje como lo que Merleau-Ponty dijo acerca de Cézanne: una

---

[58] A partir de su lectura de *Méduse et Compagnie* de Caillois, Lacan (1973: 91) avanza la idea de que en ciertos fenómenos de mimetismo se puede hablar de coloración adaptativa, o adaptada, que no es sino una defensa contra la luz.

[59] Cfr. *Diccionario de la Lengua Española*, Madrid: Real Academia Española, Espasa Calpe, 1992.

[60] Bal (1997a: 24) aclara el parangón entre pintura e imagen literaria, señalando que «Une lecture 'plate' sera orientée par l'image visuelle présentée comme une œuvre peinte. Mais on n'oubliera pas la définition d'une telle lecture par le biais de l'écran diapré. Elle se distingue d'une lecture esthétique qui prend les références à la peinture comme point de départ, comme énoncé plutôt que comme mode d'énonciation».

lluvia de «petits bleus, petits blancs, petits bruns».[61] En efecto, los «pinceles ágiles delineando a trazos finos aquella boca redonda de mariposa carnívora» (205) pintan a Sirena como insecto mimético (contrariamente a la Albertine de Proust) que se moviliza como imagen dentro del *glamour*.

4.2. «*Entre spotlights y hielo seco*»: bregar con la luz

Como sujetos marginados, reducidos a objetos, los travestis son también seres abyectos. Por enfrentar «*miles* [de] *candilejas*» (8) nos hacen pensar en los bailadores travestis y transgenéricos de la película *Paris is Burning* (1990) de Jennie Livingston. Son seres que de hecho son invisibles, habitan –como bien lo formula Butler (1993: 3)– «*'uninhabitable' zones of social life*». Diderot los llamaría –como Solange, la esposa de Graubel– 'monstruos', seres incompatibles con el orden existente. El travesti en *Sirena Selena*, como en *Paris is Burning*, está sometido a un doble proceso que determina su condición existencial. En primer lugar, la condición de cuerpo espectacular permite decir que Sirena y Martha son marionetas de la abyección, ya que repulsan al mismo tiempo que fascinan. La atracción / separación que implica la función materna entre Sirena y Martha –como entre los *mother-men* en *Paris is Burning*– se puede leer como una *performance* de lo abyecto, de la imposibilidad de romper la relación diádica madre / hijo. Como se sabe, es imposible dar una definición unívoca de la abyección y su producto, lo abyecto (*cfr.* capítulo II). Kristeva habla de lo abyecto en términos impersonales, como lo que es frontera, por definición indefinible.[62] Describe el proceso de abyección como «*Ça sollicite, inquiète, fascine le désir*» (Kristeva 1980: 9), como 'algo' que no es exactamente objeto-causa del deseo (*objet a*) pero que también fascina al deseo. Puede decirse que la abyección, por su carácter impersonal, muestra una importante correspondencia con otro proceso: el funcionamiento de la luz, es decir de la mirada lacaniana. Lo abyecto tiene una doble cara: por una parte es 'algo' que repugna, horroriza, algo rechazado (ab-yectado), por otra ese 'algo' fascina y atrae. Como cuerpo espectacular, el travesti que brilla y fascina bajo una luz que lo configura y que le da una identidad ilusoria en realidad forma parte de un proceso de abyección que roba constantemente su subjetividad, lo cosifica. En realidad, se encuentra en un eterno proceso de nacer.

---

[61] *Apud* Lacan (1973: 101).

[62] « […] ce qui rend abject perturbe une identité, un système, un ordre» (Kristeva 1980: 12).

En la novela, en efecto, Martha describe el travestismo como «*salir a ser otra*, entre spotlights y hielo seco, vitrinas de guirnaldas y cristal, a estrenarse otra vez, recién nacida» (31; énfasis nuestro). El nacimiento es la experiencia emblemática de lo abyecto en que uno 'sale a ser otra' («je suis en train de devenir un autre au prix de ma propre mort», dice Kristeva 1980: 11). Ese 'algo' que da a luz al travesti está relacionado con su exposición como 'recién nacido' colocado en una especie de incubadora, en unas 'vitrinas de cristal'. Es interesante ver que en su seminario sobre «la ligne et la lumière», Lacan (1973: 89) hable de la luz en términos impersonales como «Ça regarde» («Ce qui est lumière me regarde») y «ça montre».[63] Cuando Deleuze (1983a) habla de la luz como movimiento intensivo, imparable, recurre al mismo impersonal *Ça*; dice que «Ça ne cesse pas de se composer» y «Ça ne cesse pas de vous tomber dessus»[64]. Como se ha visto en el capítulo II, Bataille (1970: 79-86) juntará ambos procesos en su metáfora del 'anus solaire', el sol no sólo como producción sino también como combustión y rechazo. Aunque Sirena se propone «cegar a los invitados» (169), no puede evitar «cegarse a él mismo» (*Ídem.*). Los travestis parecen cegados por una luz incomprensible pero omnipresente; incomprensible porque la luz no es fácilmente reconocible como fuente de producción. Es un efecto cuya causa es 'emanativa', como dice Deleuze: «la lumière c'est le type d'une cause émanative: le soleil reste en soi pour produire, mais ce qu'elle produit sort de lui».[65] La ignorancia de Sirena y Martha con respecto a la realidad caribeña recuerda la idea deleuziana de que la luz es lo contrario de la conciencia: no hay una conciencia que ilumine las cosas (como sostuvieron los ilustrados) sino que las cosas se iluminan a sí mismas.[66] Cuando p.e. se lleva a Sirena en taxi al hotel después de su *performance*, ignora la pobreza y clava los ojos en los «mausoleos de mármol y de cemento, gigantes, los hoteles más lujosos que había visto» (65). Viviendo bajo el mismo sol, los travestis están condenados a ser sujetos no sólo *fascinantes* sino también *fascinados*; el único espacio de libertad que pueden forjar es a través de alguna forma de perversión como la *brega*.

La *brega* de los personajes con su realidad no sería entonces sino el intento de romper (o refractar) la luz que 'cae' sobre ellos y a la cual no hay escape posible. «¡Cuidado si usted se expone a la luz!», nos advierte Deleuze. La luz es

---

[63] Es un proceso que también operaría en el sueño, en el cual el sujeto no es maestro de las imágenes que lo asaltan.

[64] *Cfr.* Deleuze (1983a). Gran parte del texto se ha traducido al italiano como «Gilles Deleuze: Luce e potenze del tempo al cinema» (Bertolini/Tuppini 2003: 9-29).

[65] *Ídem.*

[66] *Ídem.*

capaz de reducir el sujeto a la vulgaridad, a un objeto: «ça vous tombe dessus et ça vous réduit à zéro».[67] Es un movimiento intensivo que envuelve al sujeto y que no se puede parar (diferente del movimiento extensivo, que se puede interrumpir). Deleuze vincula la intensidad de la luz con el tiempo: el tiempo intensivo lo llama el 'orden del tiempo'. Sugiere un robo del presente: el orden del tiempo no es el presente sino el instante, una inminencia que sustituye al futuro. No extraña entonces que la novela termine con la *performance* de un travesti (anónimo), que, aunque confiesa estar hecho una catástrofe, anima a sus espectadores a que «sigan esperando su buena estrella. [...] La mía casi la veo a la punta de mis manos. Siento que la alcanzo. Les juro que hay días en que creo que con la punta de los dedos la puedo tocar» (266). El travesti vive en *Sirena Selena* la ilusión del instante: por una parte percibe algo como futuro, por otra siente que tiene la 'estrella' al alcance, es inminente, se presenta como ya allí brillando *hic et nunc*. Lo que no sabe es que la luz que le llega es ilusoria (del mismo modo que cada estrella ofrece al sujeto una luz ilusoria, haciéndolo olvidar que el astro, siempre a distancia, ya está apagado).

4.3. La ambigüedad del protagonista

A un nivel superficial, el cuerpo abyecto del travesti fascina ante todo por componerse de varios fetiches. El fetichismo es, como la seducción, un juego de poder. Además, el poder está inscrito en el cuerpo ambiguo del travesti-bolerista, que supera la diferenciación sexual y se da a conocer como una metáfora que pone en marcha un juego de significantes.

La importancia del fetichismo en *Sirena Selena* se puede interpretar como el intento de materialización de su cuerpo; durante su *performance*, Sirena se convierte en un gran fetiche acústico y visual, reducida a pura voz e imagen (y a voz como imagen, *cfr.* 2) que proporciona placer. Este destino ya se anuncia al principio de la novela en la frase: «Tú [Sirena Selena] eres el recuerdo de remotos orgasmos reducidos a ensayos de recording» (7). La última palabra (*recording*) se puede interpretar de dos maneras: no sólo hace eco del verbo 'recordar', en el sentido de recuperar la memoria (a través del bolero), sino también de 'grabación' y repetición, lo cual confirma el estatuto fetichista de la voz del travesti.

Un detalle importante en la novela –que pasaría desapercibido al lector poco atento– es la flor favorita del protagonista: el lirio cala. La obsesión de Sirena con la pureza, simbolizada en la presencia de los lirios cala (p.e. en la página 167), no es sino una forma de reprimir lo abyecto. Los lirios cala

---

[67] *Ídem.*

simbolizan la pureza que supone la imagen y el *glamour*.[68] Hay que entender esa obsesión con la pureza como una intento desesperado de negar su condición abyecta y como un modo a través del cual se trata de ganar lo que Butler llama 'el derecho a la existencia' del cuerpo abyecto.[69] Pero el lirio cala no sólo es símbolo de pureza, sino también destaca por su aspecto fálico. Algunos pasajes permiten decir que Sirena se acerca a este tipo de flor: figura frágil y vulnerable, por una parte, pero literalmente fálica por otra. En la novela se encuentran varias referencias –más o menos lúdicas y jocosas– al inmenso pene de Sirena. Valga citar como ejemplo el rito preparativo de Sirena delante del espejo:

> 'Ay mija, estoy loca porque empieces a tomarte las hormonas a ver si la cosa se encoge. Voy a tener que empezar a cobrarte de más, para cubrir lo que gasto en esparadrapo.' Mediante esa burla, lo sabía ella y su protegida, Martha disipaba la gula y la sorpresa ante el tamaño genital de su ahijadita. Asombrada, no se podía explicar cómo de un cuerpito tan frágil y delgado colgara semejante guindalejo. La verga de Sirena era inmensa, un poquito grotesca por la falta de proporción que guardaba con el resto del cuerpo (48).

La lenta revelación del miembro genital 'un poquito grotesco' por Graubel está construida como un auténtico acto de *striptease*: «De la cintura para abajo emerge una gran faja, un artificio de telas tapando el sitio de donde Hugo sospecha salen todos los misterios de Sirena. Inserta un dedo, otro, dos más, empujando hacia abajo aquello que lo aleja de lo que hace mujer a la Selena» (219). Quitando 'la gran faja' se llega a la confirmación de que ese 'cuerpito' andrógino es en efecto un hombre. Así, Graubel destruye a Sirena como significante imaginario. La desvelación del sexo revela la presencia del falo y entraña la cancelación del juego de significantes que representaba el travesti.[70] El acto mismo de desnudamiento se presenta como una enumeración de todos los fetiches que constituyeron el cuerpo femenino de Sirena:

---

[68] Al mostrar una fotografía de Sirena a los invitados, una voz caracteriza a Sirena como imagen pura: «*No es la fotografía de una cabaretero sino la pura imagen de una doncella en espera*» (187).

[69] *Cfr.* Entrevista con Judith Butler (Butler 1996: 22).

[70] En *S/Z*, Barthes (1970a: 120) describe el *striptease* como un desnudamiento del cuerpo por el lenguaje; el lenguaje deshace el cuerpo y lo remite al fetiche, proceso que llama *blason*: «Le blason consiste à prédiquer un sujet unique, la beauté, d'un certain nombre d'attributs anatomiques [...] l'adjectif devient sujet et le substantif prédicat».

La Sirenita quinceañera quedó desnuda bajo las manos de su anfitrión, unas medias de nylon perlado a media pierna, el pie enmarcado en tacos plateados, su único hábito tirado en la grama, enroscándosele a los pies como una espuma de mar. Los bucles perfumados, la cara perfectamente hecha en tonos malva-coral, el cuerpito menudo, la tez bronceada y cremosa, el pechito, los hombritos, las caderitas y, en medio de aquella menudencia, una verga suculenta, ancha como un reptil de agua, ancha y espesa, en el mismo medio de toda aquella fragilidad (220).

Entre los elementos-fetiches que se suceden se observan tanto partes corporales que forman parte del léxico erógeno femenino (el 'pechito', los 'hombritos', las 'caderitas') como objetos con una fuerte carga libidinal ('medias de nylon perlado', 'tacos plateados', 'bucles perfumados'), que paradójicamente revelan la fragmentación del cuerpo-travesti detrás del compuesto de fetiches. El fetiche, como el *objet a*, es un objeto accesorio que a la vez que niega la castración del sujeto, llama la atención sobre ella.[71] Varios críticos (p.e. Ackroyd 1979, Garber 1992 y Sarduy 1999) interpretan el travestismo como una representación por excelencia de lo que Lacan llama –diferenciándolo del sexo masculino– el 'falo'.[72] El énfasis en el miembro genital de Sirena sugiere, en suma, el poder fálico. Como ya dijo Sarduy (1999: 1300), «en el territorio del travesti [...] todo es falo. El juego consiste en denegar la castración: la erección es omnipresente, aun en la blandura de las telas». Los juegos de vestimenta y de fetiches por medio de los cuales el travesti llama la atención sobre el falo sería en realidad un intento de apaciguar su miedo imaginario a la castración, a la diferenciación sexual con respecto a

---

[71] A la voz femenina se le junta la visibilidad del cuerpo travesti, la manera de vestirse y adornar el cuerpo como una mujer, que al sujeto masculino le trae la certeza de que no es él sino el otro quien ha sido castrado. En este sentido, Silverman (1988: 39) sostiene que «the female voice is more frequently obliged to display than to conceal lack – to protect the male subject from knowledge of his own castration by absorbing his losses as well as those that structure female subjectivity».

[72] Aunque Lacan diferencia el concepto 'falo' (un valor simbólico) del 'penis' (parte física del cuerpo), es obvia la relación directa entre ambos. Según Lacan, el 'falo' es un objeto que obsesiona al niño desde su descubrimiento de que su madre no tiene sexo. Por consecuencia desarrolla un miedo a una posible 'castración' ya que se da cuenta –aunque en realidad sólo se imagina– que su madre ha sido 'castrada', lo cual experimenta como un trauma ya que hasta entonces pensaba que ella, como él, en efecto tenía falo. Persiste, pues, en imaginárselo como ausente en el otro (la madre) y en su deseo de 'ser' el falo para ella: «Ce que l'enfant cherche, c'est à se faire désir de désir, pouvoir satisfaire au désir de la mère, c'est-à-dire: 'to be or not to be' l'objet du désir de la mère [...] Pour plaire à la mère [...] il faut et il suffit d'être le phallus» (*cfr.* «Les formations de l'inconscient», seminario inédito de Lacan, pronunciado en 1958, *apud.* Dor 1992: 102).

la madre. Así, la cobertura del sexo de Sirena, primero con 'esparadrapo' y luego con diversos fetiches que cubren otras partes de su cuerpo será otra manera de recrear –de modo imaginario– la unión con la madre. El fetiche le confiere al travesti un placer regresivo al espacio de la madre y la unidad imaginaria del estadio del espejo.[73]

Como ya se sabe, Marx solía decir que la historia se repite como tragedia o como farsa. Al andrógino le ha tocado una suerte parecida: después del mito de la caída, de la separación de los sexos, en estos días el travestismo a primera vista es una comedia, una mera parodia de la reconstrucción de la unidad andrógina. Por supuesto, una interpretación superficial consistiría en decir que el andrógino se ha desdoblado en variantes sexuales como el travestismo y el transexualismo. Toda forma de androginismo no se funda sólo en la visualidad, en lo que el ojo percibe, sino en una dinámica presimbólica y una vida síquica sumamente complejas.

En realidad, el travesti cobra significados mucho menos frívolos, por lo menos en esta novela: como anuncia el título, vestirse de imágenes es ante todo vestirse de pena. Sin embargo, no cabe duda de que esta abigarrada figura está relacionada con el andrógino por expresar la imposibilidad de recuperar un origen 'puro', la unidad original del universo; muestra la imposibilidad del hombre moderno de integrar el mito del andrógino, su incapacidad de vivirlo no sólo en su sentido erótico, sino también metafísico y espiritual. Lo interesante es que el travesti presenta un cruce de géneros que impide fijarlo en una identidad específica: se puede ser lo uno o lo otro, o bien, todo lo contrario, ambas cosas a la vez.[74] El travesti masculino no imita a la mujer sino que, de acuerdo con Sarduy (1999: 1267), «à la limite no existe para él» (lo cual vale también para la situación inversa de las llamadas *female to male*).[75]

---

[73] De la misma manera, el cine intenta fortificar el sujeto masculino contra su propia castración. En *Le signifiant imaginaire*, Metz (1977: 97) aclara que «Le fétiche représente toujours le pénis, il est toujours son substitut, que ce soit par métaphore (=il masque son absence) ou par métonymie (il est contigu à sa place vide). Le fétiche, en somme, signifie le pénis en tant qu'absent, il en est le signifiant négatif, le suppléant, il met un 'plein' à la place d'un manque, mais par la il affirme aussi ce manque».

[74] Un buen ejemplo de la complejidad que puede cobrar la figura del travesti, es el caso de Marcel Duchamp. Van Alphen (1998), hace un análisis original del surrealista francés que a menudo se hizo pasar por el travesti 'Rrose Sélavie', con el objetivo de cuestionar el estatuto del artista como autor.

[75] Halberstam (1998: 767) radicaliza esta idea sosteniendo que «gender is defined by its transitivity, that sexuality manifests as multiple sexualities, and that therefore we are all transsexuals». Mayra Santos opina en la misma línea que «Hemos llegado a los *female to male*, a los transexuales que tienen que aprender primero la coreografía [del hombre]

El travesti hace algo más que parecerse a la mujer. Su feminidad consiste en enfatizar hasta la caricatura los rasgos de la mujer, desde los eróticos hasta los sicológicos.

En la novela, Martha Divine salta a la vista por «sus ademanes tan femeninos, demasiado femeninos, estudiadamente femeninos» (9). Ya que el travestismo es la *performance* de la identidad que no le está socialmente permitida al sujeto, es exactamente esto lo que persigue Martha: «lo ayudó [a Sirena] a convertirse en quien en verdad era» (11), para de esta manera ayudarse también a sí misma. Las referencias a Sirena, que alternan entre *él* / *lo* y *ella* / *la*, podrían considerarse como una forma de travestismo lingüístico que sirve para subrayar la sexualidad e hibridez del personaje. Esta alternancia ocurre a veces hasta en la misma oración: «Pero bien sabía *la* Sirena que para *él* no había gran diferencia entre un hogar de crianza y un círculo en el infierno» (9; énfasis nuestro).

Ahora bien, ¿qué relación puede concebirse entre el bolero y el travestismo? En la novela, el rol de bolerista que juega el travesti funciona como un doble espejo de la ambivalencia sexual. Como poema caribeño, el bolero imita e incorpora la dimensión transitoria de la vida urbana;[76] el travesti, en cambio, imita e incorpora otro sexo al mismo tiempo que supera la imitación. Sin embargo, tanto el bolero como el travesti construyen un discurso sexualmente ambiguo e inestable: ambos huyen de las definiciones de *lo* femenino y de *lo* masculino.[77] Aunque tradicionalmente se ha interpretado el bolero como un espacio donde el hombre evoca la ausencia de la mujer, críticos como Zavala (1991) y Aparicio (1998) lo han reinterpretado como un discurso en que los polos heterosexuales masculino / femenino se desestabilizan y se confunden. La posición del 'yo' que canta, sea hombre o mujer, resulta a menudo intercambiable con el 'tú', mientras que, a su vez, el 'tú' puede trasformarse siempre en una 'ella' o un 'él'.[78] La interpretación del texto del bolero cambia no sólo

---

antes de llegar a la biología» (Santos-Febres 2001: 26; «Mayra Santos-Febres. La respuesta como obsesión», énfasis en el original).

[76] *Cfr.* Gelpí (1999: 22).

[77] Una idea interesante, que merece ser estudiada separadamente, es que tanto el bolero como el travesti crean un 'tercer espacio' que arranca del nexo entre lo imaginario y lo simbólico. En palabras de Garber (1992: 12) el travesti se mueve de una estructura de complementariedad (*cfr.* la relación diádica yo/tú) o simetría a un *third space* que implica una contextualización: «The 'third' is a mode of articulation, a way of describing a space of possibilities. Three puts in cuestion the idea of one: of identity, self-sufficiency, self-knowledge».

[78] *Cfr.* Zavala (1990: 126).

según las letras sino también según el género sexual de los intérpretes y las características vocales de cada cantante.[79] Si la posición del cantante de boleros es entonces de por sí una posición ambigua e inestable, en el caso del travesti la ambivalencia e inestabilidad llegan al extremo. Valga como ejemplo la escena en que Graubel observa meticulosamente a Sirena: «Como en el cine, contempló a un muchachito-mujer frágil y malvada planificar ágilmente los escenarios para las tramas enrevesadas de un bolero de amor» (136). La manera en que Graubel mira a Sirena, ese 'muchachito-mujer frágil y malvada', resume toda la ambivalencia sexual del travesti-bolerista. Puesto que contesta las miradas de Graubel, ambos sujetos formulan las exigencias que satisfacen los deseos expresados en un bolero.

El texto del bolero es, como el travesti, un cuerpo donde el lenguaje se vuelve movedizo, una estructura abierta que se acerca a la androginia. Pero si el travesti es, como se ha dicho antes, ante todo parodia de la figura mítica, el bolero tiende, de modo más persistente, a una plenitud andrógina.[80] Por medio de esta semántica corporal, tanto el bolero como el travesti se centran en la seducción del otro. Lo que apasiona a los travestis es la seducción de los signos mismos; todo es maquillaje, teatro, *performance*; su poder seductor viene de la parodia del sexo por la 'sobresignificación' de éste.[81] El bolero se caracteriza por el mismo juego de identidades entre individuos que se observa en el travestismo: «[el bolero] invita a un juego de identidades en respuestas siempre ambiguas, puesto que nunca habrá la certeza sobre la naturaleza profunda del reconocimiento de los sujetos: el otro/a puede mentir y el sujeto jamás podrá estar totalmente seguro de su propia identidad» (Zavala 1990: 129). Los individuos se ponen máscaras según les convenga, pero paradójicamente nunca llegan a conocer su propia identidad. ¿Quién simula, desde dónde, y por qué? Disfrazando a Sirena de mujer bolerista, Martha lleva las apariencias a su extremo: Sirena, como su 'madre' (ella misma una experta en la seducción), se convierte no sólo en bolerista sino también en maestra de la seducción. En resumidas cuentas, la copulación de las miradas hace que las oposiciones difuminen.[82] El bolero es, pues, más que un mero leitmotiv en la novela, ya que parece imponerse incluso como modo de existir de los personajes: para

---

[79] *Cfr.* Zavala (1991: 33).

[80] *Ibíd.*: 85.

[81] *Cfr.* Baudrillard (1979: 25).

[82] «Conforme al principio de realidad de lo imaginario, [...] [en el bolero] se volatilizan el bien y el mal, lo falso y lo verdadero, las grandes distinciones inútiles para descifrar el mundo. El bolero *no* seduce mediante signos distintos y plenos, sino en los arbitrarios» (Zavala 1990: 94).

todos los personajes la intimidad es para ellos la condición *sine qua non* para vivir y sobrevivir.

4.4. De la sutura a la saturación

Sin embargo, en *Sirena Selena* el personaje travesti no sólo representa una imagen sino que también es consumidor de imágenes; en lugar de que lo imaginario sea una manera de escapar a la realidad, los personajes-travesti parecen atrapados en imágenes y juegos de identificación, es decir, en lo que Lacan llama *l'Imaginaire*, el narcisismo del yo fascinado por su propia imagen.[83] Como consecuencia, el travesti está tan 'poseído' por lo imaginario, la creación y el consumo de imágenes, que en cierto momento se satura. El último capítulo de la novela pone en escena un travesti anónimo que, saturado de imágenes, ha sufrido tal indigestión espectacular que está hecho «un desastre» (263). En comparación con el optimismo de otra puesta en escena anterior (*cfr.* el capítulo XX de la novela), este *performer* salta a la vista por su pesimismo: «estoy lo que se dice hecha polvo. Es que anoche me desbaraté. Olí, fumé, tragué, chupé. Ya ni me acuerdo qué más hice. Y todo por despecho. Cuquito, papi, sírveme otro whisky en lo que le cuento a mi adorado público lo que me pasó anoche» (263-264). Si este travesti se presenta como un borracho y deprimido, es porque se ha saturado no sólo de «alcohol etílico» (264), sino también de las imágenes que causan su náusea. Ya no existe imaginario que pueda liberar a este individuo, puesto que lo imaginario se ha realizado, i.e. se ha muerto, de la misma manera en que Sirena está condenado a «morirse frente a tanto testigo» (253).

No sólo Sirena y Martha, sino absolutamente todos los travestis 'presentados' en la novela, sufren de la misma condición icónica: el sujeto convertido en foto. Es significativo que algunos capítulos de la novela muestran los retratos de travestis desconocidos que aparecen al margen de la historia pero que son perfectamente identificables con Sirena y Martha: parecen decirnos que lo que cuenta no es tanto la historia sino la identificación con un personaje que resulta ser un *efecto* de sutura del sistema narrativo (*cfr.* 3.4.). Una luz omnipresente e incomprensible ciega a los personajes. Valga recordar el travesti desconocido del capítulo XI, cuyas condiciones de vida son comparables con las de otros travestis (Valentina Frenesí, Margot –el travesti evocado por Martha en el capítulo XXIV– o la misma Sirena). En estos retratos, siempre se narra el

---

[83] Ya que la definición lacaniana de lo Imaginario –como ocurre con otros de sus conceptos– es por definición contradictoria, aquí se interpreta como un concepto abierto que refiere a toda agrupación de imágenes que determina la vida psíquica del sujeto.

mismo evento: la conversión del individuo en una imagen, en una ilusión. Sus voces son –como la de Sirena– reducidas a fetiches, a «ensayos de recording» (9), que configuran su imagen. En suma, absolutamente todos estos travestis están obsesionados con su propia imagen especular y la transformación de su ser en simulacro; el resultado es que ellos mismos se han convertido en imágenes intercambiables. Ahora, nada más abordar la novela, se lee que Sirena canta un bolero, «como si fuera a morir cuando terminara de cantarlo, lo cantó para percatarse ella misma de su agonía, como un perro agonizante lo cantó, como un perro de raza pero leproso, muriendo bajo una goma de carro recién desmantelado» (10). El futuro que espera a Sirena es el del *living dead*, de 'sobrevivir muerta' como si viviera en una foto que lo haya mortificado como sujeto. No es casual que Valentina muriera captada por un ojo que lo mortifica por segunda vez, fotografiándolo:

> Pero, ¿qué sabía ella que el material de aquella noche estaba más puro de lo acostumbrado? ¿Cómo iba a saber que una mirada airosa era el último regalo de su Valentina, que luego sus ojos serían piltrafas en cuerpo desnudo, a medio pintar, grotescamente fotografiado por la forense y sacado en bolsa plástica de un atorrante caserío? Cuando llegó con Baluscka al cuartucho de la parada 15, policía y periodistas estaban en plena acción, recogiendo testimonios de los transeúntes y testigos que se arremolonaban para ver el espectáculo (105).

Valentina muere regalando una 'mirada airosa', antes de sufrir su última conversión en cadáver espectacular, grotescamente fotografiado. Ahora bien, el horror de este cadáver no difiere mucho de la condición aparentemente viva del travesti-bolerista convertido en imagen. A Sirena le esperaría un futuro tan 'puro' como el espectáculo de la muerte de su segunda madre, Valentina Frenesí.[84] En todo espectáculo, la frontera entre lo imaginario y lo Real está amenazada con desaparecer. Para el espectador, el dolor irrepresentable se convierte en un espectáculo presentable digerible, soportable, *light*. Como apunta Kristeva (1997: 322; énfasis de la autora): «Il peut arriver que la douleur aussi soit imaginaire: elle est bien là, mais *en face*, imageante, passive, irréelle», a

---

[84] Como imaginario, el bolero es inseparable de la muerte que va pareja con la llegada de la modernidad y la reproducción visual: «Muchos boleros [...] son espejos invertidos que ofrecen respuestas muertas y circulares a preguntas circulares y muertas» (Zavala 1990: 97). En el bolero las iconografías se recodifican, dando paso de la memoria y el pasado a la artificialidad de la imagen: «A veces el discurso del bolero se desintegra por autoplagio, al repetirse a sí mismo y repetirse en espejos en un proceso de expresión y acumulación de sí mismo. El espejo de la reproducción incluso resucita artificialmente el pasado, disfrazándolo» (*Ídem.*).

través de la visualización del espectáculo, el dolor del travesti se vuelve invisible; el espectador sólo vive un sentimiento imaginario.[85] En *Sirena Selena* se anula la función liberadora de lo imaginario, ya que *todo* pertenece a este espacio: «[...] si tout est imaginaire, l'imaginaire est mort. Et ma marge de liberté aussi» (Kristeva 1997: 234). Cuando uno es absorto en el espectáculo y la imagen, la libertad simplemente está muerta. Si como sostiene Sarduy (1999: 1300), el travesti «realiza lo imaginario», en la novela la tragedia es que también lo imaginario realiza al travesti, determina su condición de vida. Así se ha pasado de la sutura de la imagen a la saturación del cuerpo vestido de imágenes.[86]

La fotografía (como lo imaginario) crea un cuerpo o lo mortifica «*selon son bon plaisir*» (*Ibíd.*: 25). Puede decirse que el travesti es tal sujeto que siempre 'se sent devenir objet'. Atrapados entre imaginarios, Sirena y Martha no parecen tener más opción que Vladimir y Estragon en *En espérant Godot*: dada su condición carcelaria, ¿qué diferencia hay entre moverse y escaparse de un lugar a otro o quedarse? La espera misma por el contrato por parte de los travestis es la esencia misma de la historia. Por tanto, ¿cómo concebir el tiempo en la novela? Puede decirse que Sirena y Martha son casos emblemáticos de seres que viven lo que Sartre llama el tiempo paradójico de lo imaginario.[87] El tiempo de lo imaginario es un tiempo paradójico ya que conjuga dos presentes: el que el 'yo' experimenta ante la imagen (el presente 'real') y el que pertenece al objeto ausente (el presente 'irreal'). El tiempo del imaginario se sitúa *entre*

---

[85] «Les sentiments imaginaires sont [...] dégradés, pauvres, saccadés, spasmodiques: ils ont besoin du non-être pour exister» (Kristeva 1997: 322).

[86] No es sorprendente, entonces, que en el universo de *Sirena Selena*, donde reina lo imaginario, donde la representación icónica toma el poder, la historia quede relegada a un segundo plano. En efecto, la escasez de eventos al nivel diegético se explica por la importancia que cobra la iconicidad en la novela. Sartre (1940: 22) decía que «le monde des images est un monde où il n'arrive rien», un mundo imaginario, estático donde no ocurre nada. Por lo tanto, la movilidad de los personajes no se puede interpretar sino como otra ilusión más, ya que viven en tal mundo estático. Como recuerda Roland Barthes en *La Chambre claire* (1980), «La photographie [...] représente ce moment très subtil où, à vrai dire, je ne suis ni un sujet ni un objet, mais plutôt un sujet qui se sent devenir objet: je vis alors une micro-expérience de la mort [...] on me fait sortir ('dehors', c'est plus vivant que 'dedans') [...] lorsque je me découvre sur le produit de cette opération, ce que je vois, c'est que je suis devenu tout-image, c'est-à-dire la Morte en personne» (Barthes 1980: 30).

[87] A propósito de la relación entre imagen y tiempo, Sartre (1940: 162) recuerda que el espacio y el tiempo de la imagen son irreales: «L'image est une façon de tromper un instant les désirs pour les exaspérer ensuite»; por consecuencia, la imagen constituye el objet a, la carencia misma, ya que «n'être pas là est sa qualité essentielle» (*Ibíd.*: 163).

estos dos tiempos, pero nunca coincide con el presente. En otras palabras, la condición icónica de los personajes-travesti indica su imposibilidad de vivir el presente.

A modo de conclusión de este análisis de *Sirena Selena*, podría establecerse un parangón entre el travesti y el cuerpo que constituye el objeto del poema «Biopsia», composición publicada por la autora más de una década antes de la novela (en la revista cubana *Casa de las Américas*). En este poema, Santos-Febres ya abordó el tema del cuerpo abyecto, pero desde otra perspectiva, a primera vista mucho más dramática. Por su relevancia para el análisis de *Sirena Selena*, valga citarlo en su totalidad:

Biopsia
Córteme ovarios, pulmón,
Sáquemelo todo
No ve que esto en que camino y paso
Esto que han tajeado ya dos veces para sacarme gente
Esta carne que parece campo de concentración
Que han usado ustedes para mezclar cuánto químico
Ya no da más
Córtemelo todo
No importa que tenga que hipotecar la casa
Para pagar los días de hospital
No importa que tenga que tomar pastillas
Multicromáticas y agrias
Pasarme la vida a medias
Eso es lo que yo quiero ¿No ve usted?
Aquí adentro me han jugado todos un chiste pesadísimo.
Mire que seguí las instrucciones del frasco
Mire que me morí por dentro
Y complací autoridades
Mire que diagnosticaron el mal
Por orden alfabético.
Me fueron desarmando poquito a poco
Hoy tendones para hacer cuerdas de raqueta
Ayer tubos de falopio para shampú de pelo
¿Mañana qué? ¿Los lóbulos frontales?
Mi sangre yéndose a cuentas bancarias
De dígitos etéreos.
Corte ahí sin pena, termine ya
Mire que el nervio puede levantarse aún sin puño
Sáquemelo todo

Le conviene muchísimo dejarme hueca
Lobotómica como una caja de Ariel
Muerte encerradita
Apestillada en químicos
No vaya a ser que me dé con ocupar en rabia
Todos los rincones
Donde usted me ha infiltrado.

El 'yo' de la enunciación en este poema se presenta como un cuerpo frag-mentado, y propone que se efectúen varios 'cortes' sobre su superficie corpo-ral, hasta que desaparezca por completo. Evoca su 'carne' como un 'campo de concentración', que lo expone al otro ('ustedes') para que lo 'saque todo'; se presenta, por tanto, como un cuerpo que no tiene nada que perder. No hay nada del fetichismo de *Sirena Selena* en «Biopsia», sino pura fragmentación corporal. El sujeto de la enunciación, un yo que se pasa la vida 'a medias' recuerda de varias maneras al travesti en *Sirena Selena*: no importa el cambio, para bien o para mal, ya que de todos modos el sujeto no tiene vida. A parte del anonimato, la cosmética multicromática del travesti se ha sustituido en el poema por 'pastillas multicromáticas', mientras que el desmoronamiento ante el espejo aquí se llama desarmamiento. El léxico (casi médico) sugiere un cuerpo enfermo al borde de la descomposición, abyecto, que ya no es sal-vable; irónicamente, el sujeto pide un tratamiento para convalecer al mismo 'ustedes' que lo ha ido 'desarmando poquito a poco'. Si el cuerpo de Sirena se caracteriza como «ave fotoconductora de electrodos insolentes» (*SSVP*[88] 7), el 'yo' en este poema presenta el suyo como un cadáver cuya sangre se ha ido «a cuentas bancarias de dígitos etéreos» (B 80). En ambos casos, sin embargo, se avanza la idea de la conversión en un cuerpo automatizado de 'electrodos' y 'cuentas bancarias', es decir la materialización pura del organismo: «hoy tendones para hacer cuerdas de raqueta / ayer tubos de falopio para shampú de pelo / mañana qué? Los lóbulos frontales?» (B 80). En otras palabras, el trauma del sujeto se hace visible en este cuerpo mutilado cuyas heridas, como las de Sirena, son permanentes: heridas que ya no llegan a cicatrizarse. Este cuerpo abyecto, violado, no tiene nada que perder, puesto que está vaciado como una caja de Ariel, imagen que sugiere la conversión del cuerpo en mercancía, en bien comercial.

En este poema, la permeabilidad del cuerpo abyecto se observa en un verso que indica la pulsión de la abyección como intento de rebeldía contra la

---

[88] Aquí se usarán, para mayor claridad, las siguientes siglas: *SSVP* = *Sirena Selena vestida de pena*; B = «Biopsia».

amenaza que presenta el otro: «no vaya a ser que me dé con *ocupar en rabia* / todos los rincones / donde usted me ha infiltrado» (B 80; énfasis nuestro); 'rincones' se refiere a los orificios corporales como puerta de acceso al 'otro' y sugiere la tendencia perversa del individuo de abyectarse ('ocupar en rabia') a sí mismo. Sugiere la posibilidad de desaparecer en el propio cuerpo, de 'digerirse a sí mismo', recordando así el acto canibalístico del protagonista de *Pompes funèbres* de Genet que quiere devorar a su amigo Jean (*cfr.* Bersani 1995: 158). El travesti de la novela de Santos-Febres se hace eco de esta 'rabia' del yo de «Biopsia»: ya que Sirena va «vestida por completo de su rabia y su dolor» (*SSVP* 173); por medio del travestismo el protagonista proyecta 'su rabia y su dolor' sobre su propio cuerpo.

IV

Los avatares del existencialismo en *Sol de medianoche* de Edgardo Rodríguez Juliá

> Le Soleil ni la mort se peuvent regarder fixement
>
> La Rochefoucauld. *Maximes*

> ESTRAGON: Peut-être que l'autre s'appelle Caïn. Caïn ! Caïn !
>
> Beckett, *En attendant Godot*

> Just now my world became perfect, midnight too is noon… night too is a sun.
>
> Nietzsche, *So spoke Zarathustra*

Edgardo Rodríguez Juliá es uno de los escritores puertorriqueños más reconocidos en su país, al lado de otros ya canonizados como Luis Rafael Sánchez y Rosario Ferré, que la crítica considera como importantes escritores latinoamericanos contemporáneos. Se le conoce ante todo a Juliá como autor de novelas históricas y crónicas. Sobre *Sol de medianoche*, novela publicada en 1999, curiosamente existen sólo dos estudios críticos (López Baralt 2000, Van Haesendonck 2003c), a pesar de que el crítico peruano Julio Ortega la calificó en una reseña como «una de las más importantes novelas latinoamericanas de este fin de siglo».[1]

---

[1] En 1995 la novela fue ganadora del Concurso Internacional de Novela 'Francisco Herrera Luque', y salió en una edición mínima en Venezuela. Tardó en publicarse en Puerto Rico, por los persistentes problemas editoriales de la isla: «Ironías del mercado prometido, los mejores productos no viajan bien» (Ortega 1998: s. p.).

Edgardo Rodríguez Juliá (nacido en Río Piedras, Puerto Rico, 1946) pertenece a la llamada generación de los setenta, década en que se hizo conocer como joven autor con su novela histórica corta *La renuncia del héroe Baltasar* (1974). A principios de los ochenta apareció una segunda novela, mucho más amplia esta vez, *La noche oscura del niño Avilés* (1984), con la cual ganó la atención del gran público y pareció consolidar su trayecto de autor de novelas históricas.[2] Sin embargo, a mediados de los ochenta, el autor cambió este género por otro: el de la crónica, de carácter más cotidiano que el primero y que, de acuerdo con Julio Ortega es «el género caribeño por excelencia» (Rodríguez Juliá 2002: vii). Estas crónicas, *Las tribulaciones de Jonás* (1981), *El entierro de Cortijo* (1983), *Una noche con Iris Chacón* (1985) y *El cruce de la Bahía de Guánica* (1989) constituyeron una manera creativa de problematizar la historia puertorriqueña contemporánea, cambio que influyó también sus novelas posteriores: *Cartagena* (1997), *Sol de medianoche* (1999) y *Mujer con sombrero panamá* (2004). Además de cronista, Rodríguez Juliá ha sido muy activo como ensayista y reseñador, resultando en los libros *Caribeños* (2002), *Mapa de una pasión literaria* (2003) y *Musarañas de domingo* (2004).

Como para cualquier análisis literario, también para *Sol de medianoche* son posibles varias lecturas. Aquí se proponen cuatro lecturas que sugieren cuatro pistas de análisis. Cabe advertir que las lecturas no constituyen cuatro interpretaciones separadas y unilaterales sino pistas que parten paralelas y que durante su trayecto llegan a entrecruzarse, para llegar al mismo punto final. Primero se explorará (1) el mundo existencialista de *Sol de medianoche* y su relación con *L'Etranger* (1942) de Albert Camus, para luego detenerse en (2) el personaje del detective de la novela, prestando también atención al problema genérico. En tercer lugar, se analiza (3) la ambigüedad entre personaje y narrador. Por último, se prestará atención a (4) la representación del trauma de la modernidad puertorriqueña en la novela, simbolizado por el fratricidio.

Sol de medianoche se centra en el personaje de Manolo, un detective privado que se dedica a investigar infidelidades matrimoniales en la marginada zona suburbana de Isla Verde, en la periferia de la capital, San Juan. Manolo es un *voyeur* y –como es a menudo el caso del detective– un «alcohólico aficionado»

---

[2] En los años noventa aparecieron dos libros sobre la obra de Edgardo Rodríguez Juliá: el volumen de ensayos *Las tribulaciones de Juliá* (1992, editado por Juan Duchesne Winter) escritos por varios autores, y *La historia puertorriqueña de Rodríguez Juliá*, de Rubén González (1997). Una bibliografía incompleta (hasta 1992), sobre su obra se encuentra en el primero.

(10). Pretende ser también un escritor, en proceso de redactar su primera novela a fin de «engalanar» (12) su «biografía insignificante» (*Ídem.*). Ahora bien, su papel en los casos que investiga no es nada puro, ya que juega a dos bandas, lo que él llama «un doble carne [*sic!*]»[3] (35): por una parte pretende proteger a sus clientes-adúlteros (Carlos y Migdalia), por otra se deja pagar por los familiares de éstos (la madre de Migdalia) informándolos en secreto sobre sus actos adúlteros. El caso de Carlos/Migdalia, sin embargo, se le escapa de las manos, y a Carlos se lo encuentra asesinado en un hotel. Mientras que el caso investigado le importaba poco o nada, la sospecha de ser él mismo el asesino de su hermano gemelo Frank lo persigue. Se acuerda de haberse despertado con el arma del crimen en la mano, pero por una terrible borrachera se ha olvidado de todo lo que ocurrió durante «aquella noche intransitable» (49). En torno al asesinato de Frank hay una espesa cortina de humo que el detective es incapaz de despejar. Trata de recomponer lo ocurrido, pero sólo encuentra fragmentos de una infancia y adolescencia conflictivas, que le recuerdan su inferioridad con respecto a Frank, su falta de éxito con las mujeres, la debilidad de su padre y la dureza de su madre, a la cual llama «el alacrán» (28). Agonizando en su culpa, los únicos consuelos para Manolo son el alcohol, las confesiones esporádicas con su amiga Nadja, y algunas andanzas solitarias por la playa para ir en busca del recuerdo de Frank, la única manera de tranquilizar su «corazón acongojado» (90).

Este detective deprimido vive, además, en un sitio llamado «el hospitalillo» (18) que comparte con otros individuos, todos figuras marginadas, habitantes idóneos de una casa con tan estrambótico nombre (un hospitalillo es normalmente un centro de desintoxicación, con la diferencia de que en esta casa proliferan el alcohol y la droga). Los nombres de los habitantes de ese hospedaje (que Manolo compara con un manicomio) no son menos extraños: 'Tucson Arizona' y 'Carabine Commander', por ejemplo, son nombres que revelan el estado de locura en que se encuentran.[4] Ya desde la primera página, el narrador nos describe el hospitalillo: «Mi apartamento es tan pequeño que

---

[3] «Esta pareja que investigo, por ejemplo. Son lo que llamo 'un doble carne', es decir, espío para las dos partes, a la vez, un jodido espionaje doble, eso» (35).

[4] Cabe subrayar la heterogeneidad de los personajes que forman esta comunidad de habitantes marginados del 'hospitalillo'. Entre ellos se encuentran 'gringos varados' (Bill, Richard), un inmigrante iraní (Hashemi), una 'neorican' (Aurora, su «fancy lady», que según el narrador sería la ex novia del cantante estadounidense Pat Boone), y otros personajes, puertorriqueños, pero con nombres sumamente estrambóticos (Tucson Arizona, Carabine Commander). El dueño del edificio, Pedrín, funciona como una especie de padre/padrino del hospedaje.

a veces me siento como una carta olvidada en un apartado. Pero no importa. Necesito poco espacio» (9). La calle Génova, donde se sitúa el hospitalillo, parece un «basurero» (19). No es de extrañar, pues, que Manolo sienta un profundo malestar en el hospitalillo; en vez de convalecer y mejorar, sólo parece empeorar su sentimiento de encierro y abandono, y su permanente estado de depresión moral. Es significativo que aluda frecuentemente a la canción «Hotel California» de los *Eagles*, su 'canción favorita' cuya letra dice que «voices are calling from far away [and] wake you up in the middle of the night» (en la novela, los habitantes son «gente que a medianoche siempre está despierta», 9), así como «We are all just prisoners here of our own device», frase que refleja el estado de aislamiento y encierro de los personajes del hospitalillo.[5] La canción alude también a 1969, año de protestas contra la guerra del Vietnam, trauma puertorriqueño problematizado por la novela.[6]

1. El mundo existencialista

1.1 La contingencia y la absurdidad

La novela se abre con el recuerdo del nacimiento de Manolo, que describe como un evento poco feliz: «un vago mal humor flotaba en el aire cuando recibí la primera nalgada. Nací después de Frank. Ahora el mambo es: ¡[*sic*!][7] por qué y cómo la cagaste?» (9). Esta frase recuerda por supuesto el arranque de *Conversación en la catedral* (1969) de Mario Vargas Llosa, donde se lee «¿En qué momento te jodiste Zabalita, en qué momento se jodió el Perú?». Más tarde se lee en *Sol de medianoche* que los hermanos gemelos fueron «niños casi abortados —esto me lo aseguró el alacrán— y que muy pronto contrajimos asma. Me sentía de más en el mundo» (192).

El epígrafe de la novela («They shoot horses, don't they?») anuncia la temática existencialista de *Sol de medianoche*. *They Shoot Horses, Don't They?* (1935) es el título de la novela del escritor estadounidense Horace McCoy, conocido por sus novelas detectivescas *hard-boiled*. Los existencialistas franceses la consideran la primera novela existencialista norteamericana (inmortalizada en 1969 en la película homónima de Sidney Pollack). Tanto «Hotel California»

---

[5] *Cfr.* Torres Caballero (2000: 129).
[6] *Cfr.* Van Haesendonck (2001).
[7] Es frecuente el uso de una puntualización ambigua en *Sol de medianoche* (como aquí la mezcla de signos de exclamación y signos de interrogación en una misma frase), como si subrayara el carácter contradictorio de Manolo como personaje.

como *They Shoot Horses* presentan un panorama desolador de una sociedad en crisis. Los personajes de la novela de Rodríguez Juliá son, a su vez, seres humanos al borde de la desesperación, conflictivos, que quedan atrapados en su angustia existencial.[8]

Manolo percibe ese 'mal humor' que flota en el aire al nacer como el anuncio de que su vida será un gran «error» (159). Contemplándose en el espejo, afirma que nunca le ha gustado su cara, no sólo porque de joven le «salieron barros» (12) sino también porque su cara nunca habría madurado. Reflexiona: «Si Juan Pablo Sartre señaló que el otro es el infierno –lo cual concedo– debo añadir que mi castigo no empieza por el semblante ajeno sino por el propio» (109). La frase «L'enfer c'est les autres» proviene de la obra teatral *Huis clos* (1938) de Sartre, y confirma que Manolo, condenado a una soledad absoluta, tiene todas las características de un ser alienado de sí mismo y del mundo que le ha tocado vivir.[9] El espejo, como en muchas obras existencialistas –por ejemplo, en *La nausée* de Sartre–, es un detalle importante en la novela, ya que es el elemento que le revela la náusea al individuo. Cuando Roquentin en *La nausée* se mira en el espejo, reflexiona que las caras de los otros tienen sentido; la suya, no. No sólo Manolo siente esta náusea existencial, sino que la gente del hospitalillo es «gente de la náusea sartreana, y de la otra también» (23).[10] En esta casa, el abuso del alcohol y la droga, «males comunes en esta soleada comunidad playera» (44) conduce lógicamente a 'otra' sensación nauseabunda: la que provoca su propio cuerpo.[11]

---

[8] La novela de McCoy, publicada en 1935, habría influido en la composición de *L'Etranger* (1942) de Camus. Gloria, uno de los participantes de una competición de baile, expresa su deseo de liberarse de la miseria de la existencia por medio de la muerte; deseo que su compañero Roberto realizará para ella. Cabe recordar la escena de la película de Pollack en que Gig Young afirma: «There can only be onewinner, folks, but isn't that the American way?». *Cfr.* <http://www.insideout.co.uk/films/t/they_shoot_horses_dont_they.shtml>.

[9] En *Huis Clos*, cuyo título se refiere al encierro de los personajes, hay una lucha entre la conciencia de los personajes que no pueden salir del lugar donde quedan encerrados; entienden que a la vez son inseparables unos de otros, que son alternativamente víctimas y victimarios los unos para los otros; de ahí que la obra culmine en la frase: «l'enfer, c'est les autres». Este desgarrón existencial está presente en *Sol de medianoche*, donde la sociedad aparece como una yuxtaposición de individuos condenados a una soledad absoluta.

[10] Sartre recuerda en su prólogo a la primera edición de *La Nausée*: «quelque chose a pourri dans l'air, dans la lumière, dans les gestes des gens [...] la Nausée, c'est l'Existence qui se dévoile –et ça n'est pas beau à voir, l'Existence»; citado en Vannier (2001: 59).

[11] El protagonista sufre de una serie infinita de enfermedades: «Padezco de presión alta, colesterol alto, excesivo ácido úrico, espondilolistesis [*sic!*], esofaguitis, hígado graso, gastritis crónica, próstata hipertrofiada, piedras en los riñones, gota artrítica, hemorroides

1.2. La dialéctica fraternidad / alienación

Si la náusea no es exclusivamente de Manolo sino que se extiende a los otros habitantes del hospitalillo, tampoco lo es su alienación. Cuando Manolo afirma «aquí compartimos muchas cosas» (20), conviene pensar ante todo en la locura y alienación de esa extraña 'galería de monstruos' que constituyen los otros para él. Manolo se ve rodeado de seres «maniáticos» (65) y compara su casa con un «manicomio» (*Ídem*.). Es un microcosmos donde reinan la locura y la violencia. Un buen ejemplo son las peleas entre el ex veterano de guerra Jose [*sic*!], llamado por todos el *candyman* por distribuir la droga en el hospedaje, y el iraní Hashemi, anteriormente un luchador grecorromano y fugado del equipo olímpico iraní. Perdido en su locura, Hashemi, una figura gorda y esquizofrénica, cuya mente «anda disparada» (45), amenaza con frecuencia a Jose [*sic*!] con una granada, por unas supuestas fotos que el otro le habría robado. Estas pequeñas guerras forman parte de la vida cotidiana del hospedaje, donde «sólo hay cabida para el mal humor» (65). Otro ejemplo es la aparición del personaje con el curioso nombre 'Tucson Arizona', descrito como «Otro misterio del jodido barrio: sólo él sabe quién le puso ese nombre y por qué lo usa; pero el hombre no explica. [...] Me saluda refiriéndose a mí como 'distinguido'. Debe ser porque construyo las oraciones con sujeto y predicado, y no nací en La Perla, como él» (164). En suma, Manolo se siente extraño frente a los demás habitantes de esa *stultífera navis* que agrupa a unas criaturas mutuamente hostiles, y cuyo origen y rumbo se desconocen.

Ahora bien, si se siente por una parte extraño frente a los demás, por otra se reconoce en esa comunidad extraña. Habla de un *nosotros*, lo que permite decir que se identifica, al menos en parte, con estos 'hermanos alienados', que constituyen un espejo para él. Habla por ejemplo de «nuestra especialidad» (20), «nuestra gente» (*Ídem*.), «nuestro resentimiento» (65) y en varios momentos usa el verbo en primera persona del plural: «somos» (41), «conocemos» (67), «quedamos» (167), «compartimos» (20), etc. La identificación y diferenciación de Manolo con respecto a los demás personajes demuestra que la novela gira en torno a una dialéctica de alienación / fraternidad, ya que predomina la contradictoria sensación de que en el hospitalillo todos son extranjeros para sí mismos. Si se puede hablar de una 'comunidad', ésta es una de individuos alienados unos de otros.

---

y depresión consecuente» (189). Cabe señalar que 'espondilolistesis' no existe; el término correcto es 'espondilosis'. Manolo lo usa dos veces en su forma incorrecta; la primera vez ocurre cuando afirma que esta enfermedad fue la causa por la cual no pudo ir a Vietnam (14).

El tema existencialista de la imposibilidad de comunicación se vincula en *Sol de medianoche* con el tema de lo absurdo, ante todo en cuanto a la función referencial del lenguaje. El lenguaje parece perder su función referencial.[12] Los personajes parecen a veces reducirse a meras 'voces' sin identidad propia, como si se tratara de un teatro del absurdo.[13] En un caso particular el texto roza también el surrealismo, concretamente en el personaje de Nadja, la amiga de Manolo. «Excéntrica y generosa» (25) pero «desaliñada hasta la depresión» (26), parece inspirada en la 'surrealista' Nadja bretoniana: corpulenta, «con el pelo cochambroso y maloliente» (*Ídem.*), es también suicida y se siente 'humillada' por la existencia (54-55); es inconfundiblemente una parodia de la *âme errante* del maestro surrealista André Breton, que escribió una obra (*Nadja*, 1928) cuyo final provocador se hizo célebre («La beauté sera convulsive ou ne sera pas»). Cabe recordar que el surrealista francés trazó en esta obra el retrato de una mujer loca, cuyo nombre en ruso (*Nadežda*) significa 'esperanza'.[14] La Nadja de *Sol de medianoche* es también una mujer loca, y, siendo caricaturista de periódico ella misma parece una caricatura de sus propios personajes. Ha vivido demasiado desencanto y, como al detective, ya no le queda energía para pensar en utopías.[15] Breton, impotente ante los signos

---

[12] Por referencial se entiende que 'representa' la realidad objetiva, tal como ocurre en las novelas naturalistas, para tomar un ejemplo extremo.

[13] Un buen ejemplo de la absurdidad que impregna los diálogos es, sin duda, la «fiesta puertorra» (175) organizada por Manolo hacia el final de la novela (capítulo VII), y que culmina en el aparente intento de suicidio de Nadja. Durante dicha 'fiesta', el lenguaje pierde toda relevancia, como si fuera una mera yuxtaposición de voces desvinculadas de los personajes que han perdido su función de 'portavoces'. Más que de diálogos, se trata de una serie de monólogos engarzados que se estancan al nivel de la historia. A veces, como en este pasaje, la novela se acerca a un psicodrama surrealista, o a un auténtico teatro del absurdo *à la* Beckett. Todo movimiento se paraliza, no hay ningún avance significativo al nivel de la acción: el lenguaje de los personajes se bloquea hasta llegar a la parálisis. Algunos hechos estrambóticos confirman que la absurdidad es la ley en el mundo de Manolo. Cuando se descubre el cadáver de Carlos, el detective observa que entre «todos los hijos de puta que acuden cuando hay olor a sangre» (132), curiosamente también se encuentran allí los locos Carabine y Hashemi. Nada justifica su presencia en el lugar del crimen, por lo cual no pueden sino provocar la risa del lector. Es más: un personaje como Carabine a veces da la impresión de ser una mera acumulación de fragmentos de lenguaje, que definen al individuo como un conjunto incoherente.

[14] «Su ambición de siempre ha sido la de pintar, algún día luminoso o borrascoso, los temperamentos de la playa. El caballete comprado hace años permanece sin lienzo. Nadja pudo haber sido una mujer bella de no haber vivido tanto desencanto» (26).

[15] Estos dos personajes representan «una feminista de chancletas sicotudas y una mami chula de tacones altos y dorados, con alegre disposición de viernes por la tarde y un largo

precursores de alienación mental de Nadja, se vio obligado a renunciar a su relación con ella. Si para Manolo su «diosa madre tierra» (27), es en efecto una chispa de esperanza, como Breton no quiere ni puede compartir el amor de su amante, preocupado por su propia identidad. Angustiado por su propia alienación, renuncia a una relación con la caricaturista, como también se ve incapaz de entablar una relación con Aurora. No es casual que el padre de esta Nadja, haciéndose eco del maestro, haya sido «un alegre y vital comunista con un gusto provinciano por el surrealismo» (25).[16]

1.3. Sol de medianoche y L'Etranger

Una dialéctica similar (alienación / fraternidad) se observa en la novela corta L'Etranger (1942) de Albert Camus. Cabe destacar el parangón que se puede establecer entre Sol de medianoche y L'Etranger. Ambas obras ponen en escena un asesinato en una playa cerca de la capital (Argel / San Juan); Meursault, el protagonista de L'Etranger, es un pied-noir que mata a un árabe. Cuando tiene que comparecer ante el tribunal (representación de las normas sociales), se le condena a muerte, no por el crimen mismo sino por la indiferencia en el momento de enterrar a su madre. Como Meursault, Manolo es un personaje indiferente a las normas sociales, errante e introvertido, un hombre al borde de sí mismo. Ahora bien, Meursault no siente ninguna náusea o culpa por el acto cometido; Manolo, al contrario, no se muestra tan 'equilibrado' sino que está continuamente perseguido por la idea del posible fratricidio, que se transforma en una obsesión. Sea como fuere, queda claro que ni Manolo ni Meursault tenían otras opciones que actuar tal como hicieron; parece que un factor externo a ellos mismos los empuja a cometer un crimen. En Sol de medianoche, al factor externo, físico, se le suma un factor interno, mental: la esquizofrenia del personaje (cfr. infra). Meursault no siente ningún remordimiento sino que afirma que siempre ha tenido razón en actuar tal como lo hizo y hasta siente un intenso momento de felicidad justo antes de su ejecución:

---

historial de polvos fantaseados. Nadja está en brote de nervios, últimamente se muestra irresoluta entre las virtudes de estas dos mujeres ficticias; su tirilla cómica está pasando por una crisis de valores feministas, aunque siempre he pensado que Nadja se inclina más al aprecio de la musarañera y sensual Tata» (25).

[16] La amiga de Manolo muestra también una correspondencia con Anny de La Nausée; habiendo perdido las ilusiones, Roquentin busca a Anny, su última esperanza, pero renuncia a una relación con ella cuando se da cuenta de que Anny se ha vuelto repugnante (como Nadja es una corpulenta «Venus rupestre», 25).

[...] je me suis senti prêt a tout revivre. Comme si cette grande colère m'avait purgé du mal, vidé d'espoir, devant cette nuit chargée de signes et d'étoiles, je m'ouvrais pour la premiere fois a la tendre indifference du monde. [...] j'ai senti que j'avais été heureux, et que je l'étais encore (Camus 1957:186).

Manolo, a diferencia de Meursault, siente remordimiento, una «rabia impostergable» (9) por el posible fratricidio, y hasta agoniza en su culpa. Sin embargo, como Meursault se va liberando aparentemente de su sentimiento de culpabilidad hacia el final de la novela:

> Voy encontrando, de hecho, algún sosiego; hasta es posible que esté en el umbral de la felicidad. [...] No he sido culpable de nada. Las cosas han ocurrido así porque hay cierta necesidad ahí, ajena a mí, que sigue mirándome como una vez me miró el Minotauro (190).

Inmediatamente el narrador añade que en realidad va siendo nada más que «un simulacro de hombre libre» (*Ibíd.*). La libertad de escoger –la autodeterminación– fue uno de los puntos principales en la agenda existencialista. Si Sartre sostenía que el hombre está condenado a ser libre, esta condenación es una ilusión de la cual Manolo queda privado: insiste en el fracaso que ha sido su vida, en todos los sentidos, a causa de la ausencia total de libertad; en cuanto a las decisiones que ha tomado en su vida, parece que no ha sido del todo libre de elegir su destino, sino que la libertad fue desde el principio una ilusión: «Ésta es la peor parte [de mi vida], porque sin duda es el resultado del fracaso, de esas decisiones que ahora no veo tan lejos del destino, pero donde, por algún tiempo, viví la ilusión de la libertad» (9). Manolo nunca ha tenido la posibilidad de determinar su trayectoria y sus propios valores.

En cuanto al factor externo que hubiera empujado a Meursault y a Manolo al acto criminal, destaca la presencia del *Sol* en ambas novelas. Mientras que en *L'Etranger*, novela que Barthes (1970b: 60) describió como un *roman solaire*, el Sol (como el mar) está presente en el nombre del protagonista ('Meur' –'mer'/mar– 'sault' –'soleil'/sol–), en *Sol de medianoche*, la importancia del astro se anuncia ya desde el título, al mismo tiempo que instala una ambigüedad: ¿qué es ese 'Sol de medianoche'?, ¿se refiere al Sol o a la Luna o, como metáfora ambigua, a ambos? Aunque en *Sol de medianoche* (al contrario que en la novela de Camus) no se narra el acto mismo del asesinato –lo cual desde luego refuerza la duda acerca de las circunstancias en las cuales ocurrió–, el narrador recuerda que Frank fue «víctima de aquella noche intransitable, la de los tres disparos, la de *mi* sol de medianoche» (49; énfasis nuestro). El que Manolo hable de *su* Sol de medianoche apoya la suposición de que haya asesinado a Frank bajo la influencia del Sol o de la Luna, sin control de sí mismo. Es un claro indicio de que la luna habría tenido un efecto fundamental en Manolo al cometer el crimen, y que, como Meursault, él también tiene una relación ambigua con los elementos naturales. Manolo identifica el 'Sol de medianoche' explícitamente con la Luna llena, cuando lo relaciona con el lado oscuro de su personalidad: «Viajando por esos espacios nocturnos que nos sorprenden con la certidumbre de que en verdad no nos conocemos, que hay un lado de nosotros que siempre permanece oculto –como cuando contemplamos *la luna llena, ese perturbador sol de medianoche*–, [...]» (77; énfasis nuestro).[17] Sin embargo, la identificación del sol de medianoche con la luna (y no con el sol), al cual Manolo llama 'mi sol de medianoche', se ve contradicho en otro pasaje en que se dirige a sí mismo, en segunda persona, en una de sus alucinaciones:

> Ahí estás. Y no lo puedes creer. Sobre todo, porque es un sol abrasante que no te obliga a desviar la mirada.[18] Míralo sin el más leve asomo de incomodidad, hazlo tuyo, no te lo saltes [...] Abrázalo, no te resistas a él, a esa gran visión de fuego que ocupa [...] toda tu conciencia dolida. Porque ese sol no abraza [sic!] sino que ahora es frío, no está allá fuera sino dentro de tu cráneo, ahí persiste sin asomo de volutas chispeantes y saltarinas, que restallarían contra esa perfecta oscuridad del cielo (106; énfasis nuestro).

De este fragmento se desprende toda la ambigüedad del astro en la novela de Rodríguez Juliá. Refiere a las dos caras de Manolo, que como personaje esquizofrénico vive una personalidad polarizada entre una cara 'oscura' y otra 'lúcida'. Estos polos se encuentran 'dentro de su cráneo', es decir, en el mundo interior del protagonista. En otras palabras, el sol que aparece en *Sol de medianoche* es también un sol mental, contrario al sol puramente físico de *L'Etranger*. Así como le causa quemaduras a Meursault,[19] el Sol tiene una fuerza

---

[17] Otro ejemplo: durante una conversación nocturna con Frank, Manolo le había aconsejado a su hermano que quería suicidarse, que lo hiciera «de noche, con marea alta y luna llena» (102).

[18] Cabe recordar aquí la estrambótica imagen del sol que Bataille (1970a: 231) evocó en «soleil pourri». El filósofo describe un Sol muy parecido al de *Sol de medianoche* que 'no te obliga a desviar la mirada': «si, en dépit de tout, on [...] fixe [le soleil] assez obstinément, cela suppose une certaine folie et la notion change de sens parce que, dans la lumière, ce n'est plus la production qui apparaît, mais le déchet, c'est-à-dire la combustion».

[19] Cabe recordar este pasaje: «La brûlure du soleil gagnait mes joues et j'ai senti des gouttes de sueur s'amasser dans mes sourcils. C'était le même soleil que le jour où j'avais enterré maman et, comme alors, le front surtout me faisait mal et toutes ses veines battaient

abrasante sobre Manolo, pero en vez de quemarle las sienes o los párpados, se encuentra dentro de él, y quema toda su 'conciencia dolida'. La negación que sigue a la afirmación, la transformación del 'sol abrasante' en sol 'frío', que 'no abraza [*sic!*]', instala una contradicción simbólica que va acompañada de una dialéctica espacial dentro-fuera, reforzada por la oposición 'abrasar' ('quemar') vs 'abrazar' ('ceñir con los brazos'). La imagen del Sol frío evoca lógicamente la Luna, pero esta idea ya fue rechazada (en la página anterior) por el mismo narrador: «Pensarás en la luna; pero sabrás que no fue ella, el alacrán, porque la luna no quema así; la luna quema con su sabiduría, y no con esa iluminación que te calcinaría los párpados» (105). Cabe señalar, por último, que en *L'Etranger* el sol es un símbolo masculino que evoca un mundo paterno (*cfr.* Gassin 1981: 24), mientras que en *Sol de medianoche* evoca el símbolo femenino de la Luna, que el narrador relaciona con el 'alacrán' (el escorpión i.e. otro símbolo femenino), es decir con el espacio de la madre. Rodríguez Juliá confirma esta visión cuando describe el 'Sol de medianoche' como un 'Sol contradictorio':

> Se trata de personas que buscan un poco de luz en medio de las tinieblas en que viven; sin embargo, al caer en relaciones fallidas poco a poco vuelven a su soledad primera, por eso es un sol de medianoche, porque es un sol contradictorio, imposible, que no alumbra, es un sol frío, esa es la metáfora («Incursiona Rodríguez Juliá...», Rodríguez Juliá 1999).

Queda claro que el Sol aparece aquí como un elemento sumamente contradictorio: Manolo se identifica con ese 'Sol de medianoche', ya que tiene un lado oscuro que explica su comportamiento paradójico (no sólo como detective sino en todo lo que hace). La ambigüedad del título de la novela de Juliá –¿qué simboliza el 'Sol de medianoche'?– refiere al carácter contradictorio de Manolo como personaje y signo. Como en la novela de Camus, el título de la novela de Juliá abre un enigma que se vincula con el misterioso fratricidio.[20] Ahora bien,

---

ensemble sous la peau. A cause de cette brûlure que je ne pouvais plus supporter, j'ai fait un mouvement en avant. Je savais que c'était stupide, que je ne me débarrasserais pas du soleil en me déplaçant d'un pas. Mais j'ai fait un pas, un seul pas en avant. Et cette fois, sans se soulever, l'Arabe a tiré son couteau qu'il m'a présenté dans le soleil» (Camus 1957:94).

[20] A este respecto, *Sol de medianoche* coincide con la indeterminación del título que dio Camus a su obra. Camus insistió en la pluralidad de interpretaciones posibles en cuanto al crimen de su novela. ¿Quién es ese *étranger*? Camus apuntaba en sus *Carnets*: «la société a besoin des gens qui pleurent à l'enterrement de leur mère; ou bien on n'est jamais condamné pour le crime qu'on croit. D'ailleurs je vois encore dix autres conclusions possibles» (*Apud* Chaulet-Achour 1998: 41).

esta explicación del simbolismo y su efecto en el personaje no hace desaparecer el aura de absurdidad que flota sobre el fratricidio cometido por Manolo. Es tentador, por tanto, interpretarlo como un acto absurdo que traduce el sinsentido de la vida humana, tal como hizo la crítica con la obra de Camus.

La situación de Manolo puede leerse a la luz de la visión camusiana de la libertad. Para definir esta visión, conviene oponerla a la sartreana, a partir de lo que cada uno de los dos escritores entendía por lo absurdo. Tanto Camus como Sartre veían al hombre como un ser inmerso en una mar de lo absurdo.[21] Para Sartre, la contingencia universal corresponde con el encuentro del ser humano con lo absurdo. Sartre decía que el individuo es libre de elegir su propio destino, idea optimista que defiende en *L'Existentialisme est un humanisme* (1946). El ser humano es para él «un choix libre» (Sartre 1946: 80), y está incluso «condamné à être libre. Condamné, parce qu'il ne s'est pas créé lui-même, et par ailleurs cependant libre, parce qu'une fois jeté dans le monde, il est responsable de tout ce qu'il fait» (*Ibíd.*: 37). Para Camus, en cambio, no es el mundo mismo lo que es absurdo, sino el sentimiento que resulta en el ser humano de la confrontación desesperada entre la interrogación de sí mismo y el silencio absoluto del universo. En *Sol de medianoche*, estas dos visiones de lo absurdo confluyen: por una parte, el caso de Manolo problematiza la contingencia universal del hombre, y, por otra, trata de su condición absurda resultante de su relación directa con la realidad en que vive.

Si Meursault llega a ser 'consciente' de su condición absurda, su libertad reside precisamente en la lucidez con la cual llega a conocer su condición. Camus decía que el hombre vive una ilusión de libertad hasta que conoce *lúcidamente* su condición, sin esperanza ninguna para un futuro mejor. En *Le mythe de Sisyphe* (1942), ensayo publicado a pocos meses de la aparición de *L'Etranger*, se lee: «Le retour à la conscience, l'évasion hors du sommeil quotidien figurent les premières démarches de la liberté absurde» (1942: 83). En *Sol de medianoche*, Manolo es incapaz de tal regreso a la conciencia. Si la libertad no existe para él, es porque es un ser doblemente condenado, no sólo

---

[21] Lo que Sartre llama 'absurdo' es diferente de lo que Camus entiende por ello, y esta diferencia ha sido aclarada por el mismo Sartre: «La philosophie de Camus est une philosophie de l'absurde, et l'absurde naît pour lui du rapport de l'homme et du monde, des exigences raisonnables de l'homme et de l'irrationalité du monde. Les thèmes qu'il en tire sont ceux du pessimiste classique. Il n'y a pas pour moi d'absurde au sens de scandale et de déception au sens où l'entend Camus. Ce que j'appelle absurde est une chose très différente: c'est la contingence universelle de l'être, qui est, mais qui n'est pas le fondement de son être; c'est ce qu'il y a dans l'être de donné d'injustifiable, de toujours premier». Entrevista con Sartre en *Nouvelles littéraires* del 15 de noviembre de 1945. *Apud.* Vannier (2001: 149).

porque no se ha creado a sí mismo (*cfr.* la idea de la contingencia) sino también porque la responsabilidad es un valor utópico en su mundo.[22] Además, por sus actos sospechosos es lo contrario de un personaje lúcido y responsable, puesto que su «conciencia dolida» (106) le impide distinguir entre el bien y el mal, tal como lo hace, por ejemplo, el detective clásico (*cfr. infra*). La carga de lo absurdo que cobran los diálogos y los nombres de los personajes no significa que se trate simplemente de juegos gratuitos. Los absurdos nombres de los personajes son reveladores en este respecto. Siendo generalmente un elemento esencial del personaje, por revelar su origen, nombres como Tucson Arizona y Carabine Commander subrayan su locura. Manolo, por su parte, no es más afortunado al ser un 'Pérez cualquiera', tal como Meursault es un 'Monsieur tout le monde'.

1.4. Lo abyecto como condición existencial

El espacio perturbador en que se mueven los personajes de *Sol de medianoche* se puede definir como 'abyecto'. La abyección, tal como la describe Kristeva en su *Pouvoirs de l'horreur* (1980), es un deseo de separación del cuerpo materno, de hacerse autónomo, al mismo tiempo que es la incapacidad de separarse de una sustancia materna (*cfr.* capítulo II). Lo 'abyecto' es algo

---

[22] Bertens/D'haen (1988: 143) avanzan la interesante tesis de que, al contrario del personaje existencialista, el personaje postmoderno no puede escoger con toda libertad su identidad. Lo que interesa aquí es que, para estos críticos, el 'personaje existencialista' –sea éste camusiano, sartreano u otro– es de por sí un personaje libre; en otras palabras, no diferencian entre distintos conceptos de libertad (como el de Camus *versus* el de Sartre). No se puede pasar por alto que el existencialismo, que se diversifica en distintos campos (filosófico, artístico, literario, etc.) no es en absoluto una corriente homogénea, sino que las visiones de sus pensadores, escritores, artistas, etc. son a menudo completamente opuestas. Piénsese, por lo que atañe al campo filosófico, en el existencialismo cristiano de Kierkegaard, en el existencialismo feminista de De Beauvoir o en el existencialismo ateísta del propio Sartre, para mencionar sólo algunas de las ramas principales de esta corriente polifacética. Curiosamente, la tesis de Bertens/D'haen según la cual el personaje existencialista es un personaje absolutamente libre resulta de un análisis de *L'Etranger*, donde aplican erróneamente la idea de la libertad sartreana a Meursault. En realidad, tanto Manolo como Meursault sufren una falta total de libertad. Es solamente en la segunda parte de la novela de Camus donde Meursault manifiesta cierta libertad: aunque en la primera parte es un personaje vacío, en la segunda se recicla como individuo y manifiesta su libertad de elección y equilibrio ante el tribunal. Manolo, en cambio, nunca llega a 'liberarse' ya que la libertad para él es inexistente; de ahí que afirme que sólo vivió una 'ilusión de libertad'. La posibilidad de opción no existe para Manolo, que reacciona pasivamente a sus impulsos físicos.

que a la vez atrae y fascina, repugna y expulsa, y mantiene al sujeto –a pesar de su disgusto– en una posición ambigua, perversa, en que nunca llega a ser plenamente sujeto: el 'yo' sigue siendo objeto de un proceso reflexivo.[23] El concepto de lo abyecto está estrechamente vinculado con la náusea existencial, pero también con lo que se ha definido como la condición contingente de Manolo. La contingencia del individuo es, de hecho, un proceso de abyección, ya que hace que el individuo se sienta un ser errante.[24] Como Roquentin, Manolo tiene la impresión de que, más que el mal humor que flota en el aire cuando nace, hay algo podrido en el mundo que le ha tocado vivir, un mundo apocalíptico que se describe como un «basurero humano» (19).

El sujeto abyecto es también un individuo que vive a medias, y en este sentido se acerca a Jose [*sic*!], uno de los habitantes cuyo rostro se caracteriza por «algo a medio hacerse [...] como el de alguien que no maduró del todo» (23). Manolo se encuentra entre los dos polos (sujeto y objeto) que caracterizan a la abyección: él mismo es un individuo 'abyecto'. De ahí también la ambigüedad y la perversión en su comportamiento como 'detective': es incapaz de distanciarse de la vida de sus clientes, y su único interés, su único goce consiste en pervertirlos (ellos mismos ya en cierto modo pervertidos en su entrega al adulterio). Si lo abyecto es ante todo frontera, lo que no respeta los bordes por encontrarse en el borde mismo, el protagonista, errando en la playa de Isla Verde, encarna esta frontera de lo abyecto. El fratricidio mismo se puede interpretar como un acto relacionado con la náusea y lo abyecto, o, para ser más preciso, un intento de terminar con la condición abyecta: Manolo busca separarse de Frank, anunciando la violencia que supone tal acto («reconocí [...] lo terrible que sería sabernos separados», 101). En efecto, la dependencia de Frank, su complejo de inferioridad hacia él, se explicaría como la sensación de que su hermano gemelo, como 'otro', habría venido ocupando el lugar de lo que será 'yo'.[25] Ahora se entiende también el rito de nadar de Manolo que constituye una experiencia purificadora, como lo es el baño para el Dr. Rieux y Tarrou en *La Peste* (1947) de Camus. Más que una simple afición, nadar significa para Manolo un intento de regreso *ad uterum*. Cuando el narrador emprende el nado hacia el «islote de Isla Negra» (159), siente «el agua viscosa»

---

[23] «[...] je *m*'expulse, je *me* crache, je *m*'abyecte dans le même mouvement par lequel 'je' prétends me poser [...] Dans ce trajet ou 'je' deviens, j'accouche de moi dans la violence du sanglot, du vomi» (Kristeva 1980: 11)

[24] «Celui par lequel l'abject existe est donc un *jeté* qui (se) place, (se) *sépare*, (se) situe et donc *erre*, au lieu de se reconnaître, de désirer, d'appartenir ou de refuser» (*Ibíd.*: 15).

[25] «Je n'éprouve de l'abjection que si un Autre s'est planté en lieu et place de ce qui sera 'moi'» (Kristeva 1980: 18).

(159), tal como Roquentin de *La nausée* percibe la viscosidad de lo vivido: «[el agua] sigue pesada, lame contra el cuerpo con esa intención que brota del silencio que te rodea. El chapaleteo del agua contra mi cuerpo es como el de un fantasma que nada al lado mío, justo ahí donde apenas se alza la cresta» (*Ídem.*). El fantasma que nada a su lado evoca la difícil cohabitación en el útero materno, en el cual Manolo 'competía' con su hermano gemelo para llegar primero al mundo (su mayor frustración es que nació «después de Frank», 9), antes de competir a su lado para llegar primero al islote («Frank fue siempre el primero en llegar, el último en volcarse», 160) y antes de que Frank se convirtiera en el fantasma de Caín.[26]

De hecho, ya al principio de la novela se evoca lo abyecto por medio de dos imágenes: el nacimiento de Manolo (que es la experiencia prototípica de la abyección) y la herida. Pero la abyección se observa también –y de manera evidente– en las referencias frecuentísimas a lo soez, la suciedad y lo escatológico. El que se haga constantemente referencia a las expulsiones corporales no es casual: el protagonista destaca por la recurrencia de sus vómitos, imagen por excelencia de lo abyecto, así como su «acné invisible» (109) como «marca de cierto bochorno que me ha acompañado toda la vida» (*Ídem.*). Describe su cuerpo como un cuerpo repulsivo, y percibe una fuerte náusea cuando se contempla en el espejo: «No me gusta mi cara. Y esta aseveración, tan sentenciosa e inapelable, nada tiene que ver con mi semblante en el espejo del baño, durante esas mañanas de resaca que me recuerdan el hecho de haber nacido un lunes. Es que apenas ha madurado con los años» (109). Para Manolo, el infierno no sólo es el 'otro' (como en *Huis clos*) sino que comienza consigo mismo: «huelo mal. Estoy abombado de sudor etílico, con fumón secundario a fondillo de taxista» (34).

Para ilustrar esta idea, cabe volver una vez más a Roquentin, ya que éste se caracteriza por su carácter 'híbrido', como es el caso con todos los personajes sartreanos, que son «intellectuels-comédiens-traîtres-bâtards» (Kristeva 1997: 354). Como en *La nausée*, los personajes de *Sol de medianoche* son portavoces, no de una idea, sino de una *situación*, que es el verdadero sujeto de la novela: exploran una ambigüedad, una frontera entre ser y no-ser, a partir de un personaje deprimido y melancólico. Manolo, sumergido en la náusea, traiciona la

---

[26] Desde el mar –que traza el margen de la playa donde yerra– Manolo observa la ciudad, «a resguardo de esa rabia que anida mi corazón, de tanto resentimiento sin consuelo posible, porque me siento jodido, porque sí que me ha tocado esta puñetera sensación, la de quizás encontrarme al final, muy al final, de ese error enorme que ha sido mi vida» (160).

sociedad, alienándose de ella. La impureza de los personajes evoca el espacio materno y la relación arcaica con este espacio, donde las fronteras son inexistentes o inestables. El espacio 'viscoso' de *Sol de medianoche* no es, pues, sino el espacio impuro, híbrido de la madre, ahí donde todas las oposiciones (yo/otro, dentro/fuera, consciente/inconsciente) se vuelven permeables. Puede decirse que el 'Sol de medianoche' simboliza también la ambigüedad de un cuerpo que intenta separarse de otro para ser independiente, sin llegar a serlo nunca por completo.

El mundo contradictorio de *Sol de medianoche* es también el espacio de la depresión y la melancolía, que recuerda el título que Kristeva dio a otro estudio: *Soleil Noir. Dépression et mélancolie* (1987). El sujeto melancólico, sostiene, es incapaz del matricidio (*cfr.* la imposibilidad de la separación en la abyección), se encuentra en un estado permanente de luto, «un deuil inaccompli de l'objet maternel» (*Ibíd.*: 72). El sujeto de *Sol de medianoche* es un melancólico, deprimido, *incapaz de negociar la abyección* con la madre que ha interiorizado.[27] La depresión es la inversión de la pulsión matricida: la introyección del objeto materno significa la condenación a muerte del 'yo'. En la novela, Manolo define su melancolía como estar «atribulado» (87), palabra prestada de Carabine, que refiere a un «estado de ánimo en que la desesperación y el coraje germinan en una tristeza formidable [...] toda la metafísica del Carabine se concreta en este otro nombre para la melancolía» (87). La imagen kristeviana del Sol negro proviene de dos versos del poema «El Desdichado» de Gérard de Nerval, donde el 'yo' –que se presenta como 'el tenebroso' dice: «Ma seule *étoile* est morte, -et mon luth constellé / Porte le *Soleil noir* de la *Mélancolie*» (*Apud* Kristeva 1987: 153; énfasis en el original); el melancólico es un narcisista deprimido.[28]

---

[27] La incorporación de la madre resulta en una melancolía propia de todo extranjero y, por extensión, del alienado, el que habita un espacio extraño. «Amoureux mélancolique d'un espace perdu, il [l'étranger] ne se console pas, en fait, d'avoir abandonné un temps. [...] Et même celui qui, en apparence, fuit le poison visqueux de la dépression, ne s'en prive pas au fond de son lit, aux moments glauques entre veille et sommeil [...] l'étranger est un rêveur qui fait l'amour avec l'absence, un déprimé exquis. Heureux?» (Kristeva 1988: 20-21).

[28] Es interesante señalar que Kristeva (1987: 162) sitúa al melancólico «au seuil de l'invisible et du visible», tal como Lacan habla del estadio del espejo como 'el umbral de lo visible' (Lacan 1966:91). Puede decirse que Manolo intenta nombrar la melancolía, y que este intento lo sitúa «au seuil d'une expérience cruciale: à la crête entre apparition et disparition, abolition et chant, non-sens et signes» (Kristeva 1987: 163); en suma, lo sitúa en aquella frontera entre lo Simbólico y lo Real que Kristeva en *Pouvoirs de l'horreur* llama lo abyecto.

Contrariamente a la estrella que parece ser 'al alcance' del travesti en *Sirena Selena*, Manolo, como este yo-desdichado, parece estar absorto en una *étoile morte*.[29] Podría decirse que la alegoría del sol de medianoche se continúa al nivel cromático. Como el cielo «plein de rougeurs» (27) que Meursault contempla entre Marengo y el mar, la visión de un color rojo se impone cuando Manolo percibe el astro paradójico:

> Bien sabes que esa bola [de fuego] es un efecto de tu voluntad; ahí deberías hacerla temblar justo cuando el anaranjado se vuelve rojizo. La haces temblar. Ya no es un color estático, producto de la estulticia a que te somete la borrachera, sino que es un color que fluye por todos lados con esa pesada inquietud del mercurio (106).

El mar, primero 'anaranjado', luego 'rojizo', que asalta a Manolo hace pensar en el fuego infernal que Kristeva vislumbra en los versos del poeta francés, donde «Le rouge s'affirme comme métaphore de la révolte, du feu insurrectionnel. Il est caïnien, diabolique, infernal, alors que le vert est saint» (Kristeva 1987: 169). Hasta podría decirse que la oposición rojo / verde continúa al nivel topográfico, puesto que el detective reside en la zona de *Isla Verde*.[30] Aparte de la idea de que el propio Nerval habría sufrido conflictos psicóticos «qui pouvaient aller jusqu'au morcellement schizophrénique» (*Ibíd.*: 181), dándole acceso a los límites del lenguaje, la frecuente oposición

---

[29] Kristeva comenta sobre el poema que lo Imaginario toma en él la consistencia de una madre arcaica, que sin embargo permanece irrepresentable; en su proceso constante de luto, el deprimido trata de captar una imagen materna que siempre le escapa: «De cette absorption de l' 'étoile morte' dans le 'luth' résulte le 'soleil noir de la mélancolie'. Par-delà ses portées alchimiques déjà citées, la métaphore du 'soleil noir' résume bien la force aveuglante de l'humeur chagrine: un affect accablant et lucide impose l'inéluctable de la mort qui est la mort de l'aimée et de soi-même identifié avec la disparue (le poète est 'veuf' de l' 'étoile')» (Kristeva 1987: 163).

La madre amada interiorizada por el 'desdichado' contrasta a primera vista con la madre fálica del protagonista de *Sol de medianoche*, pero a un nivel más profundo se trata en ambos casos de un sujeto 'desheredado' no de un objeto definible sino de 'algo' (que Lacan llama la *Chose*, ver *infra*) que Kristeva indica vagamente –en términos parecidos a los que usa para describir lo abyecto– como «un territoire innommable, que l'on pourrait invoquer, étrangement, de l'étranger, d'un exil constitutif» (*Ibíd.*: 156-157). En efecto, ese 'algo', como lo abyecto, precede al objeto diferenciado.

[30] Isla Verde es una zona playera de San Juan. En una entrevista (Rodríguez Juliá 2000), el autor sitúa el hospitalillo que le sirvió de modelo (y en que realmente vivió durante un período indeterminado) en esta zona. En cambio, otro lugar mencionado por Manolo, Isla Negra, no resulta geográficamente situable en el mapa real de San Juan.

del rojo / verde en la obra del poeta sería indudablemente el reflejo de la depresión del 'desdichado' poeta.[31]

Un tercer color relevante, según Kristeva, es el negro (*cfr.* la imagen del *Soleil noir*). Cabe recordar que Manolo nada con frecuencia hacia un islote en un lugar llamado *Isla Negra* (¿situado dentro de Isla Verde?), el lugar enigmático donde habría ocultado el arma fratricida (160). Este islote simboliza el punto negro, abismal, inerte de su existencia cuyo borde metafórico es la playa. Al repetir el trayecto, nadando, hacia el islote, de repente siente «el abandono, estoy varado en este islote; es como si me hubieran tachado, como si no existiera» (160). Estar en el agua sería estar en la *Xora* materna, que protege al sujeto («el esfuerzo de haber nadado hasta el islote me trae algo eufórico», *Ídem.*). Como en *Sirena Selena*, la *Xora* sería el antídoto, el remedio provisional contra el eclipse total del sujeto existencialista, una *rebeldía mínima* contra el colapso del sujeto (que equivaldría con la pura psicosis). Nadando en este *mar-gen*, Manolo preserva por tanto una energía mínima, del mismo modo que Nerval se habría inventado un antídoto provisional contra la depresión, creando una polifonía indecisa «autour du 'point noir' ou du 'soleil noir' de la mélancolie» (Kristeva 1987: 181).[32]

1.5. ¿Real is mo(re) mágico? La esquizofrenia del personaje[33]

Como los demás personajes encerrados en el hospitalillo, Manolo es sólo uno de los 'pacientes' de una extraña comunidad de esquizofrénicos, que

---

[31] Si la fragmentación esquizofrénica le da al sujeto 'desdichado' de Nerval acceso a los límites del lenguaje, en *Sol de medianoche* el lenguaje tampoco provee un continuum narrativo: «L'enchaînement narratif qui, par-delà la certitude de la syntaxe, construit l'espace et le temps et dévoile la maîtrise d'un jugement existentiel sur le aléas et les conflits, est loin d'être le lieu favori de Nerval» (Kristeva 1987: 172). La oscilación entre lo que es simbolizable y lo que pierde sentido —en términos lacanianos la oscilación entre lo Simbólico y lo Real— se observa en la pérdida de todo sentido que marca muchos diálogos: es como si a cada rato el lenguaje como medio de expresión, aunque nunca desaparece, esté amenazado con aniquilar al sujeto mismo.

[32] Cabe recordar que en *L'Etranger*, Meursault evoca a su vez la melancolía, y como Manolo lo hace de modo explícito; al evocar los frecuentes paseos de su madre con el Sr. Pérez (un viejo amigo de ella) dice: «Je regardais la campagne autour de moi. A travers les lignes de cyprès qui menaient aux collines près du ciel, cette terre rousse et verte, ces maisons rares et bien dessinées, je comprenais maman. Le soir, dans ce pays, devait être comme une trêve mélancolique. Aujourd'hui, le soleil débordant qui faisait tressaillir le paysage le rendait inhumain et déprimant» (27).

[33] La disquisición teórica con respecto a la esquizofrenia en esta parte se basa en Vernon (1973) y Van den Bosch (1993).

recuerda a los personajes de los libros de Oliver Sacks, (como *Awakenings*, 1973), al lado de otros habitantes esquizofrénicos como Carabine y Hashemi. La esquizofrenia, que se define como una enfermedad mental que opera al interior, en la mente misma del individuo, no es un fenómeno aislado, sino que está relacionado con su condición abyecta. En efecto, en la esquizofrenia se manifiesta una distancia entre el ser humano y su mundo, entre sujeto y objeto. Manolo no sólo persigue como detective y *voyeur*, sino que es también –y ante todo– un perseguido: se siente observado, controlado, y hasta 'poseído'. En otras palabras, tiene la sensación de ser no sólo sujeto activo que mira sino también objeto pasivo de la mirada de un 'otro' (ese 'otro' no es necesariamente un objeto material o un individuo sino que puede ser abstracto); es el caso cuando Manolo afirma: «Conozco bien *a* los sueños. Los *observo como ellos me observan a mí*, con esa mezcla de curiosidad e indiferencia, esas dos señas de una *objetividad ausente*» (78; nuestro énfasis). Los sueños funcionan para Manolo como objetos animados (indicados por la preposición *a* ante el objeto directo 'sueños'), es decir que parecen cobrar vida, como los objetos que cobran vida en el mundo de Roquentin. Pero en realidad, Manolo no sueña, sino que vive una realidad fantasmagórica. Si percibe una 'objetividad ausente' en su mundo quimérico, en realidad experimenta un exceso de objetividad. La 'otredad' del mundo, su objetividad misma lo está persiguiendo y toma control de él. Por ejemplo, cuando recuerda el sueño con Roberto el Loco, un maestro del colegio San Pablo, percibe ciertas voces. El protagonista afirma que «el sueño reproducía aquella conversación; pero con esa oblicuidad absurda de lo onírico» (79). La sensación de ser 'poseído' corresponde al sentimiento que uno es objeto de 'otro' que lo observa y lo controla. Para protegerse de esa aparente amenaza que constituye el mundo que lo rodea, el esquizofrénico construye diferentes roles. Manolo confunde, en efecto, su papel de detective con el de sus propios clientes y de sus presuntuosos perseguidores. Durante una conversación con Carlos, de repente experimenta una fuerte angustia: «comencé a sentirme vigilado, perseguido [...] Alguien los seguía [a Carlos y Migdalia]; por lo tanto, a mí también» (82). Siente que se están tramando varias conspiraciones contra él. Esta sensación de ser perseguido toma frecuentemente la forma de verdaderas alucinaciones.

En una ocasión, refiere explícitamente a las alucinaciones que sufre: «Una noche aluciné, y vi cómo salían de esas paredes, criaderos de sabandijas, todas las cucarachas y ratones imaginables. Pero eso fue el año pasado, y ya hacía mucho tiempo que no las tenía, digo, las alucinaciones» (34). Síntoma típico de la esquizofrenia, lo que describe como 'tener alucinaciones' se refiere a las perturbaciones de percepción que ocurren sin conexión a una fuente apropiada.[34] Resultan del disfuncionamiento de las funciones perceptivas, que siguen su propio camino. Esto ocurre por ejemplo cuando Manolo discute con Carabine sobre qué ocurrió durante la trágica noche del asesinato de Frank. En sus 'conversaciones', las palabras del detective se van confundiendo con las de Carabine; mientras Carabine da una descripción minuciosa de las partes del cuerpo de Frank que fueron heridas por las tres balas fatales, Manolo de repente recuerda una conspiración contra él, tramada por una tal Evelyn.[35] La impresión final es que ambos personajes están alucinando. En suma, Manolo siente que le están «rateando» (82), lo cual se traduce en una profunda desconfianza hacia el otro. Es más: la esquizofrenia echa otra luz sobre el posible fratricidio de Manolo. Ya que el lector 'lee' los pensamientos como si se encontrara dentro de la mente misma del personaje, surge la posibilidad de que el fantasma del fratricidio no sea sino otra alucinación del protagonista: fuerzas diabólicas habrían conspirado contra él, dejando el revólver asesino colocado en su mano. Durante las conversaciones con Frank, se siente «poseído por el otro, el maléfico» (102), «entregado», y hasta percibe que su propia voz «volvió a sonarme extraña» y que «alguien [...] hablaba por mí» (103). En otras palabras, el fratricida sería sea la trágica consecuencia de un enfermo mental, sea el producto –no menos preocupante– de la imaginación misma de este personaje. No es nada improbable que Manolo haya visto de repente en Frank un peligro por el cual se sintiera amenazado y que, en consecuencia, lo exterminara.[36]

---

[34] La realidad prueba que Manolo ha vuelto a *tener* alucinaciones, es decir que *tiene* también esquizofrenia. De hecho, no se puede hablar de 'los esquizofrénicos', como si ser esquizofrénico fuera una identidad determinada e invariable de una persona. En realidad, no se trata de *ser* esquizofrénico, como rasgo inherente al ser humano, sino de algo que se puede *tener o no tener*: cabe recordar que es una enfermedad, o sea un proceso pasajero pero recurrente, que asalta al individuo. Es una característica importante de Manolo como personaje, ya que hace imposible captar su identidad en términos radicales: no se puede decir cómo *es*, es decir definirlo como personaje, sino que sólo se le puede *describir* como personaje. En otras palabras, la identidad de Manolo no se deja definir, ya que éste se define en su fuga misma. Resulta, por tanto, que *Sol de medianoche*, a través del tema de la esquizofrenia, insiste en que la existencia precede la esencia.

[35] «Quiso fabricarme un caso por tráfico de drogas. No pudo. Quiso asesinarme varias veces disparándole a la ventana de mi apartamiento. No pudo. Finalmente pudo matarme al asesinar a Frank, al confundirlo conmigo, o quizás no lo confundió, se confabuló con el Bohíque y simplemente pensó que matándolo a él me dañaría la cabeza para siempre: no se equivocó aquel ser diabólico. Mi culpa calzó para siempre la sombra de Frank» (74).

[36] De los muchos ejemplos posibles de personajes esquizofrénicos similares a los de *Sol de medianoche* podría darse el caso del profesor John F. Nash del libro *A Beautiful*

Cabe señalar, por último, que el protagonista destaca también por su inmovilidad, por su inercia como detective, lo que en términos sicoanalíticos se llama 'catatonia', por lo cual hay que entender su obsesión por «*conservar la inmovilidad neurasténica*» (33). No hay ningún progreso en la acción, como si el mundo en torno al esquizofrénico no se moviera.[37] La catatonia conlleva la renuncia a toda acción, dejando al individuo en un estado de incorporación, de consumo: el sujeto incorpora los fragmentos de su mundo, los objetos que le quedan en un mundo temporal, espacial, y físicamente fragmentado; un mundo inmóvil, donde los cambios son inexistentes. Como apunta Vernon (1973: 79-84), la esquizofrenia es también un tema que ha sido explorado por los existencialistas franceses, como por ejemplo por Sartre en *La nausée*. No es casual que autores como Sartre y Camus hayan procedido –mucho antes que el postmodernismo como corriente teórica– a una 'desconstrucción' del concepto de identidad, tomando la esquizofrenia como tema, ya que problematiza un estado de ser y no-ser del individuo (o, en términos sartreanos, de *être* y *néant*).

En suma, el extraño estado de «duermevela» (126) en que se encuentra atrapado Manolo es más que una vaga *twilight-zone* donde se borra la diferencia entre sueño y vigilia. La realidad se vuelve irreal, fantasmagórica, y lo imaginario se metamorfosea. En términos lacanianos, *l'imaginaire* y *le réel* están simultáneamente presentes, hasta tal punto que ambos espacios se vuelven fantasmagóricos: tanto lo real como lo imaginario se experimentan como irreales.

La doble personalidad del protagonista refleja también la doblez del universo de *Sol de medianoche*, que no sólo es un mundo absurdo y alienado, sino también una atmósfera afectada por la esquizofrenia.[38] Una pregunta que se impone a partir del análisis del mundo del protagonista (que funciona como

---

mind (1998) de Sylvia Nasar, que narra la vida del ganador del premio Nobel que sufre alucinaciones en que se siente víctima de una conspiración: los servicios secretos estadounidenses lo habrían convertido en herramienta estratégica para descodificar presuntos códigos secretos de los rusos, al empezar la guerra fría.

[37] En una de sus muchas referencias a la canción «Hotel California» de los Eagles, en que se evoca ese mundo de la inmovilidad, Manolo habla explícitamente de «una sesión de sentimentalismo catatónico con Hotel California de los Eagles» (162).

[38] Tampoco se trata aquí de una nueva especie de realismo mágico, sino todo lo contrario, de algo imaginario vivido como real. Según explica Ortega (1998) en su reseña sobre *Sol de medianoche*, la novela indicaría «el fin del realismo mágico en la narrativa hispanoamericana»: es un modelo que ya se ha agotado en América Latina después de haberse esparcido en el mercado literario internacional (p.e. las novelas de Rushdie). Esta interesante idea merece estudiarse detenidamente en un estudio separado.

ntagonista) es si es lícito seguir hablando o no de novela policíaca,
; el propio autor.[39]

2. La ruina de la memoria: el trauma puertorriqueño de la modernidad

2.1. La memoria del protagonista

Con frecuencia Manolo duda si las cosas realmente han ocurrido o si ha
soñado con ellas, o si simplemente no se acuerda de ellas porque estaba borracho cuando ocurrieron. ¿Se trata de olvido o recuerdo? ¿De casuales estados
de somnolencia, o, al contrario, de insomnio? Ese duermevela constante, el
encontrarse en la frontera misma entre vigilia y sueño, entre realidad y fantasía, forma parte del carácter liminal del personaje; pero afecta directamente la
memoria del protagonista. Este aspecto merece más atención, ya que el olvido
involuntario y el recuerdo brusco, incontrolado, de fragmentos del pasado se
refiere ante todo a los traumas vividos por el personaje.

La novela se abre con una primera experiencia traumática: el nacimiento de
Manolo, que él mismo describe como una «catástrofe» (9), y que luego será la
causa de su sentimiento de contingencia, de sentirse de más en el mundo (cfr.
1.1). Nacido bajo malos augurios, «un lunes del año 1941»[40], es un sujeto que
pronto acumularía los momentos negativos: primero en el colegio San Pablo,
un «típico espacio de la vieja colonia» (11) donde recibiría una educación
'ejemplar' de «católicos antiguos y norteamericanos de segunda generación»
(12), pero que, rápidamente, identificará como disfuncional: «A fuerza de una
pederastia a veces manifiesta, un sadismo consecuente y el alcohol remedia-
tivo –encontrar un hombre bueno entre aquellos hermanos en Cristo era más
difícil que concebir la cojera y el pelo rufo en tan gran embaucador como lo
fue San Pablo» (12).[41] Desde el monte en que se situaba el San Pablo, la ciudad
simbolizaba 'la verdadera vida', inalcanzable para el aún inocente Manolo. Irónicamente, los años de sueños utópicos en «aquel maldito colegio» (11) fueron

---

[39] *Cfr.* entrevistas con el autor («Incursiona Rodríguez Juliá en novela policiaca»
Rodríguez Juliá 1999; Entrevista personal, Rodríguez Juliá 2003).

[40] El comienzo del proyecto de modernización coincide aproximadamente con el
nacimiento de Manolo en *Sol de medianoche*. Cabe señalar también que en esta época está
por aparecer *L'Étranger* (1942) de Camus.

[41] En el capítulo XI, sin embargo, cuenta cómo, al oír unos cantos gregorianos que su
vecina Nadja escucha al amanecer, se siente emocionado por «la inocencia de esos cantos
a los que la Nadja se ha vuelto adicta. Son mi infancia católica, ordenada, misericordiosa
en sus respuestas siempre disponibles» (145).

para él la oportunidad «de escapar la opresiva sombra de aquel matrimonio infeliz y obediente» (11). Esta 'opresiva sombra' es desde luego la sombra materna del 'alacrán', que Manolo tragó por aquellos años hasta llegar a ser endémica: «son muchas las suspicacias que el alacrán me dejó en la piel» (28). Como sostiene Kristeva (1980: 13): «Ce qu'il [l'abject] a avalé a la place de l'amour maternel est un vide, ou plutôt d'une haine maternelle sans parole pour la parole du père». El 'alacrán' es este vacío que lo persigue desde dentro.

Aunque no se sabe exactamente qué ocurrió entre madre e hijo, es evidente que fue una relación pésima. También está claro que ella se entendía bien con Frank: «El alacrán siempre prefirió a Frank» (108), ya a partir del nacimiento de los gemelos, puesto que «todo el calcio del alacrán fue para él y todo el veneno para mí» (28). La falta de ternura de la madre se nota en una escena traumática que irrumpe en su mente –escena que recuerda a Judith y Holofernes– en que el 'alacrán', conspirando con Frank, lo persigue con un machete:

> Recordé la mirada enloquecida de mi madre, reconocí sus intenciones criminales y me agarré la cabeza con los brazos; ése fue el orden de mi espanto. Aquel machete descendería sobre mí, sin duda. Acaté la voluntad de ellos con una pasividad pasmosa. Sólo lloraba. Me preparé para la ejecución. La realidad no es nada confiable. Oí la voz enardecida de mi madre, me gritaba 'Condenación de centella'; entonces empezaron a sonar, sobre mi cabeza los silbidos del machete. Hasta sentí una pequeñísima brisa que me acarició el cogote. Frank reía de lo lindo, hasta cagarse [...] Sin más empacho que mi horror, volvieron a reír, y a elogiar las cualidades del machete falco. Se alejaron. Repasé el horror hasta dejármelo muy grabado. Lo más que me afectó ver, en el fondo de la simulada locura de mi madre, aquella sonrisa malévola, la crueldad [...] Era una abundancia de dureza, allá en el fondo, muy al fondo, de la locura fingida. Frank rió todo el tiempo. Y es que Frank siempre se pareció a ella, pero sin el disimulo (148).

El horror 'muy grabado' de este recuerdo angustioso, el 'orden de espanto' que representa la sombra materna (y la falta de lo que Kristeva llama una 'luz simbólica', paterna)[42] parece haberle quitado al protagonista cualquier confianza en la realidad, que 'no es nada confiable'.[43] El recuerdo sólo es un síntoma que se remonta a un evento que no se puede localizar, pero que ha dejado huellas profundas en ese orden traumático, 'de espanto' de Manolo como individuo: «Mi miedo fundamental ya les resultaba notable. Era una invitación. Aunque

---

[42] *Cfr.* Kristeva (1980: 20).

[43] Esta desconfianza en la realidad se refleja en la narración por tratarse en *Sol de medianoche* de un narrador no-fiable.

lo peor que me hicieron, la gracia de aquel otro día, aun más aciago, *no lo recuerde*. Sé que está ahí, lo presiento. Pero no lo recuerdo. Se lo tragó el Minotauro» (149; énfasis nuestro). Como se desprende de la cita, 'lo peor que me hicieron' refiere al oscuro origen de un trauma innombrable, que Manolo no puede situar, es decir visualizar en su memoria.

Está de más recordar que el trauma principal que atormenta a Manolo es el fratricidio: «Desde que Frank murió el insomnio me acecha» (43). Su asesinato ocurrió durante una «noche intransitable» (49, 90), de la cual no se acuerda nada por una terrible borrachera: «Quien lo hizo me dejó el revólver asesino colocado en la mano derecha; fue la primera sorpresa de aquella cruel mañana en que sólo recordaba la noche intransitable junto a Frank y la borrachera más grande de mi vida» (49). Aunque el asesinato podría explicarse por motivos de envidia y venganza hacia Frank, nunca se llega a saber con certeza. No sólo aquella noche resulta curiosamente borrada de su memoria, sino que sufre de una «amnesia que me ha dañado la vida» (107). Es significativo, además, que el protagonista no sólo se ha olvidado de muchas cosas de su pasado sino que, la mayoría de las veces, no pueda acordarse de ellas. Como bien lo han visto Antze/Lambek, «If I am constituted by what I remember, what about *all that I do not remember but that I know*, because other sources including my common sense tell me, must have been mine? Or what about *that which I remember but would prefer to forget*?» (Antze/Lambek 1996: xvi; énfasis nuestro). El pasado y el rescate de eventos del pasado dentro de la memoria ocupa un lugar extraño en el individuo: a la vez que estabiliza su identidad, amenaza con fragmentarla. En el caso del detective sólo quedan fragmentos de una memoria en ruinas. En este sentido, se puede hablar de un trauma, distinto a la primera experiencia traumática (la conspiración Frank / madre, 148-149) detectada anteriormente. Es una confrontación con un evento que, por su incomprensibilidad, no se puede situar dentro de esquemas de conocimiento, pero que continuamente regresa. Corresponde a una experiencia que uno no recuerda pero que 'conoce'. O, al revés, que uno recuerda involuntariamente (irrumpe en la conciencia), pero que preferiría olvidar. La pesadilla de la conspiración de Frank con su madre (148-149) corresponde claramente al segundo tipo, porque las imágenes traumáticas son incontrolables, irrumpen en su conciencia. El trauma del fratricidio, en cambio, corresponde al primer tipo: Manolo intenta acceder a un evento traumático ('ir en busca del recuerdo de Frank'), pero sólo consigue 'ver' fragmentos que no puede localizar.[44]

---

[44] Podría decirse que la visión imposible, traumática del protagonista de *Sol de media-noche* define lo que Van Alphen (2002: 220) llama «a vision that does not see, as an image

2.2 El trauma de Vietnam

No es casual que, como lo había sido Frank, varios habitantes del hospitalillo sean veteranos de guerra: el extraño Carabine Commander y Jose [*sic*!], por ejemplo, lucharon en Vietnam y tuvieron la 'suerte' de regresar con graves disturbios mentales. Irónicamente, estos ex guerreros llaman al patio del hospitalillo el 'pabellón Vietnam' (el lugar donde supuestamente se encontró el cadáver de Frank), y que marca al hospedaje como lugar de la herida. En efecto, todos sufren alguna forma de 'locura' por las experiencias traumáticas vividas allí. Así, Frank regresó de Vietnam «convertido en un guerrero incapacitado para la vida. Me devolvieron camino a la muerte» (15).[45] Esta conversión en ruina mental llevará a Manolo a ayudar a su hermano, para intentar 'exorcizar' esa experiencia traumática.[46] Las cicatrices emocionales son visibles también en Carabine Commander, de quien «nadie sabe por qué demonios se hace llamar así» (67). Como muchos de los personajes del hospitalillo, su origen es más que oscuro: «nadie sabe cómo llegó aquí. Presentimos algún pasado remoto −posiblemente su genética− verdaderamente terrible. Sólo lo conocemos en este presente, tan terco e invariable, que es el desamparo y la locura» (*Ídem.*). Son evidentes en éste, más que en otros personajes, las consecuencias de Vietnam. A pesar de su pasado oscuro, Carabine parece ser el posesor de cierta verdad; encarna lo que dice Foucault (1972: 24) acerca de la locura, caracterizando a los locos como «détenteurs de la vérité» (visión opuesta a la que promulga la novela detectivesca clásica al interpretar al investigador como posesor de la

---

of a memory that cannot relate, a past vision whose present makes the present invisible».

[45] Aunque estaba a punto de ser mandado a Vietnam junto con su hermano, lo cual habría sido «la gran oportunidad para probarme ante Frank» (14), Manolo fue rechazado por una enfermedad de la espalda: «El alacrán no tuvo suficiente calcio para los dos, por lo visto» (14); por esta enfermedad lo mandaron, pues, «a inteligencia militar en el Fort Buchanan de San Juan, trabajo éste de oficinista y burócrata militar metido a delator político [...] en ese trabajo fue donde aprendí mi oficio, es decir, espiar a la gente, mirarlos a distancia, ser invisible» (15).

[46] En el capítulo VIII, se encuentra un largo diálogo que constituye «una siniestra y jodida rutina, un ceremonial lacerante y agotador» (93) entre Manolo y Frank en que el primero parece funcionar de sicoterapeuta para su hermano. Frank suele «discursear compulsivamente sobre la guerra de Vietnam, esa aventura central de su vida, su mejor y peor momento» (92). Se trata, por tanto, de un intento de 'enterrar' la experiencia traumática por medio de lo que LaCapra (1994: 173) llama *working-out*, que define como «compulsive 'acting-out' through a controlled, explicit, critically controlled process of repetition that significanly changes a life by making possible the selective retrieval and modified enactment of unactualized past possibilities».

verdad).[47] Por eso, aunque Carabine «narra sus embustes» (68), el detective privado le da mucha importancia con respecto a lo que dice del asesinato, y alimenta así sus propias dudas como posible fratricida: «me asegura que yo sí tuve que ver mucho con el asesinato de mi hermano Frank» (70).[48] Cuando se lee que «en realidad era a mí quien querían matar» (73), no está claro si se trata de una reflexión de Manolo posterior a la conversación con Carabine, o si se trata de las palabras de éste, narradas en estilo indirecto.

El trauma de Vietnam también se problematiza en la novela, de manera más oblicua, por medio de unos 'síntomas' discretamente presentes en el texto: las repetidas referencias a la figura histórica de Jaime Benítez, diseminadas a través del texto.[49] Como mano derecha de Luis Muñoz Marín («el padre de la modernidad puertorriqueña», en palabras de Rodríguez Juliá [Ortega 1991: 136]), Benítez fue el político –y antiguo rector de la Universidad de Puerto Rico– que puede considerarse como otra figura clave y controvertida, pero no criticada hasta hoy día.[50] Como político hábil y amigo personal del gobernador,

---

[47] «Si la folie entraîne chacun dans un aveuglement où il se perd, le fou, au contraire rappelle à chacun sa vérité» (Foucault 1972: 24).

[48] A pesar de su locura, Carabine es el posesor privilegiado de una memoria que ha sobrevivido al trauma: «Carabine tiene el cerebro esponjoso, colocado como está siempre en el neblinar de la marihuana. Pero lo que la mafufa le resta en percepción se lo añade en memoria, dándole a los detalles que han llamado su atención un verismo alucinante [...] Le pongo oído a Carabine porque él sí sabe lo que pasó aquella noche, la maldita noche en que me lo mataron. Dice que lo vio todo, aunque lo que me cuenta hace germinar en mí ese semillero de dudas que me ha mortificado desde el asesinato» (68-69).

[49] En el capítulo XII de la novela, Manolo «tropieza» (80) con el escritor español Juan Ramón Jiménez y su amigo Jaime Benítez, el ex rector de la Universidad de Puerto Rico. Cabe recordar que ambas figuras en efecto fueron buenos amigos durante muchos años (p.e. Benítez leyó un discurso al otorgársele el premio Nobel al escritor, que vivió en Puerto Rico por muchos años tras huir de la Guerra Civil española). Bajo Benítez, la práctica intelectual venía a ser la prolongación de la práctica política muñocista. Esto implicaba que se hizo *tabula rasa* con la memoria histórica anterior a la política populista de Muñoz (a partir de su ascenso al poder en 1940), la creación del Estado Libre Asociado y las consiguientes Operaciones modernizadoras. A partir del autonomismo desarrollista, se divulgó la idea de que la historia se transmitía mejor a través del discurso del poder (*Cfr.* Díaz Quiñones 1993).

[50] En los más conocidos manuales de historia de Puerto Rico (como Picó 1986 y Scarano 1993), no se critica la figura de Benítez. Falta por completo la reflexión sobre la dudosa política de Benítez, a excepción de las observaciones de Barradas (1981), Rodríguez-Carranza/Lie (1997) y Díaz Quiñones (1993). Este último aclara: «No me parece exagerado afirmar que la explicación histórica dominante durante esos años hay que buscarla en la seductora y pedagógica palabra de Muñoz Marín, nuestro 'hombre fuerte', a quien todos

Benítez apoyó la política de guerra estadounidense, que consistió en más de cuarenta y ocho mil puertorriqueños a Vietnam para luchar allí como 'héroes de otra patria'.[51]

Cabe mencionar el paralelismo con algunos pasajes del libro *La memoria rota* (1993), del crítico puertorriqueño Arcadio Díaz Quiñones acerca de la política de Benítez:

> El poder militar estaba legitimado, además, en la misma Universidad, en la que el Rector presidía, muy ufano –su impecable traje combinado cuidadosamente con la camisa, la corbata y el pañuelo–, los desfiles militares del ROTC. Una nueva versión de *la vieja correlación entre las armas y las letras* (Díaz Quiñones 1993: 35; énfasis nuestro).

Es obvia la ironía en ambos textos, aunque la crítica a Benítez en la novela es comprensiblemente menos directa que la de Díaz Quiñones: para constituir un 'equilibrio' o una 'correlación', paralelamente a la 'feliz alianza' del Estado Libre Asociado, Benítez usó las letras sólo como un pretexto para justificar la violencia del sistema, aunque oficialmente formaba parte de su proyecto:

---

escuchábamos por la radio. O, *de manera más cruda, en los discursos de figuras como Jaime Benítez*, el rector de la Universidad, y sus epígonos [...] memoria social se nutría de los rituales y las conmemoraciones que reforzaban el mito fundacional de 1940» (Díaz Quiñones 1993: 24; énfasis nuestro).

[51] *Héroes de otra patria* es el título de una película de Iván Dariel Ortiz (1998) sobre la participación de los puertorriqueños en la guerra de Vietnam. Aún hoy día, Puerto Rico sigue siendo un «paraíso de reclutamiento» (Díaz Quiñones 1993: 125), ya que los puertorriqueños están sujetos a la legislación de los EE.UU. sobre el servicio militar. Durante la guerra de Vietnam, como en Corea, el pueblo puertorriqueño habría sufrido «pérdidas en batalla proporcionalmente mayores a cualquier de los estados de la nación [estadounidense]» (véase «Un tributo a los puertorriqueños veteranos», en: *Puerto Rican Herald*, 11 de noviembre de 1999, <http://www.puertorico-herald.org/issues/vol3n46/VetsTribute-es.shtml>). Se sostiene que el 54 por ciento de los efectivos de combate estadounidenses en Vietnam eran puertorriqueños (véase *Concodoc-Proyecto de Documentación sobre Conscripción y Objeción de Conciencia*, <http://www.redoc.org/concodoc/puerto.html>). Por medio de subvenciones académicas, el Army ROTC sigue atrayendo cada año a miles de jóvenes procedentes de las llamadas minorías étnicas en EE.UU. (conforme a una actitud políticamente correcta subdivididas en 'Hispánics', 'African americans' y 'Asian americans', creando la ilusión de ofrecerles 'el curso universitario más inteligente'. Basta con una visita al sitio web del Army ROTC para darse cuenta de esta filosofía: «You will have a normal college student experience like everyone else on campus, but when you graduate, you will be an Officer in the Army», <http://www.armyrotc.com/rotc101/index.htm>.

intentar 'occidentalizar' a la juventud puertorriqueña.[52] En otras palabras, existía una verdadera «alianza universitaria y militar» (Díaz Quiñones 1993: 38) que se critica en la novela por medio de una aguda ironía del yo-narrador hacia la figura de Benítez. El narrador se siente, por ejemplo, «iluminado por el pensamiento de que siempre quise ser un intelectual, como ellos... Pensé que inteligencia militar tenía que ver con eso, con *lograr un buen equilibrio entre las armas y las letras*» (80; énfasis nuestro). Calificándolo irónicamente como su «intelectual favorito» (21), Manolo ridiculiza el deseo de «don Jaime»[53] (35) de armonizar el militarismo con el occidentalismo. El autor de *La memoria rota*, por su parte, recuerda cómo en la universidad por la mañana se leía a los grandes filósofos y escritores occidentales –Platón, Descartes, Kant, Dante, etc.– y cómo por la tarde aquellos textos se convertían en frases huecas: «Nos cambiábamos de ropa, se brillaban bien los zapatos, y nos hacíamos cadetes del ROTC [Reserve Officers' Training Corps] para celebrar la lógica de la destrucción y la ocupación territorial» (Díaz Quiñones 1993: 35). Según la visión de ambos textos, Benítez se hizo tristemente famoso como promotor del occidentalismo, sin interesarse por la propia realidad: la 'cafrería' (es decir, la pobreza y marginalidad) de Puerto Rico y del 'Caribe a cuestas'. Así, además de su apoyo indirecto a lo que se convertiría en un trauma puertorriqueño colectivo –la guerra de Vietnam– parece haber negado la lección (utópica, por cierto) de José Martí en su ensayo *Nuestra América* (1891) de que la mera

---

[52] «Lo único que engalana las paredes de mi ratonera es esa foto del rector Jaime Benítez junto a Juan Ramón Jiménez y un grupo de niños. Es mi orgullo. Me la robé de una exposición fotográfica sobre la vida de don Jaime, allá durante mis años de estudiante universitario. Cosas de muchachos. Eran los años de Platero y la bolera [...] Se lo tomaron en ocasión de viajar para recibir el Premio Nobel otorgado a Juan Ramón Jiménez [...] En esa foto hay algo que me enternece mucho, y no sé por qué, quizás tenga que ver con el hecho de que he malgastado mi vida en un lugar de cuarta categoría [...] Ahí está don Jaime, colado en el baile de gente blanca, sin el apestoso bacalao del Caribe a cuestas, redimido de tanta cafrería mantecosa e irredenta» (113).

[53] El narrador usa aquí la misma ironía que la del narrador-cronista de *Las tribulaciones de Jonás* (1981), que llama a Luis Muñoz Marín alternativamente «Don Luis» (Rodríguez Juliá 1981:34) y «El Viejo» (*Ibíd.*: 45). En *Sol de medianoche* se le critica a Benítez el desconocimiento de la realidad y de la crisis puertorriqueña, lo cual se le había ya reprochado a Muñoz Marín en dicha crónica, donde el cronista exclama: «¡Esta crisis la conozco mejor que él!... El poder aísla, pero no de las 'crisis', sino de la humanidad que las padece. Y Muñoz Marín había sido el señor Todopoderoso de esta tierra durante más de treinta años. El Viejo carecía de conocimiento vital de lo que estaba ocurriendo; su proyecto para bregar con la crisis padecía de una irrealidad patética, a pesar de intuir un malestar de fondo» (*Ídem.*).

importación de modelos, como el 'occidentalismo', es insensata, ya que modelos no son directamente aplicables al Caribe, como a ningún otro país de América Latina. En suma, Manolo describe a Benítez (junto con Juan Ramón Jiménez) como una figura falsa: «Reconocía aquellas dos figuras como fraudulentas y engañosas» (80).

Society of adultery

2.3. La distopía de la sociedad moderna

Aunque las imágenes traumáticas predominantes en la novela, como se ha venido mostrando aquí, son evidentemente negativas, *Sol de medianoche* muestra también otra cara, a primera vista más alegre, completamente opuesta al trauma colectivo: la sociedad *light* del placer, metaforizada por el subtema del adulterio. En efecto, personajes como Carlos y Migdalia se encuentran en el mismo nivel de perversión del propio detective: reflejan una actitud de transgresión frívola de las reglas y los esquemas sociales. Es como si sintieran no tanto la necesidad sino la obligación de participar en lo que Žižek (1999) llama la sociedad permisiva de la postmodernidad, que les obliga al goce, por medio de la instalación discreta de una invisible ley de 'pasarlo bien', pero detrás de la cual se esconde una obligación.

En este tipo de sociedad se ha adoptado la ley del 'tú puedes porque debes', la obligación de participar del consumo, y hasta de sentirse culpable al no hacerlo. Por marginado que esté –o tal vez justamente por su marginalidad–, la zona donde se encuentra el hospitalillo está profundamente marcada por el funcionamiento de la ley del consumo rápido, que la ha convertido en el desalmado lugar del cual habla el narrador: «Lo poco que tiene de acera está siempre repleto de vasos plásticos, botellas de cerveza vacías, bolsas Burger King, vidrios rotos y wine coolers a medio tomar [...] Todas las resacas del basurero humano vienen a tener a esta jodida playa» (19). El narrador, como un 'antropólogo en Marte' (Sacks 1995: 233), se distancia de aquella sociedad alienada, a partir de una mirada crítica sobre ella. Funciona también como observador-cronista, que graba voces y describe detalladamente el entorno. Mientras que, como personaje-*voyeur*, el protagonista participa con gusto de la permisividad, el narrador se distancia del consumismo que le rodea. Así, si se viste de un traje crema que había pertenecido a su tío político, no lo hace tanto para travestirse como un Sherlock Holmes, sino «para defenderme de ese San Juan clasemedianero que sabe a Church's y Burger King, que las más de las veces se muestra irresoluto entre un suburbio de Orlando, Florida, y una candente barriada de la semirruralía antillana» (139). Sorprende que Manolo, un personaje marginado que vive en los suburbios, afirme esto; pero cuando se lee que «Ese Puerto Rico suburbano me resulta ajeno, tan distante que la única manera de confrontarlo aquella tarde era con algún disfraz anacrónico», sabemos que es indudablemente un comentario crítico –y esquizofrénico– del narrador, que se distancia de su propio papel (como detective privado cuya noble misión es la de sanar la sociedad) y su 'biótopo' suburbano[54]. La distopía de la sociedad moderna en que se mueven los personajes se hace visible de manera mucho más cruda cuando, en el hotel donde fue asesinado Carlos, Manolo se percata de un cartel turístico que grita 'Puerto Rico', mostrando una hermosa playa y un mar de agua cristalina; reflexiona: «Otro emblema más, y también una crueldad. Porque aquel paraíso no podía estar colgado allí, y, además, coño, los paraísos no tienen nombre» (137). Esta visión está radicalmente opuesta a la de la isla como *topos* paradisíaco, como Isla del Encanto. No es casual, además, que la imagen utópica de la playa coincida precisamente con el lugar de la distopía: metaforiza de manera explícita la herida del fratricidio, el fantasma de Caín que regresa a cada vuelta de la página.

2.4. El fantasma de Caín

Finalmente, ¿cómo entender el que el tema central de la novela –el fratricidio, cuyo fantasma vuelve constantemente a atormentar al personaje– recuerde al mito de Caín y Abel? Este mito, importante en la literatura universal,[55] sirve para reflexionar sobre la complejidad interna de una nación y su historia: se basa en la idea de que todo tipo de unidad resulta ilusoria, como es también el caso de la figura del andrógino (*cfr.* capítulo III). Este mito simboliza muchas veces, como la abyección, un conflicto dentro del mismo cuerpo social, como por ejemplo una guerra civil dentro de una nación. Piénsese en la Revolución Francesa cuyo lema «Liberté, Egalité, Fraternité» escondía una violencia inherente a la nación. El dramaturgo francés Chamfort, cuyas frases (*maximes*) se hicieron famosas durante la Revolución, mostró la otra cara de este eslogan, al decir que «La fraternité de ces gens là est celle de Cain et Abel».[56] Podría decirse que el mito muestra que el precio de toda fundación social es la violen-

---

[54] Cuando Manolo le hace escuchar a su 'confesora' Nadja una grabación con las voces de la pareja adúltera, ésta le pregunta dónde suelen encontrarse; Manolo le contesta con ironía: «Pues no sé, en sitios increíbles... Imagínate... en el Burger King de la avenida Campo Rico. Tú te imaginas... Tal parece que es un amor que sólo puede florecer en vecindarios de cuarta categoría» (56).

[55] Para un estudio incisivo de la importancia de este mito en la literatura, véase Quinones (1991).

[56] *Apud* Quinones (1991: 3).

cia, la expulsión de un 'otro' que el sujeto (sea el 'yo', sea la nación) cor redundante y repugnante, al mismo tiempo que lo habita.

La condición del fratricidio, un acto abyecto por excelencia, es –y también es el caso en *Sol de medianoche*– que la figura del padre (real o simbólico) esté *ausente*.[57] La función de todo doble es siempre la de matar al modelo, a fin de ocupar el lugar del maestro. La herida de la tragedia de diferenciación se refuerza por el hecho de que Manolo y Frank son «gemelos idénticos. Pero ahí acababa el parecido» (10). El protagonista vive esta separación, pues, como la imposibilidad de definirse a sí mismo. Tener una identidad se basa sobre fundamentos crueles e imposibles. Por una parte, Manolo siente el deseo de ser parte de una comunidad, por otra el deseo de distinguirse de ella. El trauma del fratricidio revela que ha sido incapaz de diferenciarse de Frank y su madre-alacrán (que ha interiorizado el 'Sol de medianoche') y de distanciarse de sus compañeros del hospitalillo, «gente que a medianoche siempre está despierta» (9). Estos personajes traumatizados que recorren la novela son seres desplazados, descentrados en un sistema de ida y vuelta, sin espacio real. La pérdida de ilusiones de los personajes del hospitalillo sugiere que el trauma afecta tanto el nivel individual como el colectivo.[58] La galería de 'monstruos' fantasmáticos que, como exiliados de sí mismos, se esconden «porque son incapaces del suicidio» (9) sólo pueden soñar con un espacio en que ya no tienen que *bregar* entre lo ilegal y lo ilegítimo; un espacio en que imaginar vuelva a ser soporte de sentido, no una alucinación.

---

[57] *Ibíd.*: 18.

[58] El trauma, al convertir tanto el 'yo' como el 'nosotros' en sujetos abyectos, resulta en lo que Durham llama (para caracterizar a los personajes de la obra de Genet) una 'comunidad fantasma', sin rumbo preciso en la postmodernidad: «this phantom community does not fulfill the utopian wishes that are remembered in its gestures. [...] these refugees can manage no more than to simulate what was already a makeshift of poverty and exile [...] they dream a space where wishing might yet again become imaginable» (Durham 1998: 185).

V

¿GODOT ES PUERTORRIQUEÑO?
O CÓMO CRITICAR UN TEXTO LLAMADO
YO-YO BOING!

> Ce sont des mots, c'est un corps, ce n'est pas
> moi, je savais que ce ne serait pas moi.
>
> Beckett, *L'Innommable*

> La veille est anonyme. Il n'y a pas ma vigi-
> lance à la nuit, c'est la nuit elle-même qui
> veille. Ça Veille.
>
> Levinas, *De l'existence à l'existent*

1. Giannina Braschi o cómo nominar lo innominable

Cuando uno lee el título de una novela llamada *Yo-Yo Boing!* sólo puede echarse a reír, o tal vez nominarla al Pulitzer. Así anunció la periodista de un periódico puertorriqueño la nominación en 1998 de Giannina Braschi al prestigioso premio literario estadounidense.[1] El Pulitzer Prize se atribuye –según la descripción oficial de la asociación que lo otorga– a un autor estadounidense como reconocimiento por la calidad excepcional de su obra.[2] Aunque la novela de Braschi no lo ganó, es significativo que contara entre los primeros escritores

---

[1] *Cfr.* Ferrer (1998).

[2] Según la descripción oficial, el premio Pulitzer se otorga «for distinguished fiction by an American author, preferably dealing with American life [...] The challenges have not lessened the reputation of the Pulitzer Prizes as the country's most prestigious awards and as the most sought-after accolades in journalism, letters, and music. The Prizes are perceived as a major incentive for high-quality journalism and have focused worldwide attention on American achievements in letters and music.»; información publicada en la página web de la asociación: <http://www.pulitzer.org/History/history.html>.

de la diáspora caribeña y latinoamericana que llegaron a ser nominados para un premio tan importante en Estados Unidos.[3]

También de otro autor bilingüe se habría podido decir que los títulos de sus novelas, sus cortometrajes y sus obras dramáticas mueven a la risa cuando se le otorgó el premio Nobel en 1969: el escritor irlandés Samuel Beckett. Varias de sus obras llevan títulos igualmente 'risibles' (como p.e. *Bing, Watt, Worstward ho, Krapp's last tape, Mal vu mal dit, Pas moi*, etc.) y que muchas veces destacan –como *Yo-Yo Boing!*– por una sonoridad particular.[4] La referencia a Beckett recorre este capítulo, que como consecuencia lógica, se quiere parcialmente comparativo, del mismo modo que en el capítulo anterior (IV) se estableció un parangón entre *L'Etranger* y *Sol de medianoche*. Y es que, como Beckett, Braschi celebra en primer lugar el 'fracaso' como proyecto estético y ontológico.[5] Tan sólo por asumir un fracaso 'intrínseco' y voluntario, *Yo-Yo Boing!* se puede calificar ya como novela 'beckettiana', entre otras razones

---

[3] Es de interés señalar que el escritor cubano-americano Óscar Hijuelos, como Giannina Braschi residente en Nueva York, se convirtió en el primer autor latinoamericano en ganar el Premio *Pulitzer* de ficción en 1990 con su novela *The Mambo Kings Play Songs of Love* (1989). La novela de Braschi, sin embargo, ganó dos premios prestigiosos en Estados Unidos: el National Book Award y el Robert Kennedy Book Award. Ya anteriormente a su nominación al Pulitzer, Braschi se hizo conocer ante todo como poeta de *Imperio de los sueños* (1988) que fue publicado en su traducción inglesa como *Empire of Dreams* (1994) en la importante colección de traducciones de Yale University Press. Durante su carrera como escritora, Giannina Braschi recibió además el apoyo del National Endowment for the Arts, de la Ford Foundation, Reed Foundation y del Instituto de Cultura Puertorriqueña.

[4] Nótese que sonidos como *Bing* y *Boing* se caracterizan por la opacidad como signo, ya que no tienen un referente claro.

[5] En este aspecto Braschi se diferencia de la gran mayoría de los escritores, para los cuales el éxito es de menor importancia, pero que no consideran, como ella, el 'fracaso' como proyecto literario: la mayoría de los escritores que ponen en práctica este *hunger for failure*, son pocos, y menos en estos tiempos. Beckett, en una carta a su amigo Alan Schneider en 1956 escribía acerca del fiasco de la presentación de *En attendant Godot* en Miami: «Success and failure on the public level never mattered much to me, in fact I feel much more at home with the latter, having breathed deep of its vivifying air all my writing life up to the last couple of years» (Beckett 1983: 106). A pesar del éxito mundial de su obra, éste le dejó indiferente a Beckett, que persiguió toda la vida lo que Bersani y Dutoit llaman un 'arte del empobrecimiento' (Bersani/Dutoit 1993: 11). Asumen que «Nothing is more recognizably Beckettian than this hunger for failure, and [...] to fail seems to mean, first of all, to become as inexpressive, as devoid of meaning, as possible and, more radically, to fall permanently into silence». Así, una novela de Beckett se caracterizaría por «a failure intrinsic to the very process of artistic production» (*Ibíd.*: 14).

por la omnipresente carga de lo absurdo.[6] Como afirma una voz en la novela: «Something is rotten in the state of the arts. Las masas están en decadencia– y eso no hay quien me lo quite de la cabeza» (160). De ese disgusto hacia el mundo sólo puede nacer un cadáver abyecto que se niega a gustar, un signo que por definición sea ilegible. Más allá se intentará decir en qué consiste el acto escritural de Braschi, cuya propuesta es claramente vanguardista.

Es necesario recordar que, a diferencia de Braschi, gran parte de la crítica y de la prensa internacional se mostró perpleja respecto a la identidad de Beckett como escritor bilingüe: ¿debían considerarlo escritor irlandés o francés? La prensa francesa prefirió referir a Beckett como un «inconnu célebre».[7] Para el *New York Times* «it was not immediately clear whether Mr. Beckett should be regarded as an Irish or a French writer, although Nobel officials recognize the country of work and residence».[8] Además, el periódico describió su novela *L'Innommable* (*The Unnamable*) como «a novel about a blob», como una búsqueda del 'yo' y un logro de nada.[9] La confusión en torno a Beckett relegó al autor al reino poco envidiado de la indefinición. En el caso de Giannina Braschi, en cambio, la prensa consideró –parece– nada más que normal el hecho de que *Yo-Yo Boing!* fuera el producto bilingüe de una escritora explícitamente 'puertorriqueña'.[10] No hubo ninguna duda sobre si debía colocarse la obra de Braschi del lado de los escritores norteamericanos o puertorriqueños, puesto que casi todos, con demasiada facilidad, coincidieron en ponerle este último rótulo, negándole la posibilidad de ser verdaderamente 'American author', tal como reza la descripción oficial de la asociación Pulitzer. Sin embargo, desde el punto de vista particular de los autores puertorriqueños dentro del contexto de asociación con Estados Unidos, este gesto clasificatorio, aparentemente normal, no deja de despertar preguntas.

---

[6] Cabe señalar aquí el abuso existente del término 'beckettiano' entre los críticos literarios. Bersani/Dutoit (1993: 12-15) denuncian el estatuto de icono que la crítica ha atribuido a Beckett y su creación de una verdadera industria *Beckett* (inclusive una *Journal of Beckett Studies*), negando muchas veces olímpicamente el arte de fracasar, i.e. de buscar adrede el empobrecimiento estético en su obra. En este capítulo se tratará de ver en qué consiste este 'arte del empobrecimiento' en la obra de Braschi.

[7] *Apud.*Harrington (1991: 2).

[8] *Ídem.*

[9] *Ídem.*

[10] Un solo vistazo a las reseñas que aparecieron en periódicos y revistas confirma este hecho. También es notable que la novela, al ser nominada, recibió momentáneamente atención en la prensa puertorriqueña de la isla (no en la de EE. UU.). Esta atención, sin embargo, no se convirtió en interés crítico sino que fue sólo un momento de atención mediática.

¿Por qué nadie entonces se atreve a estudiar a Braschi? Para la crítica norteamericana, Braschi es, parece, demasiado 'puertorriqueña' y 'no-norteame-
ricana', mientras que para la puertorriqueña y latinoamericana es lo contrario,
demasiado norteamericana, i.e. no-puertorriqueña y no-latinoamericana. Por
lo menos dos factores explican este distanciamiento de la crítica: el asunto del
idioma por su carácter indefinible, y por el hecho mismo de estar en la diáspora
(cabe recordar aquí, entre muchos ejemplos posibles, el caso de exclusión –y
recuperación posterior– del autor de la diáspora puertorriqueña Manuel Ramos
Otero). ¿Dónde hay que situar a Braschi? Y, más generalmente, ¿dónde situar
a todos los autores puertorriqueños, indiferentemente del *dónde* geográfico, de
su lugar físico de residencia? ¿Dentro o fuera de la literatura estadounidense?
No es difícil entender que Braschi, como la gran mayoría de los escritores
puertorriqueños se sitúa a primera vista en un *twilight zone* literario y cultural.
¿Goza, como Beckett, del sospechoso privilegio de ser «Nayman of Noland»[11] o
se sitúa Braschi (y con ella los demás escritores puertorriqueños) en un espacio
marginal, indeterminado en el mapa literario?

Ahora bien, la nominación que convirtió a Giannina Braschi en la figura
del momento no se tradujo tampoco en una explosión comercial, algo que es tal
vez aún más sorprendente, ni siquiera despertó el interés de la crítica literaria.
Al contrario, a pesar de los elogios de críticos literarios que cuentan entre los
más severos, como Doris Sommer –junto con Alexandra Vega-Merino una de
las autoras de la introducción a la novela– y Jean Franco, no existe todavía
ningún estudio detenido de la obra. ¿A qué se debe esta falta de atención por
parte de la crítica? Como escritora puertorriqueña de la diáspora, Giannina
Braschi es doblemente marginada: no sólo en el contexto de la literatura estadounidense dentro de la cual funge como *minority writer*, sino también en el
contexto de la literatura puertorriqueña. Hay que decirlo como es: todavía
prevalece la idea de que si una obra es bilingüe o escrita en inglés, se le pro-
híbe casi automáticamente el acceso al cerco sagrado de la llamada literatura
'nacional' (que para los defensores de 'lo nacional' en Puerto Rico es la escrita
en español *ergo* la de la isla). Salir de este cerco sigue considerándose como
una traición a la patria.

Un vistazo a las reseñas que aparecieron sobre la novela basta para darse
cuenta de la confusión que la obra creó por su carácter complejo e indefinible;
los reseñadores observan que hay contradicciones internas en la obra, pero no
van más allá de algunas especulaciones superficiales. Incluso los que, como
Persephone Braham, afirman con razón que *Yo-Yo Boing!* «is not really a

---

[11] Descripción irónica con la cual Ellmann (1986) se refirió a Beckett.

novel», parecen perplejos a la hora de decir por qué.[12] Lo que ante todo salta a la vista en las reseñas y los dos comentarios existentes es el tono optimista: todos reconocen en el bilingüismo nuevas posibilidades, pero reducen la novela a mero juego de lenguaje (de corte vagamente postmoderno), sin prestar atención a valores más profundos y a la identidad híbrida –menos frívola que lo que sugieren los comentaristas– detrás del juego y del *code-switching*. Así, casi todas las reseñas coinciden en que la obra es atractiva por su diversidad temática. Jean Franco, por su parte, recibe la novela como «a very funny novel, a novel of argumentative conversations that cover food, movies, literature, art, the academy, sex, memory, and everyday life».[13] El comentario de De Mojica (2002: 203) llega a una misma conclusión celebradora: en la obra de Braschi «el 'subalterno' desmiente su estado patológico y se afirma en su función de autor que celebra la palabra y las hablas mestizas». Por cierto, la hilaridad y la locura que impregnan los diálogos de *Yo-Yo Boing!* no convierten este texto simplemente en 'a funny novel' como lo interpreta Franco, ya que es obvio que la novela no quiere producir risa, aparte quizás de una risa sardónica. A pesar de la identidad híbrida que pone en escena la novela, tampoco se trata de un texto en que el sujeto 'desmiente su estado patológico', como sostiene De Mojica. Ya en la nota biográfica al final del libro se avisa, efectivamente, que Braschi se caracteriza por su «*sardonic humor*» (208). Cabe recordar que la *risa sardonia* tiene su origen en el jugo de una planta, que se aplicaba en los músculos de la cara para producir una contracción que *imita* la risa. En los diálogos sólo hay una sombra de esperanza, una sombra de humor, una sombra de fantasía.

Los reseñadores también pasan por alto –o rozan ligeramente pero sin valorizarlo– el aspecto de la diáspora presente en su obra.[14] Generalmente se limitan a apuntar que la escritora nació en San Juan y que tras cumplir sus

---

[12] «*Yo-Yo Boing!* is not really a novel. In fact, much of it seems more biographical than fictional. Braschi rejects generic boundaries and eschews plot, exposition and other novelistic devices. Various passages imply that the text might better be read as poetry, as a musical composition, or as a drama, but as Jean Franco's jacket blurb suggests, perhaps the most adequate label for it would be performance. Most of the work is written in dialogue, framed by interior monologue and soliloquy. The result is a polyphonic stream of consciousness whose debts to Juan Rulfo and James Joyce (and many others) are acknowledged with Borgesian perversity» (Braham 1998: s. p.).

[13] En la contraportada de la edición de Latin American Review Press (1998).

[14] A factores tradicionales como la exclusión de autores de la diáspora entre la crítica literaria puertorriqueña (estudiosa de su propia literatura en el sentido más estricto, es decir, la literatura isleña), se suma sin duda la dificultad que plantea el carácter hermético de la novela de Braschi.

estudios en España y el doctorado en EE. UU. se estableció en Nueva York. Por cierto, existe una sospecha justificada de muchos críticos puertorriqueños hacia determinada *Latin literature* que se escribe ante todo para venderse. Mientras que *Yo-Yo Boing!* nunca se ha propuesto tal objetivo, la ausencia de éxito comercial masivo en su caso particular ha sido sin duda una suerte: *Yo-Yo Boing!* no se convirtió en un *Latin best-seller*, una identidad-en-venta como parece haber sido *When I was Puerto Rican* (1994), la autobiografía ficcionalizada de Esmeralda Santiago.[15] Contrariamente a lo que se podría pensar, *Yo-Yo Boing!* nunca se propuso conquistar el mercado con una escritura *cross-over*, es decir, ser una estrella bilingüe (tal como ocurrió en el mundo de la literatura con la Rosario Ferré de los años noventa o, paralelamente, en el de la música con figuras como Jennifer López). Prueba de ello es la propuesta que le hicieron varias editoriales norteamericanas a Braschi de reescribir el libro enteramente en inglés, a lo cual la autora se negó: «Todas me dijeron que les gustaba, pero que tenía que cambiarlo y que estuviera todo en inglés».[16] La escritora se negó a mutilar el texto ya que sería «mutilarse a ella misma, siendo hipócrita o interesada».[17] Por tanto, escribir *Yo-Yo Boing!* no sirvió a ningún otro objetivo sino describir su realidad: «Fue una necesidad en donde sentí que tenía que expresar mi realidad en dos idiomas».[18]

A Braschi no sólo le importaba poco el grado de éxito de su obra, sino que incluso celebra el 'fracaso'. En *Yo-Yo Boing!* efectivamente se encuentra la tendencia, tan característica de la obra de Beckett, de abandonar la necesidad de expresar un sentido y de representar una subjetividad. No es erróneo decir que la novela de Braschi es un texto perfectamente indefinible, lo cual

---

[15] Ríos Ávila (2002: 317) apunta con respecto a esta comercialización de la *Latin literature* (como es el caso de Santiago y otros) en EE. UU.: «When I was Puerto Rican is the first text that honestly, even brutally presents being Puerto Rican as a choice. Being Puerto Rican is no longer an ontological given but melodramatic construct. It turns the tragic story of the search for identity into a fairy tale for the market. We are what we become and we ultimately become what sells. This is a perfect example of American multi culturalist ethics: the production of new ethnic identities secures, for the market, the ever proliferating augmentations of sellable ad buyable selves [...] Ethnicity becomes just another way of telling the master plot about the undisputed transparency of globalized prosperity».

También *Yo-Yo Boing!* problematiza el multiculturalismo como *fairy tale*, lo cual se observa en enunciados como «Multiculturalism is dead, the fact that we teach it in universities is proof enough» (119).

[16] Entrevista con Giannina Braschi, publicada en *Escenario*, 4 de diciembre de 1998, p. E15.

[17] *Ídem.*

[18] *Ídem.*

explica en parte la huida de la crítica. En este aspecto no se diferencia de las novelas opacas del escritor irlandés de las cuales algunas llegaron a ser indiferenciables de sus obras dramáticas.[19] Por su carácter vanguardista –e indudablemente también 'postmodernista', como sostiene Dessús (2001)– *Yo-Yo Boing!* efectivamente no cabe dentro de las concepciones tradicionales del género de la 'novela'.[20]

Cabe insistir una vez más en que es efectivamente una obra opaca, absurda, que –a pesar de que impone un proceso especulativo al crítico– no puede verse como puro juego gratuito. Al contrario, para valorar plenamente el 'arte del empobrecimiento', para enfrentar el 'fracaso' de la novela y apreciarlo como acto vanguardista, es necesario acercarse a ella con aún más cuidado que a las otras novelas analizadas: se trata de una obra cuya riqueza sólo se puede descubrir en su pobreza voluntaria haciendo abstracción de los esquemas pre-establecidos no sólo sobre la literatura puertorriqueña, sino sobre gran parte de la literatura actual que se califica esquemáticamente y con demasiada facilidad con etiquetas como 'postmodernista' o 'postcolonial'. Soslayar el análisis de esta novela —como ha hecho la crítica literaria— por un 'fracaso' que asume voluntariamente sería empobrecer infinitamente la propia actividad crítica. Sería cometer el error que cometieron los primeros comentaristas de la obra de Beckett.[21] Sobra decir que cualquier obra 'indescriptible' causa angustia en medios críticos por el lugar indeterminado que ocupa. Este capítulo pretende ser, por tanto, un primer intento de análisis más o menos profundo de la obra, desde una perspectiva no puertorriqueña ni puertorriqueñista, sin los prejuicios de los cuales adolece cualquier discurso crítico volcado sobre sí mismo.

---

[19] Clément (1994: 111) por ejemplo observa que «Ce qui se dit des 'romans' de Samuel Beckett (les guillemets sont prèsque toujours de rigueur) se dit aussi, avec des arguments et un matériel à peine différents, de ses pièces, de ses nouvelles, de ses poèmes: ils ne consèrvent du genre que le nom, ils ont peu à peu, les livres succédant aux livres, sapé les fondements mêmes du genre, en rendant la pratique dérisoire, ou seulement nostalgique».

[20] No cabe dentro de la propuesta de este capítulo detenerse ante el problema genérico de *Yo-Yo Boing!* Cabe señalar, sin embargo que críticos como Jean Franco, Doris Sommer y Alexandra Vega-Merino, entre otros, califican la obra como 'novela', pero reconocen que incursiona en la poesía, el drama y el ensayo. Según Sommer/Vega-Merino (1998: 11), por ejemplo, «the book's frame of simultaneaous codes also resonates at the level of genre, as the text transmutes poetry into novel, into screenplay, dialogue, and by extension to more and sometimes unidentified variants».

[21] Anteriormente a la publicación de *Godot*, el escritor irlandés tropezó muchas veces con el desprecio absoluto de su obra; es sabido, por ejemplo, que le fue imposible encontrar un editor para publicar su primera novela, *Dream of Fair to Middling Women* (1932).

2. *Yo-Yo Boing!* o cómo nombrar lo innombrable[22]

> El azul y el bermejo son ahora una niebla
> Y dos voces inútiles.
>
> Borges, «El Ciego»

2.1. Estructura

Yo-Yo Boing! está estructurada en tres partes, cuyos subtítulos –en inglés– destacan por su bipartición: 1) «Close-up», 2) «Blow-up» (la parte más extensa) y 3) «Black-out». A pesar de la rígida estructura tripartita, es imposible dar un resumen satisfactorio de la novela –como es frecuentemente también el caso de las obras del absurdo–: como anuncia el título, toda la novela gira en torno a un 'yo'; irónicamente, este 'yo' se escapa de cualquier definición como protagonista. No tiene ni nombre ni historia; sólo se presenta en fragmentos de lo que parece ser (¿o fue?) un cuerpo y una voz, de modo que resulta problemático considerarlo como personaje. Inútil agregar que la novela carece en consecuencia de cualquier coherencia diegética. De la novela de Braschi se puede decir, como de la obra de Beckett, que no hay más remedio sino especular sobre los elementos narrativos fragmentados que componen la novela. Sin embargo, se pueden describir las tres partes en líneas generales.

«Close-up» (que como «Black-out» sólo cuenta con una decena de páginas) está narrada en tercera persona y presenta lo que en esta parte todavía puede llamarse un 'personaje', femenino y camaleónico por sus constantes transformaciones, situado en el íntimo espacio del clóset. «Blow-up», en cambio, es un extenso diálogo entre voces que no se identifican pero que apuntan hacia un mismo 'yo'. Aunque se pueden distinguir claramente dos voces diferentes ('yo' y 'tú') que entablan una primera conversación (que se extiende por más de 150 páginas), éstas se confunden de tal modo que a medida que ésta avanza, se vuelve imposible distinguir con rigor quién es 'yo' y quién es el 'otro'). «Black-out», por último, sigue la estructura dramática de la segunda parte. Ahora, en esta última parte se identifican tres voces o actores con sus nombres respectivos, que se ponen a dialogar: Giannina, Hamlet y Zarathustra. Esta conversación es en realidad un monólogo del personaje Giannina, que sólo tras una larga descripción poética y narcisista de su propio 'yo' (195-203) habla brevemente

---

[22] Ya que *Yo-Yo Boing!* es, en su aspecto gráfico, un texto que alterna cursiva y letra regular, se citarán los fragmentos tal como aparecen en el original.

con Zarathustra y Hamlet (204-205).[23] A pesar de las divergencias señaladas entre las tres partes, no se estudiará la novela por partes separadas. Se partirá, en cambio, del 'yo' como problema central que concierne toda la obra. Si el 'yo' nunca llega a identificarse y consolidarse como personaje, es precisamente este anonimato lo que constituye la única constante en la novela.

2.2. Flujo y frustración

«I realise I have done nothing [...] waiting for Godot or a change of climate» (37). Así describe el Yo en la novela su situación absurda, beckettiana.[24] En *En attendant Godot* (1948-1949) de Beckett, a la propuesta de Estragon de irse del lugar donde él y su compañero se encuentran paralizados no sigue ningún cambio real.[25] Lo único que sucede en *Yo-Yo Boing!* es precisamente la negación de toda acción, el *nothing happens*. Aunque la novela se divide en tres partes, es la segunda («Blow-up») la que ocupa la mayor parte del libro. Se trata de un diálogo bilingüe en el que aparentemente participan dos voces, un 'yo' y un 'tú', aunque también podrían ser más. Cualquier página de la novela basta para darse cuenta y para quedarse frustrado al intentar descifrar la locura que impregna los diálogos. He aquí un extenso pasaje de la página 62, en que una voz le pide a otra que describa su (futuro) entierro:[26]

---

[23] Inútil recordar quiénes son estos protagonistas de los textos dramáticos –con fuerte carga poética– de Shakespeare (*Hamlet*) y Nietzsche (*Also sprach Zarathustra*).

[24] Si se comparan las dos novelas más opacas de Beckett (*L'Innommable* y *Comment C'est*), por ejemplo, se nota que la primera es un libro de estructura amorfa, confusa, mientras que la segunda está rigurosamente estructurada en tres partes. Sin embargo, el efecto que ambos producen sobre el lector es el mismo: lo informe amenaza con invadirlo todo. De *Yo-Yo Boing!* se puede decir, pues, lo que Clément llama la 'ironía' de Beckett, que consiste en demostrar cómo detrás de la estructura está siempre el caos: «en même temps qu'une forme est adoptée, sont dénoncés son caractère arbitraire et son impuissance à endiguer le flot informe qu'avait accepté d'accueillir L'Innommable» (Clément 1994: 113). Más adelante se volverá sobre esta ausencia de orden y la idea de que *Yo-Yo Boing!* es –como las novelas de Beckett– un «flot sans forme» (*Ídem.*).

[25] Como en *En attendant Godot*, una de las voces de *Yo-Yo Boing!* avanza, además, la posibilidad de suicidarse, pero tampoco resulta capaz de realizar este acto:
  –Voy a tirarme
  –¡Hazlo, coño! ¡Tírate! Estos malos ratos no me dejan concentrarme. Y luego me deprimo. Bajo la cabeza. Quiero leer, y no puedo. Quiero pensar. Y sabes lo que tengo por dentro, el grito estallándome (50).

[26] No se sitúa este fragmento por la simple razón de que la idea misma de situarlo en «Blow-up» –a parte de por el número de página– resulta absurdo: no hay historia en *Yo-Yo Boing!*

–Ay, Kiko, vas a creerlo.
–Qué.
–Ya lo estoy viendo.
–Qué
–Mi funeral.
–Cómo es. Dime. Cómo es.
–Tú con tu corbata negra and your wrinkled corderoy suit, cargando mi féretro con Paco Pepe despidiendo el duelo. Y los niños cantores de San Juan cantando:

Ya se murió el burro que accarreaba la [sic] vinagre,
Ya lo llevó Dios de esta vida miserable.
Que tururururú. Que tururururú.
Que tururururú. Que tururururú.

Ay Chipo, no puedo. Se me hace un nudo en la garganta de verlo. Es bello. Bello.
–Qué.
–El entierro. Tú te estás sonriendo y pensando:

–Al fin muerta, ahora puedo descansar. Viene, vaya, al fin, después de la tormenta, la paz (62).

Las palabras de los interlocutores se suceden a un ritmo frenético, lo cual frustra aún más los intentos del lector de distinguir entre un 'yo' y un 'tú'. Sabiendo que este tipo de diálogo se extiende por más de 150 páginas, está claro que a través de esta palabrería (que Bertens/D'haen [1988: 166] calificarían de «logorrhea») la novela nos quiere comunicar otra cosa que una historia o un mensaje. La duda sobre la identidad de las voces se explica por el hecho de que sólo aparece el guión ante cada voz, sin precisión del enunciador de estas palabras; las voces no llevan nombre, o sea, que no corresponden con o no se materializan en ningún personaje.

Y sin embargo, de ese diálogo sin sentido, de esa locura que se hace visible en estas páginas se desprenden algunos elementos clave: en primer lugar permite precisar lo que se entiende por 'flujo'. Los personajes Chipo y Kiko que conversan sobre el 'espectáculo' de su propio entierro, en realidad no son personajes 'de carne y hueso' como tampoco son los nombres respectivos del 'yo' y 'tú' que han entablado este diálogo. Así, los nombres Chipo y Kiko, que aparentemente son los interlocutores, en otro momento se llaman Chipi (63) y Kika (56). Está de más decir que una de las técnicas más usadas en el lenguaje literario es la cita; pero aquí las herramientas que generalmente se usan para citar (guiones, bastardillas, comillas, etc.) parecen perder su función básica, a saber la de distinguir entre las palabras propias y las de 'otro'. Aunque en este pasaje la cita parece todavía atribuir las palabras a otro(s) personaje(s) (p.e. la canción que cantan 'los cantores de San Juan'), en la continuación del diálogo, siempre en la misma página, ya no es así:

–Yo me tengo que preparar, no crees tú.
–Siempre debes estar listo. Pero no te creas que me voy a ir todavía. Me queda bastante más.
–Ay, yo creía.
–No todavía.
–Lo siento.
–Me decepcionas.
–Pero no te vas.
–Luego, por ahora no. Estoy disfrutando demasiado mis fantasías.

–*¿Usted está enamorado?*
–*Sí. ¿Y usted?*
–*Yo sí –pero mi amor es platónico.*
–*¿Cómo?*
–*La persona de quien estoy enamorado tiene a alguien.*
–*Qué sabe Usted* (62).

No hay ninguna razón lógica en este fragmento para pasar del texto 'normal' a las bastardillas. Además, no se observa ninguna conexión lógica entre los dos temas que abordan las voces: de la duda entre irse o quedarse se salta al amor platónico que siente una persona. El efecto de la bastardilla es el de convertir el lenguaje propio en el de 'otro': indiferentemente de lo que dicen estas voces, sus palabras siempre pertenecerán a un 'otro' que se apropia de ellas. Pero, ¿quién es ese 'otro'? El diálogo no progresa hacia ningún evento, sino que se caracteriza por el estancamiento del mismo. Las voces sugieren que se encuentran en un 'allí' indeterminado del cual resulta imposible irse. Curiosamente, es precisamente el hablar *sobre* este 'irse' lo que hace que las voces sobrevivan, y que en consecuencia hagan progresar el texto.

En suma, se puede decir que la interacción entre estas voces pone en marcha un flujo de palabras que, más que las sensaciones eufóricas, acaba de frustrar al lector. Por cierto, la noción de 'flujo' es más apropiada que la palabra «rollercoaster» que usan Sommer y Vega-Merino (1998: 14) en la introducción a la novela, la cual sugiere que se trata de un viaje corto de pura diversión (como si nos situáramos en una especie de *disneyland* literario). El desencantamiento del lector no tardará en llegar, ya que de las dos voces al cabo de unas páginas sólo queda una corriente de frases sin coherencia temática. Total, no le queda más remedio al lector que interpretar las dos voces no diferenciables como el ruido (más que mensaje) expulsado por una sola voz: el *Yo*.

2.3. Nec tecum nec sine te: *las voces del Yo*

Sin embargo, sería demasiado fácil calificar la voz de este Yo como algo 'innombrable', sin haberse detenido primero en su funcionamiento interior. Al fin y al cabo se oyen constantemente dos voces, y esas voces se comportan (mejor dicho, discuten) de cierta manera. Esta manera de hablar es más importante que la historia o el mensaje que quieren transmitir; como ya se dijo, no hay historia en la novela. Por mucho que estas voces se resistan a integrarse en un personaje, se puede detectar un conflicto entre un 'yo' doble y un 'otro' que hablan *dentro* del Yo. La situación se puede resumir en el siguiente esquema:

Relación YO-OTRO		
YO doble	'yo'	OTRO
	Otro / tú	

En efecto, más que una situación puramente esquizofrénica en que un Yo narcisista se contempla a sí mismo, las voces destacan por su complejidad interior. Así, «Blow-up» comienza con la evocación de un conflicto cuya causa es anodina: una de las voces se olvidó de cerrar la puerta de la casa donde ambas presuntuosamente habitan:

–Ábrela tú.
–¿Por qué yo? Tú tienes las keys. Yo te las entregué a ti. Además, I left mine adentro.
–¿Por qué las dejaste adentro?
–Porque I knew you had yours.
–Just open it, and make it fast.
–¿Por qué dependes de mí? (35)

Más que la causa de la riña, importa la relación de dependencia mutua que entablan las voces. Si no hubiera espera de las voces (como ellas mismas afirman) por un misterioso 'algo', tampoco habría conversación. Del mismo modo, si no hubiera dependencia entre ellas, tampoco progresaría este flujo de palabras en que se hallan. Pero una puerta también marca una frontera entre el *adentro* y el *afuera*, entre lo propio y lo ajeno, entre 'yo' y el Otro, y esta frontera aquí está amenazada con ser trasgredida. Abrir una puerta toma peligrosamente la forma de un juego mortificante cuya apuesta es (sobre)vivir o morir: el Yo depende por completo, de hecho, de la presencia y ausencia del otro.

No es exagerado decir que las voces repiten compulsivamente la dialéctica del amo y esclavo. La interdependencia (entre 'voz-amo' y 'voz-esclavo') se observa en frases como «Nos elevamos los dos o nos caemos juntos» (98); «I can't let you go sin mi cordón» (*Ídem*.); «esos gritos que tú das retumban en mis oídos» (50); «A mí me zumban tus susurros» (50); «So much time wasted on your tongue» (48); «My book needs your English» (44); más que una inocente subordinación, resulta que una voz es 'esclava' de otra, su 'amo'. La 'voz-esclava' desempeña además el papel de una escritora (de un libro cuya escritura necesita la lengua del otro) que sin embargo no corresponde con un personaje situable al nivel diegético. Así, le reprocha al amo una manipulación constante: «Antes de que tú llegaras aquí, nadie, escúchame, nadie se había atrevido a manipularme de esta forma» (50).

Todo indica que las voces quieren separarse una de otra, pero, como Vladimir y Estragon en *Godot*, resultan inseparables: «No quiero saber nada de ti. Pero al no querer saber nada de ti, estoy negándome a mí misma una parte que es tuya» (190). La dependencia oscila constantemente entre la posibilidad y la imposibilidad de ser solidario y honesto con el otro:

–Hey, dame la mano.
–Y por qué te tengo que dar la mano. Simplemente porque tú me la pides, sin estar seguro si hay una cierta amistad, algo que te indujo a pensar que yo te la daría, sólo porque tú me ibas a pedir la mano, yo te la iba a dar, no te la iba a negar, pero mi placer no es el tuyo, el tuyo está en mi mano, el mío en negártela (183).

El mejor ejemplo de la situación de interdependencia, tal vez, es cuando uno afirma a otro que tiene que transcribir fielmente las palabras que le dicta: «You have no right to transform my words, especially when I am dictating what I'm hearing from the blind. Just write every word I say» (111). Como se desprende de esta frase, la voz-amo que ordena ('Just write every word I say') a su interlocutor (voz-esclava) que resulta ser escritor, está a su vez citando lo que le dicta otra voz 'ciega' ('the blind'), cuyas palabras transpone a la primera voz. La voz del ordenado (la voz-esclava) a su vez expresa su preocupación por quedarse ciego por escribir las palabras de otro:

—Entonces qué pasaría si me quedo ciega.
—Si te quedas ciega, then it's over baby, all over.
—Why, ah, why. If Milton wrote when he was blind. And Borges wrote. And they say Homer was blind. It's memory, not sight that matters. As long as I have you to transcribe my inspiration (111).

La voz-esclava expresa su temor por quedarse ciega, pero sugiere la posibilidad de sobrevivir esta situación de ceguera, de seguir adelante al lado del 'otro' (la voz-amo) que –importante detalle– la acompañará necesariamente ('As long as I have you to transcribe my inspiration'). De hecho, la voz-esclavo no declara nada nuevo aquí sino que expresa su deseo de ser como dos de los más grandes escritores de la literatura universal: Jorge Luis Borges y John Milton. Ambos maestros interpretaron la ceguera como un privilegio, no como una esclavitud física en la que uno queda privado de la capacidad física de ver (sobra decir que 'ver' no es lo mismo que 'mirar': lo último es una acción perceptiva que indica actividad mientras que lo primero implica una percepción pasiva), sino como una manera a través de la cual paradójicamente quedarían 'clarividentes'. Milton escribió, en efecto, que «Content though blind, had I no better guide», a lo cual Borges respondió en un poema (titulado «Un ciego»): «Repito que he perdido solamente / La vana superficie de las cosas / El consuelo es de Milton y es valiente».[27] Sobra decir que el mundo visible se halla, pues, profundamente despreciado en *Yo-Yo Boing!*, en la estela de Milton y Borges.

Es decir, hay en la novela una conciencia de que las palabras enunciadas siempre pertenecen a un 'otro', de modo que no importa mucho si uno está vivo o muerto, vidente o ciego: «That's kairós. That's what I do. I'm just repeating what I hear. What authority do I have. None. Whatsoever. And now, less, that I have you. Now I can lay down dead and wait till you make the writing work» (111). No es difícil captar la ironía: para el Yo no existe kairós, es decir una libertad que esté fuera del tiempo de la sucesión.[28] Evidentemente, esta

---

[27] He aquí el poema entero de Borges («Un ciego»): «No sé cuál es la cara que me mira / Cuando miro la cara del espejo / No sé qué anciano acecha en su reflejo / Con silenciosa y ya cansada ira. / Lento en mi sombra, con la mano exploro / Mis invisibles rasgos. Un destello / Me alcanza. He vislumbrado tu cabello / Que es de ceniza o es aún de oro. / Repito que he perdido solamente / La vana superficie de las cosas. / El consuelo es de Milton y es valiente, / Pero pienso en las letras y en las rosas. / Pienso que si pudiera ver mi cara / Sabría quién soy en esta tarde rara» (Borges 1989: 103).

[28] *Kairos* (aquí aparece con acento) es uno de los dos términos griegos que refiere al tiempo. Otro término, *chronos*, tiene un sentido cuantitativo del tiempo. *Kairos*, implica un contexto situacional. En la mitología griega, Kairos es el hijo menor de Zeus y el dios del

dependencia de un 'Otro' no puede verse separada de la técnica de la cita en la novela, comentada antes: la cita confirma que el lenguaje de un 'Otro' absorbe el lenguaje propio. Aunque las voces se declaran hartas una de otra, detrás de sus palabras hay un 'algo' que las mantiene en esta situación; y que es incluso la *conditio sine qua non* del diálogo:

–Perdóname.
–No more pardons. I'm sick and tired of you and I don't want to hear your voice again.
–Okay. I won't talk.
–But you continue.
–And you (43).

Las voces no sólo aceptan el profundo malestar de continuar juntas, sino que también parodian la posibilidad de encontrar un final a la corriente de palabras. Más que una caja de Pandora, puede decirse que el acto inocente de abrir una puerta dio entrada a un flujo de palabras sin fondo:

[...] algunos se creían que tenían que llegar al fondo del fondo del saco sin fondo y por eso se seguían cayendo allí donde un sin fin de fondos sin fondos encontraban el fondo del fondo donde no había fondo donde caer excepto en los bajos fondos donde caían en el culo del ano, donde se embalaban la pepa, y se reían, porque sabían que caían (192).

La obsesión con 'fondos' cobra connotaciones corporales y libidinales que no sitúan las voces en un lugar abstracto alejado del mundo humano sino que evocan la corporalidad y las pulsiones del 'animal' en el ser humano. En otras palabras, el texto evoca un cuerpo, no como unidad, sino como diseminado, un cuerpo con el 'adentro' llevado hacia 'afuera', que recuerda la concepción kristeviana de lo abyecto.

2.4. La novela como bestiario

Las 'combustiones catastróficas' (79) en que se expresa el Yo-doble impregnan todo el texto. Las voces no sólo producen un flujo textual sino que éste está directamente relacionado con lo corporal y lo escatológico:

---

momento oportuno. Importante en el concepto temporal de *Kairos* es agarrar la oportunidad cuando se ofrece, un momento favorable largamente esperado. El Yo aquí no ahorra su ironía: sugiere que sigue esperando en vano ese momento oportuno.

[...] digo que me fui cayendo de culo, y entonces me dio por tirarle de la lengua al culo, como si el culo tuviera una lengua por donde entrar o por donde salir, antes de entrar en su lengua, antes de entrar y salir por la entrada de la lengua, donde el culo se está cayendo de culo todavía, y no ha dejado de entrar y salir, por delante y por detrás, la de adelante corre mucho, la de atrás quedará (192).

Pululan en la novela imágenes como éstas: aquí, el 'yo', como su lenguaje, las palabras que produce, no es un personaje sino un producto escatológico, una lengua que 'entra' y 'sale' del cuerpo por el orificio más ominoso. De hecho, el 'yo' en *Yo-Yo Boing!* establece juegos 'bestiales' con su propio cuerpo, de tal modo que lo escatológico viene a ocupar un lugar privilegiado en la novela: el texto se convierte en un flujo textual en el que la subjetividad de las voces (el 'yo') y el excremento se vuelven no diferenciables. La fascinación del 'yo' por sus expulsiones corporales en *Yo-Yo Boing!* encuentra su forma más dramática, quizás, en su comportamiento como «animal humain» (Kristeva 1980: 18) en busca de un territorio propio (que no es sino el *corps propre* kristeviano); antes de los diálogos absurdos de «Blow-up», ya en «Close-up» se da una situación particular de lo que parece ser todavía un personaje delante del espejo que por sus juegos transformacionales hace inmediatamente pensar en *La metamorfosis* de Kafka: «Comienza por ponerse en cuatro patas, gatea como una niña, pero es un animal con trompa feroz, un elefante» (21). Desde el principio se niega, por tanto, todo carácter humano del ser que se comporta 'como una niña' pero que luego se identifica como un 'elefante', y terminará, como Gregorio Samsa –después de parecerse a un «alacrán» (22)– por convertirse en insecto, primero una «araña peluda» (*Ídem.*), para terminar como «una mosca a punto de volar» (24). En suma, este 'personaje' delante del espejo no se percibe sino como una especie de monstruo en constante proceso de permutación: «Mientras lo hacía, con cierta obsesión, se convertía en la respiración de un animal que vacila» (23). En *Pouvoirs de l'horreur*, Kristeva recuerda que «L'abject nous confronte [...] à ces états fragiles où l'homme erre dans les territoires de l'animal» (*Ibíd.*: 20). Así ocurre en efecto en el fragmento siguiente donde el comportamiento del 'yo' no puede compararse sino con el de un perro, preocupado por delimitar su propio territorio:

Alzo la pata, dejo mi huella y mi olor. Cuando vuelvo a pasar por el mismo lugar –sé que pasé por ahí antes– me dejo guiar por el olor de mi pisseo. Me encanta pissear el mundo –sobre la grama, sobre las paredes, como una manguera, alzo la pata, y me alivio, se me alivia el alma– ya no estoy en tensión, tratando de comportarme– (…) Me gusta pissear en la tierra, en las raíces de un árbol, parar de repente y decir: Aquí. Aquí pisseo yo. Aquí mismito (60).

Ahora bien, ¿cómo entender que ese Yo, que se perfila aquí como un sujeto a mitad de camino entre ser humano y animal siente que al orinar no sólo se alivia el 'cuerpo' sino también 'el alma'?[29] Aquí se observa perfectamente el intento del sujeto abyecto de delimitar un territorio propio: «Urine, sang, sperme, excrément viennent [...] rassurer un sujet en manque de son 'propre'. L'abjection de ces flux de l'intérieur [du corps] devient soudain le seul 'objet' du désir sexuel» (Kristeva 1980: 65; énfasis nuestro).[30] El sujeto que se 'deja guiar' por el excremento es un ser errante, un «exilé qui dit 'Où?'» (*Ibíd.*: 15). No llega a ser un 'yo' pleno sino que permanece en un estado de flujo heterogéneo, en un proceso continuo de constituirse:

> [...] lorsque je (me) cherche, (me) perds, ou *jouis*, alors 'je' est *hétérogène*. Gêne, malaise, vertige de cette ambiguïté qui, par la violence d'une révolte *contre*, délimite un espace à partir de quoi surgissent des signes, des objets. Ainsi torsé, tissé, ambivalent, un flux hétérogène découpe un territoire dont je peux dire qu'il est mien parce que l'Autre, m'ayant habité en *alter ego*, me l'indique par le dégoût (*Ibíd.*: 18; énfasis de la autora).

Ese 'flujo heterogéneo' que secreta el sujeto abyecto es una manera de delimitar un territorio propio ('corps propre'), un espacio propio constituido de ambigüedad. Es la única posibilidad del sujeto abyecto para manifestarse como 'yo': por una parte un Otro lo impulsa al placer, por otra a la violencia, a una rebeldía violenta contra lo que ese cuerpo expulsa ('violence d'une révolte contre'). Debajo del placer y de la violencia (conjugación que en términos lacanianos se indica con el término *jouissance*) que ese juego le proporciona al Yo, siempre está el Otro que le dicta ese goce. En otras palabras, es un placer erótico perverso, un placer impuesto por un 'otro' del cual el Yo –que revela

---

[29] Lechte (1990: 159) aclara que «the abject is what allows the drives to have complete and uninhibited reign. With the various little rituals tied to cleanliness, toilet training, eating habits, etc., the mother is gradually rejected through becoming, at the pre-symbolic level, the prototype of what the drives expell».

[30] El juego con la abyección del Yo es repetitivo en «Close-up» y «Blow-up», precisamente porque los límites del Yo son siempre fluidos: «Constructeur de territoires, de langues, d'oeuvres, le *jeté* n'arrête pas de délimiter son univers dont les confins fluides —parce que constitués par un non-objet, l'abject—*remettent constamment en cause sa solidité* et le poussent à recommencer. Bâtisseur infatigable, le jeté est en somme un égaré. Un voyageur dans une nuit à bout fuyant» (Kristeva 1980: 16; énfasis nuestro).

ser escritora– es víctima: «Ni siquiera puedo escribir porque debajo estás tú. Y todo es un juego. Dónde está la seriedad» (61); se trata, pues, de un goce particular, una «jouissance donc dans laquelle le sujet s'engloutit mais dans laquelle l'Autre, en revanche l'empêche de sombrer en la lui rendant répugnante» (Kristeva 1980: 17), de un goce que absorbe al sujeto pero que al mismo tiempo lo empuja del encanto (el placer autoerótico) al espanto (el desencanto de la repugnancia del 'yo').

Cuando Kristeva recurre a términos como 'violence' y 'révolte contre', sugiere que la abyección envuelve al 'yo' en un intenso conflicto con su propio cuerpo. Ante todo en «Close-up» se observa el juego del Yo con lo corporal: a través del *zoom-in*, el cuerpo se convierte en un campo de batalla donde estalla esa 'guerra' consigo mismo. Al convertirse en una «jirafa» (22) ante el espejo:

> [...] se va jorobando, se le van encogiendo los huesos de las manos y de los pies, hay una conmoción en su cuerpo, estallan bombas por todas partes, fuegos artificiales, truenos, relámpagos, palpitaciones, *intenta parar la rebelión*, pero es en balde y en vano. Le da por abrirse las nalgas, como si fueran un bocadillo de jamón y queso, de abrirse todo su culo, de dejar que salga *esa otra parte de su cuerpo*, esas piedrecitas marrones, que a veces son plácidas, que a veces se prolongan, que casi se derriten por dentro y por fuera, que son largas y redondas y verdes, y son sus queridas, sus amantes pelotas, cacas, caquitas, y el agüita amarilla junto con ellas, que las derrite y las zambulle en el inodoro, y le transmite ese otro olor amargo y violento, *repugnante y atractivo*, de los capullos abiertos y de las violetas. Quería sentir la caída en el agua de la sangre negra, de la sangre muerta de su cuerpo. Quería bañarse en toda la sangre de la muerte de su juventud (21; énfasis nuestro).

Podría decirse que este pasaje es una especie de 'elogio de la abyección'. La abyección, esa guerra corporal constituye un proceso de negación del Yo, pero le proporciona al sujeto un placer perverso. Lo abyecto es 'esa otra parte del cuerpo' del sujeto que al mismo tiempo es violenta, repugnante y atractiva. La rebelión que 'intenta parar en vano', continúa cuando el 'yo' descubre un «granito de arena amasado» (22); ése se parece a «una lombriz blanca y perfilada» la cual promete ser un enemigo tenaz :

> Estaba arrinconada en uno de los lados del poro, había estirado sus piernas, daba patadas, defendiendo su caverna, la tenían sitiada, la atacaban con cañones y rifles, la presionaban, y mientras más la presionaban, más se resistía, se dilataba

más y más contra las paredes del poro, pero no daba señales de querer ser derrotada y menos vencida [...] (23).

Una expulsión corporal tan básica como este granito se describe, aquí también, como 'esa otra parte del cuerpo' que se resiste a integrarse en un cuerpo unificado; se niega a obedecer al 'yo' que intenta tomar control sobre esta 'guerrilla' que lucha sobre la superficie de su cuerpo. En otro momento, el 'yo' sueña con vomitar a una perrita negra que luego bautiza como 'Dulcinea', evento que se describe como resultado de un extraño embarazo, un evento igualmente incontrolable:

–Se me atraganta en la garganta la flema de la ilusión. Galopa y galopa como un caballo que se convierte en un puppyzuelo que salió por mi boca y yo estaba tan y tan contenta de haber parido un puppy por la boca.
–A qué te refieres, loca.
–Bruto, no te acuerdas que te dije that I had a dream I was pregnant.
–Good news. It means new ideas are dawning.
–But, I had a black Dulcinea who came out of my mouth, wet and curly y que se deslizó por mi lengua.
–Que por cierto es muy grande.
–Movía su colita como hélice chocando con mi paladar y mis encías. Me hacía tanta y tanta cosquilla en la boca. Almost a feast. I clapped and clapped when I saw her leap from my lips and start giving me kisses of affection, *my mother*, she thought I was her mother, kisses of affection on my neck, my cheeks, my eyes. Mostrando sus colmillos, aullando, moviendo su colita, trepando su patita por mi nariz, rasguñándome, arañándome. Yo, madre, al fin, de un scottish terrier. Te imaginas lo que eso significa.
–Of course, it means I'm a father. You're giving birth through your mouth. Through your tongue to another fragment (58; énfasis en el texto).

Esta escena es particularmente reveladora porque recuerda el cuento absurdo de Julio Cortázar titulado «Carta a una señorita en París» (recogido en *Bestiario*, 1951), donde el yo-narrador vomita conejitos en su apartamento parisino y le resulta imposible matarlos.[31] El cuadro de Siqueiros visualiza un niño recién nacido que vomita a otro niño, el cual sería entonces un fragmento del primero. Vomitar es más que la evocación de una náusea intolerable percibida por el sujeto, ya que constituye una forma de darse a luz a sí

---

[31] Este nacimiento absurdo, más allá de la alusión a Cortazar, evoca también el cuadro *Eco de un grito* (1937) del pintor (muralista) mexicano David Alfaro Siqueiros (1896-1974), que le fascina particularmente al 'yo', y el texto lo confirma (58).

mismo: «j'accouche *de moi* dans la violence du sanglot, du vomi» (Kristeva 1980: 11; énfasis nuestro). Poco después del extraño nacimiento en seguida se especifica que la recién nacida Dulcinea es un fragmento que salió de la lengua del Yo ('You're giving birth through your mouth, through your tongue to another fragment').

3. El Yo-cadáver

> I'm nobody! Who are you?
> Are you nobody, too?
> Then there's a pair of us - don't tell!
> They'd banish us, you know.
>
> Emily Dickinson

> Le cadavre n'est pas à sa place
>
> Blanchot, *L'espace littéraire*

3.1. *Disección del* cadavre exquis

La abyección en *Yo-Yo Boing!* llega a su punto máximo cuando resulta que el 'yo' como sujeto abyecto es en realidad nada más –ni nada menos– que un cadáver. Esto se desprende de un momento reflexivo en el flujo de «Blow-up», en un islote textual con una fuerte carga poética, en que el 'yo', consciente de su condición de cuerpo decaído, dice:

> [...] I am dead.
> And it's not a matter of surviving. I have
> survived. And I'm not proud that I'm
> one of the survivors. Survivors are not
> proud of having left the dead behind
> –they're just as dead as the dead– and
> their smell stinks more than the stench
> of the dead. Just because you rise at
> dawn, and you walk, and talk –alive
> or dead– you're more dead than alive.
> Stop talking about you– as if it were
> somebody else but you –me-myself-
> the dead– looking at the blank verse in
> a frontal mirror every morning (145).

Por una parte, el 'yo' se declara ser un 'muerto que ha sobrevivido', por otra afirma que su contraparte está igualmente 'alive or dead'. Las voces que se oyen provienen, pues, de un cuerpo en estado de putrefacción. Importante en este fragmento es el *reconocimiento* de que las dos voces en realidad forman parte de un mismo Yo en estado de descomposición ('Stop talking about you –as if it were somebody else but you-me-myself-the dead'). Si Kristeva describe la abyección no sólo como una experiencia de errancia, sino también como transformación progresiva de cuerpo en cadáver, los juegos abyectos serían un ejemplo perfecto de la misma: el 'yo' se incita a reflexionar sobre sí mismo: «Háblame desde tus vísceras, desde tu exilio, desde tu transformación» (168). Ahora bien, si el cuerpo se separa de lo abyecto para vivir, aquí se da la situa-ción paradójica del cuerpo muerto que se abyecta a sí mismo para sobrevivir, i.e. vivir como sobra, como desperdicio.[32]

La ecuación 'you-me-myself-the dead' sugiere, además, que progresiva-mente se han ido perdiendo determinadas fronteras en el texto: las fronteras entre 'yo', 'otro', y 'cuerpo'. Si resulta imposible decir en qué personaje se anclan, tampoco resulta posible decir dónde están las voces exactamente, no se dejan situar en un espacio específico. No cabe duda de que alguien que ha escrito con mucha lucidez sobre el lugar ambiguo que ocupa el cadáver es el filósofo francés Maurice Blanchot. En *L'Espace littéraire* (1955) no habla, como Kristeva, del cadáver como una forma extrema de abyección, pero plantea la misma pregunta que hace ella, a saber, la del '¿dónde?', del extraño (no-)lugar que ocupa el cadáver como cuerpo abyecto:

> Quelque chose est là devant nous, qui n'est ni le vivant en personne, ni un autre, ni autre chose. Ce qui est là [...] ne réalise pourtant pas la vérité d'être plei-nement ici. La mort suspend la relation avec le lieu, bien que le mort s'y appuie comme à la seule base qui lui reste. Justement, cette base manque, le lieu est en défaut, le cadavre n'est pas à sa place. Où est-il? Il n'est pas ici et pourtant il n'est pas ailleurs; nulle part mais c'est qu'alors nulle part est ici (Blanchot 1955: 268-269).

Como cadáver, el 'yo' de la novela nunca está *à sa place*, su errancia prueba que ha suspendido toda relación con el espacio. Es imposible hablar de un 'yo' unificado y coherente, visto que se disemina en un flujo de palabras que no son sus palabras propias sino siempre las de un 'otro' (*cfr.* 2.2). El 'yo' se contagia

---

[32] «[de l'abject] se dégage mon corps comme vivant. Ces déchets chutent pour que je vive, jusqu'à ce que, de perte en perte, il ne m'en reste rien [...] cadavre» (Kristeva 1980: 11).

con lo que no le es propio y se convierte en *corps impropre*, en un cuerpo contagiado, híbrido.[33] Ahora, ¿de qué manera repercute esta desintegración en la forma de *Yo-Yo Boing!* como texto?

Por cierto, la novela sólo refleja la descomposición del Yo: puede decirse que es un cadáver que pierde toda consistencia narrativa, lo cual se confirma en frases como «me desintegro en la integración de cada idea en particular» (198). Se observa una imposibilidad del texto mismo de integrar en él ideas coherentes, de formar un *corpus* textual con un mínimo de consistencia: «Esto es lo que me jode de ti, siempre cambiando el plot». (46). Por lo tanto, el Yo que entra y sale del texto nunca está plenamente 'aquí', ni 'allí'; paradójicamente, se encuentra en todas partes y en ninguna. El cuerpo textual de *Yo-Yo Boing!* –ante todo en «Blow-up»– tiene mucho de lo que los surrealistas franceses llamaron un 'cadaver exquisito'. Originalmente, el *cadavre exquis* es el juego surrealista inventado por André Breton que consiste en yuxtaponer de manera arbitraria elementos heterogéneos, creando así un texto con ninguna o poca coherencia interna (si la tiene es más bien por pura casualidad).[34] Aquí, sin embargo, la yuxtaposición no ocurre dentro de una frase sino en la sucesión arbitraria de las digresiones: así, las voces saltan del sueño del nacimiento de Dulcinea, al tema de la discriminación contra los *Hispanics* en Nueva York (118), la muerte del multiculturalismo (119), un fragmento de una discusión con Jean Franco sobre la obra del cineasta español Pedro Almodóvar (54), la poesía como «the art of losers» (160), etc. Cuando se sabe que el «yo» está «looking for the order of chaos» (182), se entiende por qué todos estos temas aparecen en orden arbitrario. Más allá del juego surrealista, puede considerarse que la creación de un cadáver exquisito constituye la incorporación de lo abyecto al nivel textual: el texto mismo crea un *exceso*, un «algo» indefinible y redundante que está allí, como compuesto de residuos no reductibles; en una palabra: como *cadáver* –con su carácter mixto, ambiguo– un *no-body* que se empeña con representar lo irrepresentable. Este texto que pierde su contorno se convierte en ese «algo» remanente donde el significado se pierde. En suma, *Yo-Yo Boing!* es un *cadavre exquis* que incorpora lo incorporable, aquello que no se deja asimilar en un todo coherente. Cualquier elemento del cadáver exquisito puede ser objeto de

---

[33] Es interesante observar que la palabra francesa *impropre* significa tanto 'no limpio' (sucio, impuro) como 'no propio' (ajeno).

[34] Este procedimiento surrealista permite obtener resultados imprevistos como p.e. «Le cadavre exquis boira le vin nouveau» (la primera frase que se produjo y que prestó su nombre a la técnica). Otro ejemplo clásico es la frase «Le sexe sans fin couche avec la langue orthodoxe».

una digresión temática. Valga el ejemplo del pasaje grotesco en el que el Yo «chupa» un olor repugnante que relaciona con el otro:

> Where are the stinky feet that I am missing here? If I smell a stinky soaking sock and I suck and suck the smell that sucks these stinky sucking wetsucks that stink the socks of the smell I suck. I tell you, it's rotting stinky. It sucks my blood, and it stinks of rot, it rots my stink, and it stinks my feet with stinky soaking wet socks, it's dried and soaking wet, but if you soak it while you dry it, it sucks while its stinky smelly feet soaking wet become dry and hot at the same time, and it it stinky, soaking wet. Sucks. Sucks and sucks. Have you thought about me lately? Thought about you. Or suck about you (150).

El flujo desconcertante de temas que pasan revista en la segunda parte, nunca con mucha lógica interna, en realidad no es sino la puesta en práctica de su título, «Blow-up», que evoca lo que Bersani/Dutoit (1993: 64) llaman en su crítica de Beckett una «explosión escatológica»: un caos que reta cualquier orden narrativo en la novela. La multiplicidad de referencias culturales y temas que se tocan (sin entrar nunca en profundidad, con excepción de los aislados islotes poéticos) subraya el estatuto del texto como cadáver exquisito. El texto quiere «inflar» el sinsentido, llevarlo a un extremo. Es sólo al final de la novela, en «Black-out», cuando el Yo se recupera parcialmente: surge una sola voz, que carga un cadáver y se vuelve lírico. En efecto, en la última parte regresa un «yo» que habla con más coherencia que la voz escindida de «Blow-up». Esta interpretación –pesimista, por cierto– de «Blow-up» como puro caos ya permite decir que el texto pone de manifiesto el tipo de nihilismo y sentido apocalíptico que Kristeva reconoce en la escritura de Louis-Ferdinand Céline, «véritable écrivain qui croit a sa ruse. Il croit que la mort, l'horreur, c'est l'être» (Kristeva 1980: 158). Por divergente que sea la obra de Braschi de la de Céline, no cabe duda de que los juegos frívolos con lo abyecto son los fragmentos que sobran de un texto no sólo explotado por un Otro, sino también 'explosionado'.[35] Como texto sin sentido ('sens éclaté'), «Blow-up» se caracteriza por su escritura desnuda, un residuo semántico, lo que sobra de un cuerpo textual coherente y significante.

---

[35] Contrariamente a un texto coherente, *Yo-Yo Boing!* refleja, como la obra de Céline, una escritura innombrable: «une illusion fugace, dérisoire, idiote même, mais maintenue (…) Instance du sens éclaté, foudroyé, et pourtant là, étincelant: nue écriture» (Kristeva 1980: 159).

3.2. Jugar a la muerte

En su introducción a la novela, Sommer y Vega-Merino (1998: 13) no hacen sino insistir en la oscilación de identidades: «The novel performs some of this juggling of selves: a poet who doubles as an academic; a Puerto Rican who is also an American; a woman who is a match for any man's world». Aquí se ha dicho que todo el juego con el lenguaje en *Yo-Yo Boing!* se resume en el Yo que se desdobla en dos yoes, y que constituye una especie de 'yo-yo', imagen ya presente en el título mismo de la novela (*cfr.* 1.3.). También Dessús (2001: 418) adhiere a esta visión del 'yo-yo' y su movimiento entre múltiples identidades. Sin embargo, sería deseable ver por qué detrás de estos juegos entre 'yo' y 'otro', entre lo propio y lo ajeno se da algo más fundamental y menos frívolo.

La oscilación del texto entre dos voces y dos lenguas –como si fuera un yoyó– encuentra un paralelismo interesante en otro tipo de juego menos visible que los juegos lingüísticos y escatológicos. En «Close-up» se pone de cierto modo la base de otro movimiento dual, directamente relacionado con la configuración del sujeto en *Yo-Yo Boing!*, y que se continúa en el diálogo inconcluso de «Blow-up». Es precisamente en el clóset, cuando se parece a un «animal que vacila» (23), donde empieza un juego que consiste en producir ciertas palabras y vocales:

> [...] abre la boca pronunciando ciertas palabras mudas, y luego baja el tono, lo hunde en una efervescencia equilibrada que baja la voz hasta encontrarse hundida en el esófago, y luego se mueve redonda por la comisura de los labios formando una **O** redonda y luego una **E** semiabierta y vibrante, para ponerle un punto a la **i** agresiva y dividida, que antecede e interpone otra nota figurativa y graciosa que se ríe como una cabra, y es una **E** que se antepone a una **A** abierta y blanca [...] la **O** es el motor de la **O**, de la exclamación: **¡Oh!, ¡Oh!** [...] cuando abre la boca abierta se convierte en una exclamación: **¡Oh! ¡Oh!** (30).

Si Close-up empezó con el sujeto que gatea como una niña cuyos ojos «lloraban de excitación infantil» (29), este juego narcisista termina con una secuencia sonora aparentemente inocente. Aparentemente, porque la secuencia hace eco de la dialéctica freudiana del *Fort-Da* que se continúa en los juegos de Blow-up. '¡Oh! ¡Oh!' es precisamente aquella secuencia que Freud reconoce como el *Fort*, símbolo de la ausencia de la madre, que ocupa el lugar del Otro. En *Jenseits des Lustprinzips* (1920), Freud describe cómo observó una vez a su nieto jugando con un carretel atado a un hilo. Lo lanzaba gritando «¡o-o-o-o!», lo cual Freud interpretó como el grito *fort!* ('lejos' en alemán)

para luego tirarlo hacia sí mismo con el hilo con la exclamación *da!* (aquí);
Freud interpretó este juego como una *performance* simbólica del trauma de
la separación, de la pérdida de la madre, una manera para ganar en cierto
modo control sobre su ausencia, su privación. La dialéctica freudiana es
recurrente en *Yo-Yo Boing!* y se observa en una serie de situaciones diferentes
que marcan la ausencia del Otro (la madre) y de las cuales se comentarán
algunas a continuación.[36]

La apertura de la puerta (la escena inicial de «Blow-up») es un acto simbólico importante: el 'descuido' de dejar una puerta abierta aquí no sólo significa
poner al otro en peligro, sino también suprimir la frontera entre dos espacios
(el interior y el exterior). Más adelante en el diálogo, se vincula este descuido
con el temor de la primera voz a que la otra voz se vaya, como si ésta fuera
su 'madre':

> Y entonces te vas, te tardas una hora para hacerme sentir culpable de que te
> dejé ir sin mí. Escucho las sirenas, horrible, pienso:
>
> —*Cruzo la calle to bring home the bacon y lo espacharró una guagua. Qué
> hago ahora yo. Ya solo tengo enough in the checking to cover un mes de la renta,
> y luego lo tengo que vender todo, salirme de aquí. Qué hago.*
>
> Y lo peor de todo, en la oscuridad, porque a ti no se te ocurre encender las
> luces, sentada, meciéndome, pensando en tu muerte, y después llegas, no te lo voy a
> negar, se me alivia el corazón, pero entonces me dan ganas de matarte, cuando veo
> y escucho, no veo, escucho, la vacilación de las keys en la puerta, y la oscuridad,
> la maldita oscuridad (38).

En este pasaje no sólo hay un movimiento del español al inglés y un
regreso al español, sino que también se expresa una preocupación por irse
físicamente del otro y volverse a él. En otras palabras, se problematiza aquí,
como en *Sol de medianoche* y *Sirena Selena*, la (im)posibilidad de separarse
del otro. De esta escena se desprende la desesperanza del 'yo' cuando el otro
sale momentáneamente, y el franco alivio ('no te lo voy a negar') cuando
regresa. Clave es también el hecho de que el otro al regresar lo está 'meciendo'

---

[36] En dos experiencias pre-simbólicas, *Fort-da* (Freud) y estadio del espejo (Lacan),
el Otro se refiere lógicamente a la figura de la madre: en ambas, la subjetividad del niño
pertenece todavía a la progenitora: en realidad todavía no se puede hablar de un sujeto.
Tanto el *Fort-da* como el estadio del espejo muestran que la relación con la madre será
decisiva para su desarrollo como sujeto. Huelga decir que hay que leer esta relación yo/otro
en la novela de modo alegórico, no en su sentido físico.

acompasadamente. Resulta interesante que 'mecer' (del latín *miscĕre*, mezclar) significa también 'mover un líquido para que se mezcle o incorpore'. Como un infante en su cuna, escucha (antes de ver) la vuelta de la voz 'madre' / el Otro, como si fuera necesaria para su supervivencia como una madre que cuida al niño.

Esta situación de dependencia entre yo / otro toma formas curiosamente cercanas al juego del carretel evocado por Freud como muestran dos situaciones particulares, no desprovistas de una carga de absurdidad e irrelevantes desde el punto de vista narrativo (no ayudan a formar ninguna historia). En el pasaje siguiente, donde –como en toda la segunda parte– se salta también de una lengua a otra, 'yo' y 'tú' discuten sobre el sí o no tirar un juguete afuera, un muñequito llamado 'Sakura'[37]:

> –*I'm not gonna throw it* [Sakura] *out. My brother gave it to me. Why should I throw it out.*
> –*Te estás buscando lo que no se te ha perdido. Se va ella o te vas tú.*
> –*I'm not gonna throw it out.*
> –En esos segundos se abrió la puerta, voló la Sakura por el pasillo para abajo. I tried to close it, pero no pude, so I slammed it even harder (52).

El juguete parece cumplir la función del carretel freudiano, pero aquí, una vez tirado hacia fuera, se echa a perder. La imposibilidad del *Da*, de una clausura a la situación, queda reforzada por la impotencia del yo de cerrar la puerta ('I tried to close it, pero no pude') por donde el otro lanza ese muñequito. El otro / tú no cumple aquí el rol de la madre, sino que parodia la dependencia del yo de una madre simbolizada por el juguete ('Te estás buscando lo que no se te ha perdido').[38]

---

[37] 'Sakura' es una alusión al popular personaje de un conocido cómic y dibujo animado japonés.

[38] Este objeto que el Yo busca es desde luego el *objet a*, que ocupa un lugar sublime (de lo que Freud llama *Das Ding*, Lacan *la Chose*) es un objeto imposible, inalcanzable que aparece como un fragmento de lo Real, y que se identifica con el espacio materno: «On pourrait dire de *das Ding* qu'il ou qu'elle est l'objet qui 'aimante' le désir [...]. Tout objet de désir est, par quelque côté, un leurre: on ne fait que s'imaginer que l'on désire tel ou tel objet, tel ou tel autre. En réalité, le désir, à travers les objets dont il paraît en quête, ne cherche jamais que *das Ding*, dont il n'a ni n'aura jamais aucune représentation, qui n'est pas un but, puisqu'il ne sera jamais atteint, mais autour duquel tout ne cesse de tourner [...] l'originalité de la psychanalyse de Lacan sur ce point est d'identifier *das Ding* à la mère, qui fut l'objet, à jamais perdu, de désirs incestueux et dont l'inatteignabilité de la Chose équivaut à l'interdit qui les frappe» (Cléro 2002: 17-18; énfasis en el original).

En otra situación extraña, ahora en inglés, pero parecida al *Fort-Da* se trata de un juego cuyo objetivo para el individuo es –como el *Fort-Da*– tomar control sobre una situación. Una vez más, se trata de un juego absurdo, irrelevante para el progreso narrativo; en cambio, lo que importa aquí es la situación que el 'yo' tiene que llegar a dominar, y que hasta ahora no ha controlado («*You are not handling the situation very well*», 55). Ahora el 'yo' da instrucciones al otro sobre cómo manejar el juego en que El Otro materno / femenino desempeña la función del carretel freudiano:

> *You are keeping your eye on her as if you're playing tennis, she's the ball. Now watch the ball coming towards you, watch her crossing the net, watch her bouncing on the court, bouncing hard and jumping back and high into the air [...] Now, take it back, okay, move back, stretch your hand back, [...] in slow motion [...] so she doesn't now you are her enemy. She trusts you now [...] If you dare to miss the shot. It must be straight forward, no compassion. Kill her. You must give me this pleasure. I am the one who is going to clap for you. If you do it meekly, believe me, I am going to be very disappointed* (55).

El 'objeto' en este juego ocupa el lugar extraño entre un ser animado (Otro/ madre) y un objeto material inanimado. Como si fuera una pelota de juego ('as if you're playing tennis'), ese objeto debe ser expulsado del propio territorio, movimiento que corresponde con el *fort!* el alejamiento del otro de sí mismo. A esta extraña situación sigue entonces un momento de consuelo que ahora evoca un *da!*, una presencia materna, y el consuelo del infante que llora por la ausencia de la madre:

> I take the fruit in my arms, trembling, I hold it tight as if it were a baby, I let the fruit cry a little bit in my arms:
> – *Don't cry –I say– Please don't cry. It's over. I saved you. You're holding tight to my arms. It's over. Don't cry* (56).

Importante aquí es que el Otro ocupa el lugar paradójico de objeto de amor y objeto a ser matado ('you are her enemy'... 'kill her') asociando la situación del *Fort-Da* con una violencia extrema: sugieren que la madre es paradójica-mente también un 'enemigo' a exterminar (véanse también las citas anteriores en que se lee 'pensando en tu muerte' y 'me dan ganas de matarte'). Matar al Otro (i.e. separarse de él) significa ingresar en el orden simbólico, el orden del lenguaje; en términos de ficción sería renunciar al lenguaje absurdo y entrar en el orden de la estructura y del *plot* narrativos.[39] Así, las situaciones que aquí se han descrito –indiferentemente de si una de las voces cumple el papel de Otro o si evoca de alguna manera el *Fort-Da*– muestran la ambigüedad hacia el Otro. Al mismo tiempo, este objeto sigue funcionando como objeto de intercambio simbólico. En otras palabras, el Otro materno resulta una especie de meollo, una constante que configura la matriz semiótica de esta novela, como también fue el caso en *Sirena Selena* y *Sol de medianoche*.[40] Pero aquí el pleno ingreso en lo Simbólico a través de la simbolización adecuada del Otro resulta imposible.

El juego del *Fort-Da*, tal como se presenta en la novela, es, en realidad, una *mise en jeu* de la subjetividad del 'yo'. Cuando echa su carretel simbólico, el sujeto no sólo juega a ser Otro/la madre, sino que también juega con algo que lo supera: la otredad. Al lanzar el carretel en el vacío, su madre (Otro) simbólica, también lanza su 'yo' al vacío, que luego recupera. Es a través de la *repetición* de este juego que el sujeto intenta convertirse en *maestro* de la situación ('to handle the situation' en las palabras del Yo). A través del juego, el sujeto pone en marcha una pasión que Freud llama 'la pulsión de muerte'.[41] En suma, jugando al *Fort-Da*, el sujeto en realidad juega a la muerte, es decir, trata de deshacerse de la indecisión presimbólica que implica su condición abyecta.[42] Como decía Freud: «Choice stands in the place of necessity, of

---

[39] *Cfr.* Brooks (1984: 94).

[40] *Cfr.* el funcionamiento de la *Xora* (véase capítulo II, 2.3. y capítulo III, 1.4.) en las dos novelas analizadas. Siguiendo a Žižek (1994: 11) este objeto de lo Real se puede definir como *S(Ⱥ)*, «el objeto simbólico que, en la medida en que no puede reducirse al juego especular imaginario, registra la imposibilidad en torno a la cual está estructurado el orden simbólico, es decir, el pequeño elemento que pone en movimiento la cristalización de la estructura simbólica». Este objeto que circula entre los sujetos (aquí 'yo' y 'tú'/Otro) representa la presencia material de lo materno, un resto que no puede reducirse a una red de relaciones formales como la de la estructura simbólica y que «sirve como una especie de garantía, prenda, en su relación simbólica» (*Ídem.*).

[41] Hay que insistir, de acuerdo con Brooks, en el carácter repetitivo del juego de *Fort-Da*, como intento de pasar de la pasividad a la maestría: «by staging his mother's disappearance and return, the child is compensating for his instinctual renunciation. Yet the child has also staged disappearance alone, without a reappearance, as a game. This may make one want to argue that the essential experience involved is the movement from a passive to an active role in regard to his mother's disappearance, claiming mastery in a situation which he has been compelled to submit to» (Brooks 1984: 286).

[42] La pulsión de muerte es la dinámica en el sujeto que busca reducir toda vida y placer a un estado de muerte, es decir, busca regresar a un estado de no diferenciación entre 'yo' y madre/Otro. La satisfacción de la pulsión de muerte se expresa parcialmente a través de la agresión y violencia del sujeto hacia sí mismo y hacia el Otro. Esta imposibilidad de la

destiny. In this way man overcomes death, which he has recognized intellec-
tually».[43] El Yo, a pesar de su compulsión de repetir gestos simbólicos, resulta
incapaz de tomar decisiones, i.e. de llegar a una maestría de sus impulsos
instintivos. Es decir, es incapaz de morir, a pesar de su obsesión con la pulsión
de muerte expresada en la repetición del *Fort-Da*.

4. El arte del empobrecimiento

> Cheminer assez longtemps pour effacer leurs
> traces et surtout pour effacer la présence
> autoritaire d'un homme maître de ce qui doit
> se dire. La critique aurait donc parfois le tort
> d'être une parole courte.
>
> Blanchot, *L'Entretien Infini*

4.1. La novela como teatro del absurdo

Ya se ha dicho que lo único que ocurre en *Yo-Yo Boing!* es precisamente la
negación de toda acción, y que en este aspecto se acerca a *En attendant Godot*
de Beckett (*cfr.* 1.2.).[44] Ahora, el parangón va más allá de la referencia explícita

---

decisión por parte del 'yo' contradice la tesis de Sommer y Merino (1998: 11) de que «Choose
and lose is one message in the madness of Giannina Braschi's Yo-Yo Boing!» que sugiere
que el sujeto tiene varias opciones pero que pierde al escoger una de ellas.

[43] *Apud* Brooks (1982: 286).

[44] El clima de malestar que se instala tanto en *Godot* como en *Yo-Yo Boing!* arranca
de este callejón sin salida en que se encuentran las voces:

ESTRAGON·	–Allons-nous-en.
VLADIMIR·	–On ne peut pas.
ESTRAGON·	–Pourquoi ?
VLADIMIR·	–On attend Godot.
ESTRAGON·	–C'est vrai. (Beckett 1952: 67)

A diferencia de *Yo-Yo Boing!*, en *Godot* a los personajes se les presenta finalmente
la oportunidad de marcharse, pero este acto que coincide con el final de la obra queda
frustrado por completo:

VLADIMIR·	–Alors, on y va?
ESTRAGON·	–Allons-y.

Ils ne bougent pas. (*Ibíd.*: 134)

a *Godot* en el texto. También con otras obras del escritor irlandés muestra cruces interesantes, particularmente con sus novelas (*Comment C'est, Molloy, L'Innommable*). En primer lugar, el pasaje repetitivo en el que el Yo 'chupa' un olor repugnante relacionado con el otro (*cfr.* 3.1.), por ejemplo, no sólo es un elemento arbitrario del *cadavre exquis* sino que *se* puede leer como una alusión al famoso párrafo de los 'sucking stones' de Molloy, el protagonista de la primera novela de la trilogía beckettiana (*Molloy*). La repetición del verbo 'chupar' ('to suck') insiste, como en *Molloy*, en la pasividad de ingerir un líquido, pulsión oral básica; pero aquí se mezcla con las omnipresentes referencias a lo abyecto. Se observa una incorporación pasiva de los pensamientos del 'otro' ('Sucks the smelly stinky thoughts') que se describen como olores a podrido.[45]

En segundo lugar, cabe volver un momento a los nombres cambiantes de Chipo, Chipi, Kiko, Kiki, etc. diseminados sobre «Blow-up» y que no pertenecen a personajes –ni siquiera a voces– con identidades diferentes; más bien se refieren al mismo 'yo' que segrega estos elementos, estos restos no diferenciables. Aquí se puede acercar *Yo-Yo Boing!* a *Comment C'est* (1961), una de las novelas más opacas de Beckett. Como *Yo-Yo Boing!*, *Comment C'est* también está estructurada en tres partes: «Avant Pim», «Avec Pim» y «Après Pim».[46] Importante es que los personajes en *Comment C'est* no son claramente diferenciables unos de otros: así, al personaje Pim le podemos llamar –como él mismo lo hace– con los nombres Bom o Bam, a condición de que no lo consideremos como una identidad distinta. Cuando aparecen Krim y Kram, llegan, como Bom y Bem, a ser una misma voz: «Bem et Bom ne pouvaient que faire qu'un» (Beckett 1961: 176). Se puede decir que en

---

[45] Cabe recordar el comienzo de esta actividad repetitiva de Molloy, que se extiende sobre muchas páginas: «C'étaient des cailloux mais moi j'appelle ça des pierres, oui, cette fois-ci j'en fis une réserve importante. Je les distribuai avec équité entre mes quatre poches et je les suçais à tour de rôle» (Beckett 1951: 76).

[46] En la primera parte de *Comment C'est* («Avant Pim»), el narrador describe su situación antes de encontrar a Pim. En la segunda parte («Avec Pim») encuentra a un 'compañero' a quien llama Pim y se nombra a sí mismo Bom para establecer las bases del diálogo. Allí comienza un juego de torturas (se establece una relación verdugo-víctima) necesario para hacer posible el diálogo: para comunicarse con Pim, Bom emplea un código de estímulos básicos que constituyen una serie de castigos sumamente perversos p.e. grabar con un abrelatas en las nalgas de Pim, hundirle el abrelatas en el trasero para que hable, darle un puñetazo en el cráneo para que se calle, etc. En la tercera parte («Après Pim») Bom generaliza la relación torturador-torturado, imaginando una cadena ilimitada de Boms, Pims, Bems, Krims, Krams, etc. que se arrastran en fila india por el lodo, tras la cual Bom se queda nuevamente solo.

Yo-Yo Boing!, como en *Comment C'est*, se explota la técnica de la cita para rebasar las fronteras entre el lenguaje propio y el lenguaje del otro. La novela comienza con el aviso explícito de que el texto en su extensión no será sino una extensa cita: «Comment c'était *je cite* avant Pim avec Pim après Pim comment c'est trois parties je le dis comme je l'entends» (*Ibíd.*: 9; énfasis nuestro). Aunque en *Yo-Yo Boing!* no se dice de manera explícita como en la novela de Beckett, la cita sirve el objetivo de relegar las palabras de las voces a un Otro no localizable. Las voces se encuentran en un flujo de palabras, del mismo modo que el héroe de *Comment C'est* se arrastra sobre el lodo e intenta avanzar jadeando. En cierto momento se dice del 'yo': «you talk in catastrophic combustions» (79) mientras que el narrador en Beckett intenta «haleter bribes d'une voix ancienne en moi pas la mienne» (9). Esas 'combustiones catastróficas' (79) en que se expresa el 'yo' doble y que impregnan todo el texto se hacen eco, en *Comment C'est*, en los fragmentos ('bribes') de una voz paradójica situada dentro y fuera del sujeto ('une voix ancienne en moi pas la mienne').

En tercer lugar, el 'yo' en *Yo-Yo Boing!* recuerda sin duda ese no-personaje que parece protagonizar *L'Innommable* (1953), novela publicada casi una década antes de *Comment C'est*. Si el 'yo' sobrevive muerto tal como se lee en «Blow-up», es esta condición contradictoria la que lo convierte en algo innombrable. En efecto, la falta de un nombre propio desnuda las voces a las cuales sólo se puede referir con cierta torpeza como 'yo': en última instancia queda sólo un pronombre. Pero incluso este pronombre es problemático para referir a esta voz doble. Al fin y al cabo el 'yo' se describe de manera ambigua como un 'Yo-yo boing': «You know wha-what you are? [...] You're a Yo-Yo Boing!» (95). Apelación risible, llamarse 'Yo-yo boing!' no es llevar ni nombre ni pronombre, sino un significante cómico. Así, el Yo recuerda al yo-narrador de *L'innommable* de Beckett, que dice algo significativo para nuestra interpretación de la novela de Braschi: «Il n'y a pas de nom pour moi, pas de pronom pour moi, tout vient de là, on dit ça, c'est une sorte de pronom, ce n'est pas ça non plus, je ne suis pas ça non plus, laissons tout ça» (Beckett 1953: 195). Para el 'Yo-yo Boing' en última instancia no hay ni nombre ni pronombre.

Si el 'yo' se ha venido describiendo como un flujo de voces que se contradicen y se confunden, se puede decir que subyacente al 'yo' se halla un vacío, ese 'innommable', sin voz propia, evocado por Beckett. Además, como ocurre con frecuencia en *L'Innommable*, en la novela de Braschi a cualquier afirmación del Yo puede seguir la negación de la misma y viceversa: «(...) no me das lo que te pido. Siempre me lo das. No puedo decirte qué me das, porque no me das más lo que quiero. No quiero lo que quiero. Quiero lo que quiero. No sé pedir lo que quiero. Sé que no tengo algo- algo me falta» (191). Irónicamente, el objeto de deseo inalcanzable que falta es en primer lugar el nombre del Yo.[47] El segundo 'yo' que aparece no es el Otro lacaniano, la imagen que tranquiliza al sujeto: no hay sutura de la real fragmentación corporal, un espejo que lo envuelva imaginariamente en la fantasía de un 'yo' unido consigo mismo. El eco del 'yo', su reduplicación en yo-yo es sólo una sombra vacía, innombrable del primer 'yo'. El juego de las voces de simultáneamente afirmar y negar algo toma la forma de un eco que convierte la negación en afirmación, negando la voluntad del Yo:

> –Si tú dices: *Nunca. Oíste. No estoy enamorada. Yo soy un eco. Y el eco responde: Estoy enamorada. Estoy enamorada. Te amo. Te amo.*
> –It's a torture to have to hear the opposite of what I negate. I say: I don't love you.
> –I say: *Love you. Love you.*
> –It breaks a person spirit. Don't you think?
> –You think. You think.
> –So I always have to hear your back-talk.
> It's your own voice contradicting you.
> –No estoy enamorada.
> –Estoy enamorada. Estoy enamorada. Te amo. Te amo.
> –It's true. Eco is an original. She copies Narcissus' last words but projects a new meaning. Imagine. Once he emerged from a cold black cloud, arm in arm with another woman, and called my name (75).

No sólo se niega lo que el 'yo' afirma, sino también al revés: si el 'yo' niega algo, su otro lo convierte en afirmación ('It's a torture to have to hear the opposite of what I negate'). A partir de tales contradicciones, es sumamente difícil –si no imposible– definir al 'yo' doble, que en su oscilación 'yoyóica' entre dos voces, más que frustrar, viene casi a torturar al lector, como si el mismo fuera uno de los 'personajes' torturados de *Comment C'est*. «Blow-up» es una explosión en un mosaico irreconocible de significados: el lenguaje se reduce a una serie interminable de antítesis, contradicciones y paradojas que dan

---

[47] En *L'Innommable*, el narrador simultáneamente afirma y niega ser Worm, pero a fin de cuentas sólo es voz, es nada más que un *residuo* de personaje: «Je suis comme Worm, sans voix ni raison, je suis Worm, non, si j'étais Worm je ne le saurais pas, je ne le dirais pas, je ne dirais rien, je ne saurais rien, je serais Worm. Mais je ne dis rien, je ne sais rien, ces voix ne sont pas de moi, ni ces pensées, mais des ennemis qui m'habitent. Qui me font dire que je ne puis être Worm, l'inexpugnable. Qui me font dire que je le suis peut-être, comme eux ils le sont» (Beckett 1953: 101).

una apariencia de caos. Puede decirse que en *Yo-Yo Boing!* regresa el «centro dinamitado por la paradoja», que Cruz-Malavé (1995: 3) ve como subyacente a otra obra de Braschi (el libro de poemas *El imperio de los sueños*).[48] Esta imposibilidad del 'yo' de expresarse sino afirmándose y negándose a sí mismo remite inevitablemente a la voz del narrador de *L'Innommable* que al comienzo de la novela plantea el problema de cómo «Dire je» (Beckett 1953: 7).[49] Resulta que ese 'yo' de Beckett se encuentra, como el Yo de Braschi, en un proceso constante de hacerse y deshacerse. Al vomitar a Dulcinea, el Yo se hace eco del innombrable narrador de Beckett que avanza la posibilidad de darse a luz a sí mismo, de 'nacer-se': «C'est moi alors que je vomirai enfin, dans de rots retentissants et inodores de famélique» (63). Lo que emiten las voces en *Yo-Yo Boing!* está cerca del ruido que se emite por ejemplo a través de ese extraño 'Worm' en *L'Innommable*: en ambos casos las voces (si es que se puede hablar de 'voz') son presas de una exterioridad, una otredad que las priva de cualquier intimidad, que les quita cualquier posesión de un 'yo'.[50] Lo que se juega tanto en *Yo-Yo Boing!* como en *L'innommable* es entonces precisamente la incapacidad de nombrar. El problema es –de acuerdo con Clément (1994: 215)– «le nom du sujet (…) en tant qu'il a, qu'il peut, qu'il doit avoir un nom». Por lo tanto, se rechaza aquí la tesis de Dessús (2001: 420) según la cual *Yo-Yo Boing!* pone en escena varios personajes de carne y hueso.[51]

En cuarto lugar, se puede decir que tanto por el tema de la ceguera, la dialéctica amo/esclavo (el afán de dictar al otro) y la imposibilidad de encontrar un final, las voces de *Yo-Yo Boing!* hacen eco de Hamm y Clov, la pareja

---

[48] *Cfr.* Cruz-Malavé (1995).

[49] «Comment faire, comment vais-je faire, que dois-je faire, dans la situation où je suis, comment procéder? Par pure aporie ou bien par affirmations et négations infirmées au fur et à mesure, ou tôt ou tard [...] Les oui et les non, c'est autre chose, ils me reviendront à mesure que je progresserai, et la façon de chier dessus, tôt ou tard, comme un oiseau, sans en oublier un seul [...] Cependant je suis obligé de parler. Je ne me tairai jamais. Jamais» (Beckett 1961:7-8).

[50] *L'Innommable*, novela que se acerca a *Comment C'est* por su complejidad, es tal vez la obra beckettiana más opaca: intenta escapar a toda posibilidad de nombrar a través del lenguaje, e incluso intenta escapar al uso del lenguaje, paradójicamente a través del lenguaje mismo. Evidentemente, no importa quién es –como 'Godot'– ese 'innommable' –como tampoco importa saber quién es el Yo en *Yo-Yo Boing!*– ya que no se trata de ningún personaje; incluso hablar de 'voz' narrativa se vuelve problemático.

[51] A pesar de que Dessús pretende analizar el aspecto 'postmoderno' de la novela, en realidad no valoriza este aspecto por apegarse a la ecuación tradicional 'voz = personaje'. Así, las voces de «Blow-up», por ejemplo, pertenecerían para Dessús (2001: 420) a dos «personajes-escritores [que] conversan sobre múltiples temas».

inmortalizada por Beckett en *Fin de partie*.[52] Del mismo modo que en *Yo-Yo Boing!*, en *Fin de partie* ya no es la espera a *Godot*, sino la (im)posibilidad de 'tocar fondo' («el fondo del fondo donde no había fondo donde caer», 192), lo que hace avanzar el diálogo de Hamm y Clov.[53] Basta con recordar la memorable frase de Clov que abre el diálogo con su amo: «Fini, c'est fini, ça va finir, ça va peut-être finir» (15).[54]

---

[52] Hamm –viejo, ciego y sentado en un su sillón de ruedas– asume el papel de amo que le da órdenes a Clov, que aparece como su esclavo, por ejemplo cuando Hamm ordena a Clov que le prepare la cama porque quiere ir a acostarse (a pesar de que acaba de levantarse):

HAMM:	Tu n'en as pas assez?
CLOV:	Si! *(Un temps)* De quoi?
HAMM:	De ce... de cette... chose.
CLOV:	Mais depuis toujours. *(Un temps)* Toi non?
HAMM:	*(mornent)* Alors il n'y a pas de raison pour que ça change. [...]
CLOV:	Ça peut finir. *(Un temps)* Toute la vie les mêmes questions, les mêmes réponses.
HAMM:	Prépare-moi. *(Clov ne bouge pas)* Va chercher le drap. *(Clov ne bouge pas)* Clov.
CLOV:	Oui.
HAMM:	Je ne te donnerai plus rien à manger.
CLOV:	Alors nous mourrons.
HAMM:	Je te donnerai juste assez pour t'empêcher de mourrir. Tu auras tout le tempsfaim.
CLOV:	Alors nous ne mourrons pas. [...]
CLOV:	Pourquoi me gardes-tu?
HAMM:	Il n'y a personne d'autre.
CLOV:	Il n'y a pas d'autre place. *(Un temps)*
HAMM:	Tu me quittes quand-même.
CLOV:	J'essaie (Beckett 1957:19-20).

[53] Véase p.e. el pasaje siguiente, en el que, como en *Godot*, se plantea el problema del 'irse':

HAMM:	(avec angoisse) Mais qu'est-ce qui se passe, qu'est-ce qui se passe?
CLOV:	Quelque chose suit son cours. (Un temps)
HAMM:	Bon, va-t'en. [...] Je croyais que je t'avais dit de t'en aller.
CLOV:	J'essaie (Il va à la porte, s'arrête). Depuis ma naissance (*Ibíd.*: 28).

[54] Contrariamente a una escenificación mínima, un *plot* mínimo que permanece en Beckett, *Yo-Yo Boing!* en muchos aspectos va más lejos que el minimalismo y el absurdo beckettianos. Si en un texto como *Comment C'est* permanece un residuo de historia, en *Yo-Yo Boing!* las frases que se yuxtaponen se vuelven irreconocibles, como los miembros

Por último, la interpretación de *Yo-Yo Boing!* como 'novela beckettiana' permite matizar lo que sostiene Jean Franco con respecto a *Yo-Yo Boing!*: «[it] is a book that should be performed as well as read».[55] Lo que no sugiere la crítica es por qué esta 'novela' se presta a una puesta en escena o *performance* como si fuera una obra dramática.[56] Tampoco dice a qué tipo de obra dramática se acerca la novela. Tan sólo un vistazo a los diálogos que la componen, sin embargo, ya permite tener una idea de la fuerte carga de absurdidad que los atraviesa, de modo que es lícito hablar de un 'teatro del absurdo'. Para no caer en el error de la categorización fácil, cabe recordar la definición de Martin Esslin en *The theater of the absurd* (1962), que dio valor a este concepto y género (aunque el término nunca le gustó a Beckett), y que vale también para la lectura de *Yo-Yo Boing!*:

> The theatre of the Absurd merely communicates one poet's most intimate and personal intuition of the human situation, his own sense of being, his individual vision of the world. This is the subject-matter of the Theatre of the Absurd, and it determines its form, which must, of necessity, represent a convention of the stage basically different from the 'realistic' theatre of our time (Esslin 1969: 353; énfasis en el original).

Haciendo caso omiso de las instrucciones de puesta en escena, ausentes en *Yo-Yo Boing!*, esta primera definición del teatro del absurdo es interesante porque, más que con juegos anti-estéticos gratuitos, Esslin lo relaciona con la poesía y la intimidad humana, que regresan en la novela de Braschi. Puede decirse que (ante todo en «Black-out», y contrariamente a «Blow-up») lo absurdo constituye no tanto un escape al mundo ficcional de la misma manera que, por ejemplo, los poetas románticos, sino una visión sumamente personal e íntima del mundo, un 'sense of being' que cobra un alcance universal.

---

de un cadáver en proceso de descomposición. Ahora, *Yo-Yo Boing!* curiosamente no hace caso omiso de lo cotidiano en sus diálogos. Mientras que se puede argüir que en Beckett también hay elementos cotidianos (piénsese en el *setting* mínimo de las obras de teatro de Beckett (unos árboles, un pañuelo, unas sillas, etc.), en *Yo-Yo Boing!* la cotidianidad se observa sobre todo en el carácter fácilmente reconocible de las referencias culturales, políticas e incluso metaficcionales (por ejemplo: Almodóvar, Leni Riefenstahl, el estatus de Puerto Rico, la obra de Baudelaire, Poe, o la propia Braschi).

[55] En la contraportada de la edición de Latin American Review Press (1998).

[56] En sentido estricto, sólo la segunda y tercera parte, que constituyen la mayor parte de la novela, son dramáticas, ya que la primera es narrada por un narrador en tercera persona.

4.2. El diálogo inconcluso

No es casual que en *Yo-Yo Boing!*, precisamente en la parte que parece infinita («Blow-up»), se hable explícitamente de Maurice Blanchot y su obra *L'Entretien Infini*. El 'yo' dice en cierto momento (155) que «Blanchot writes a theory of an Infinite Conversation, but he doesn't create the infinite conversation». Tampoco extraña que uno de los diálogos en el libro de Blanchot, titulado «Les paroles doivent cheminer longtemps» (Blanchot 1969: 478-486), trate precisamente de la novela de Beckett que muestra un parangón importante con *Yo-Yo Boing!*: *Comment C'est*. Detrás de lo que Blanchot llama el vaivén de voces en la novela de Beckett, se detecta una voz errante e impersonal que en el análisis de *Yo-Yo Boing!* se ha interpretado como un 'flujo' (*cfr.* 1.2.).[57] La referencia a *L'Entretien Infini* (1969), aunque ocupa una sola frase, no es gratuita: *Yo-Yo Boing!* muestra varias correspondencias importantes con el libro de Blanchot (de todos modos más de lo que la voz deja traslucir). En primer lugar, «Blow-up» comienza con una escena aparentemente insignificante similar a la de *L'Entretien infini*: una puerta que se abre y que indica el punto de partida de una conversación entre dos locutores.[58] Como en «Blow-up», el diálogo entre dos voces en *L'Entretien Infini* (en realidad subdividido en tres diálogos intercalados) se quiere, como indica el título, 'inconcluso'. Clave es la oscilación de las voces que, en sus propias palabras, constituyen un *va-et-vient* no interrumpido (se refieren a sí mismas como «nous qui ne sommes l'un et l'autre que la nécessité de ce va-et-vient», Blanchot 1969: 478). Preguntándose por qué el filósofo francés no pone en práctica su concepto del diálogo inconcluso, las voces se autodefinen, además, como «bavardage», como un flujo de palabrería, conscientes de su situación absurda («l'absurdité de notre double voix immobile», *Ibíd.*: 479).

---

[57] «*Comment C'est* est notre épopée, le récit en trois chants de la citation première, avec ses stances, ses strophes, le va-et-vient qui, par interruptions presque régulières, nous fait pressentir la nécessité de la voix ininterrompue» (BLANCHOT 1969: 482). A la pregunta de quién es entonces esa 'voix ininterrompue' que se deja oír, la respuesta es: «C'est peut-être la voix de tous, la parole impersonnelle errante, continue, simultanée, successive, dans laquelle chacun de nous, sous la fausse identité qu'il attribue, découpe ou projette la part qui lui revient, *rumeur transmissible a l'infini dans les deux sens*, procession qui, ne s'arrêtant pas, réserve une certaine possibilité de communication» (*Ibíd.*: 484; énfasis en el original).

[58] Cabe recordar esta escena inicial: «Le sentiment qu'il a, chaque fois qu'il entre et lorsqu'il prend connaissance de l'homme déjà âgé, robuste et courtois, qui lui dit d'entrer, se levant et lui ouvrant la porte, c'est que l'entretien est commencé depuis longtemps [...] Comme toujours, l'un des deux attend de l'autre une confirmation qui, à la vérité, ne vient pas, non parce que l'accord ferait défaut, mais parce qu'il a été donné à l'avance: c'est la condition de leur entretien» (Blanchot 1969: IX).

¿Cómo interpretar entonces el diálogo infinito que entablan los dos inter-locutores en «Blow-up»? ¿Y por qué el simple acto de citar una frase de este diálogo es una empresa sumamente incómoda? ¿Puede irse más allá de la interpretación de la conversación como pura voz? El texto mismo problema-tiza la reducción de personajes a un 'algo' innombrable, a pura voz: «Y los personajes tuyos se te escapan. Es una alegoría de los perdidos». (162). Como *performance* de lo absurdo, en *Yo-Yo Boing!* faltan –a diferencia de la obra dramática de Beckett– las indicaciones para una posible escenificación. Una voz subraya la urgencia de dar más coherencia al texto introduciendo instruc-ciones: «I suggest you frame the dialogues with stage directions to usher the voices. Who is speaking. I am speaking. Then name the speaker» (152). El caos textual arriesga con arruinar el último resto de sentido; a medida que avanza la conversación, la necesidad de un mínimo de orden se impone («For clarity's sake so that it will hold up on the page», 152).

Sería exagerado decir que *Yo-Yo Boing!* es la puesta en práctica de los temas abordados por los interlocutores de Blanchot en su conversación infinita. Sin embargo, se trata de algo más que de una curiosidad intertextual. Así, se des-cubre otra correspondencia importante: la contradicción (afirmación y negación simultáneas de lo dicho) del 'yo' en *Yo-Yo Boing!* viene simbolizada en Blanchot de modo original: a través del doble signo (+/-) que sustituye al guión (–), la indicación tradicional del discurso directo en las obras de ficción (Blanchot 1969: IX-XXVI). Con este gesto, Blanchot quiere subrayar la simultaneidad de lo positivo y lo negativo en los diálogos. El vaivén de palabras sugiere que la voz del 'yo' doble (el innombrable 'Yo-Yo Boing') no progresa hacia la confi-guración de un personaje (tampoco un personaje como efecto del texto como en *Sirena Selena*) sino radicalmente hacia un orden indecible (que para Lacan sería el orden de lo Real), una posibilidad de soledad que impregna muchos de los escritos de Blanchot. El 'yo' es al fin y al cabo un 'no-yo', como el no-yo (*pas moi*) de Beckett.[59] Quizás hay otro progreso en la novela: un intento de las voces de trascender el pronombre 'yo' para lograr un estado 'más allá' de lo nombrable: el espacio de la neutralidad que Blanchot llama el *il y a.*[60]

---

[59] *Pas moi* (1963) es el título de otra obra de teatro de Beckett. Según Engelberts (2001: 324), el 'yo' en la obra de Beckett se revela como paradoja; se trata de distanciarse del 'yo' –buscar el 'no-yo' ('pas moi')– a través del 'yo': se trata de «Se supprimer, en effet, mais non pas à tel point que le soi n'existe plus: il faut le moi pour éviter le moi, tel est le paradoxe de l'inévitable soi».

[60] Si el *il y a* es básicamente una experiencia nocturna, un paso «from daylight into an experience of the night», como recuerda Critchley (1997: 31) en su análisis de la obra de

Como todo texto que trata lo absurdo –y Beckett es el ejemplo por excelencia– también *Yo-Yo Boing!* plantea el problema de la dificultad del acto
mismo de interpretación: si no se bloquea por completo la posibilidad de la
lectura, al proponer una interpretación ya surge la posibilidad de otra que
anula la anterior. Total, el texto, como versión abyecta de narrativas con un
plot mínimo sale constantemente a ser otro; como 'cadáver exquisito', *Yo-Yo
Boing!* multiplica las lecturas posibles y simultáneamente las aniquila. De la
serie infinita de posibilidades, aquí se proponen tres. Una primera posibilidad es que la novela, ante todo el diálogo inconcluso de «Blow-up» es una
estrategia de superar la abyección en el sentido que propone Blanchot: más
allá del vaivén de voces contradictorias se halla el *il y a*, el estado neutro que
anhela todo texto literario. Una segunda lectura consiste en considerar que el
'yo' informe y su rumor transmisible en dos sentidos es un sujeto que habla
desde la abyección. Se podría añadir aquí que esta segunda estrategia del Yo
es entonces operar como una luz, es decir, como un movimiento intensivo. Su
estrategia es, desde el ángulo del espacio antivisual que propone, contrarrestar
la abyección especular con *otra* abyección, informe como la propia luz, sin
recurrir a una pantalla (en el sentido lacaniano) para visibilizarse. Por fin, una
tercera lectura, de corte nihilista, consistiría en decir que el Yo es un sujeto
informe sin más; esto significa subrayar el estatuto absurdo del sujeto abyecto
como objetivación indiferente de lo Real (Φ).

4.3. La lengua abyecta

La oscilación del 'yo-yo' o vaivén se observa también al nivel de la lengua:
el 'yo' intenta forjarse una lengua 'nueva' a través de dos lenguas. El vaivén
entre el inglés y el español recuerda que este 'yo', como sujeto abyecto, es ante
todo lo que Kristeva llama en su ensayo sobre la abyección un 'constructeur
de langues'.[61] El inglés y el español se mezclan en el flujo abyecto de «Blow-
up», pero sin resultar en una lengua harmoniosa y consistente en la que pueda
expresarse.[62] Este 'yo', sin embargo, no es el esquizofrénico Wolfson que, según

---

Blanchot, en *Yo-Yo Boing!* ocurre un mismo desplazamiento: el deseo del Yo de alcanzar
un estado de neutralidad se observa en el episodio nocturno de «Black-out».

   [61] *Cfr.* Kristeva (1980: 16).

   [62] Sommer y Vega-Merino (1998: 11) ya anuncian en la introducción a la novela que
Yo-Yo Boing! se instala en un espacio bilingüe: «Speech stays unsettled between languages. That is, Spanish and English don't settle down in domestic Spanglish harmonies»;
no hay, en efecto, una fusión de dos lenguas sino que el español e inglés permanecen dos
lenguas diferentes e identificables. YYB no es, pues, una novela escrita en *spanglish*. Ahora
bien, las críticas se contradicen cuando luego sugieren que la novela celebra el *spanglish*:

Deleuze, recompone el *éclat de sens* del lenguaje, soplando nuevo sentido en las palabras.[63] Al contrario, predomina el sinsentido en toda la segunda parte. Se puede interpretar el nacimiento absurdo de esa 'Dulcinea' y la idea de que el 'yo' sea su madre (*cfr.* 'she thought I was her mother', 58) como metáfora del problema de la 'lengua madre' o lengua materna del 'yo'. Para el 'yo' en «Blow-up», moverse sobre el territorio de lo animal es el único modo de expresarse: «none of us realizes that all we can do is bark» (140). Es significativo que en un texto llamado «Sin pelos en la lengua», Giannina Braschi (2000: s.p.) describa el bilingüismo como:

> [...] un perro realengo atravesando un puente entre el norte y el sur, entre el siglo XX y el siglo XXI, entre Segismundo y Hamlet, entre Neruda y Whitman, entre Dickinson y Sor Juana, entre Darío y Stein, entre Sarmiento y Melville– entre los dos yo's en choque está el Yo-Yo Boing!

Teniendo en cuenta que Braschi compara el bilingüismo con un 'perro realengo', la oscilación entre español e inglés en «Blow-up» es inseparable del proceso de abyección de la segunda parte de la novela. En una entrevista personal (Braschi 2003), la escritora relaciona esta visión como opuesta a la metáfora vegetal de la pérdida de raíces, refiriendo a sí misma como «an animal that walks over the earth, moves her tail and barks; that's my voice». La metáfora del 'perro realengo' insiste en el carácter errante y abyecto de esta forma de (no-)expresarse. La novela da, pues, adrede una visión poco halagadora del fenómeno del bilingüismo, relacionándolo directamente con la expulsión del sujeto hacia un lugar Otro, una zona abyecta a la cual Kristeva refiere como el

---

«Braschi flaunts the 'punto y coma,' by writing in Spanglish, exulting in the political and cultural possibilities of biculturalism» (*Ibíd.*: 15). Sin embargo, luego las críticas cambian de opinión: sostienen que Braschi «wants to feel at home in her Spanish-language New York. She insists on it, by affirming her place, and by domesticating the Spanish language, a bit» (*Ibíd.*: 16). Sin especificar qué entienden exactamente por 'domesticar el español', terminan por celebrar la novela como una defensa de la lengua española: «The novel may well be taking a political stand [...] by claiming the right to dream, groom, philosophize, negotiate, all in Spanish» (*Ibíd.*: 17).

[63] En su análisis fascinante del esquizofrénico Wolfson, Deleuze (1970: 17) sostiene que «Aux mots éclatés qui sont la passion douloureuse du schizophrène, il [Wolfson] oppose des mots entiers, idéalement indécomposables, à la fois liquides et continus, cimentés et totaux, venus de toutes les autres langues, et qui forment son action, son 'exploit'». En *Yo-Yo Boing!*, en cambio, no se encuentra este intento de 'soplar' nuevo sentido en el flujo bilingüe, sino que «Blow-up» es en cierto modo la 'explosión' de todo lenguaje, y, en el sentido lacaniano, de la posibilidad misma de asumir una subjetividad.

territorio de lo animal (*cfr.* 1.4.), una zona de exclusión, como único lugar donde pueda constituirse como sujeto. Este sujeto bilingüe no es 'perro de raza' sino perro callejero, nómada, híbrido, un perro que va «metiendo la pata, pisseando aquí y pisseando allá (*sic!*)» (Braschi 2000). Mientras que Gertrude Stein decía que no tiene problemas en tener raíces, siempre que pudiera cargar con ellas a todas partes,[64] Braschi, para describir la errancia del sujeto abyecto, sustituye la metáfora vegetal (que al fin y al cabo indica un estado estático) por otra, animal. La mezcla de lenguas hace aquí que las fronteras del texto pierdan su nitidez y homogeneidad: su duplicidad misma crea un exceso, convierte el texto en un cuerpo radicalmente impuro, fronterizo, el espacio liminal donde se juega lo abyecto (*cfr.* Kristeva 1980: 11: «La limite est devenu un objet. Comment-puis je être sans limite»). Sommer y Vega-Merino (1998: 14) subrayan este exceso de la compleja expresión bilingüe en *Yo-Yo Boing!*: «Words are squeezed out through the mouth, or they come rushing; sentences pose in various lights, to show pelos y señas, sometimes to remain hirsute as evidence of living pro-cesses». Ocurre no sólo una abyección de la palabra que aparece como exceso (mostrando 'pelos y señas'), sino una verdadera 'desterritorialización' al nivel del idioma por la mezcla de las dos lenguas que componen la novela, por la cual se entiende el uso *intensivo*, a-significante y a-byecto de la lengua tal como la definen Deleuze y Guattari (1975: 41).[65] Se puede decir que el lenguaje absurdo en *Yo-Yo Boing!*, reducido a 'combustiones catastróficas' contribuye a una 'animalización' radical del sujeto (*cfr.* el nacimiento de Dulcinea). Si el 'yo' 'ladra' como una perra e imita el zumbido de una mosca, es porque «les mots eux-mêmes ne sont pas 'comme' des animaux, mais grimpent pour leur

---

[64] *Apud* Duchesne (1999: 42).

[65] En su libro *Kafka, pour une littérature mineure*, Deleuze y Guattari (1975: 35) elo-gian el bilingüismo de Beckett y su creación de una 'literatura menor' irlandesa, junto con Joyce: «Tous deux, Irlandais, sont dans les conditions géniales d'une littérature mineure. C'est la gloire d'une telle littérature d'être mineure, c'est-à-dire révolutionnaire pour toute littérature. Usage de l'anglais, et de toute langue, chez Joyce. Usage de l'anglais et du fran-çais chez Beckett. Mais l'un ne cesse de procéder par exubérance et sur-détermination, et opère toutes les réterritorialisations mondiales. L'autre procède à force de sècheresse et de sobriété, de pauvreté voulue, poussant la déterritorialisation jusqu'à ce que ne subsistent plus que des intensités».

Puede decirse que el español en *Yo-Yo Boing!* desempeña el papel de lengua de 'exu-berancia' y 'sobredeterminación' (en «Close-up» y «Black-out»), mientras que el inglés, injertado en «Blow-up» se presenta en secuencias de empobrecimiento lingüístico (p.e. La secuencia repetitiva en que el Yo 'chupa' olores de pudredumbre, *cfr.* 3.1.). En su estudio, Loustau se detiene ante la importancia del concepto de la desterritorialización en el libro de poesía *El imperio de los sueños* de Braschi.

compte, aboient et pullulent, étant des chiens proprement linguistiques, des insectes ou des souris» (*Ibíd.*: 41). La única manera de expresarse para el 'yo' es convertirse en perro 'proprement linguistique' usando el texto como territorio radicalmente desbordado, *impropre*, de lo abyecto.

El título mismo de la novela, como signo doble, relega al lector a un espacio de otredad. El lector ideal de la novela (i.e. el lector implícito) sería a primera vista un lector bilingüe (por la presencia de los dos idiomas), puertorriqueño (el título no sólo hace énfasis en el juego con el pronombre 'yo', sino también refiere al nombre de un conocido actor).[66] Para el lector anglófono, en cambio, 'Yo-Yo Boing!' no es más que pura sonoridad, un resto risible, si no es un saludo superficial o el sonido de un cómic. Tanto en español como en inglés, sin embargo, el 'yo-yo' permanece como signo legible de juego y oscilación, mientras que 'boing!' sería un puro residuo cómico. Ahora bien, este proceso de usar dos lenguas nos lleva una vez más a Beckett, en cuyas novelas lo abyecto nunca está lejos, como es por ejemplo el caso de *Molloy*:[67] escrita original-mente en francés, el título refiere a un nombre irlandés; ya que todo nombre es intraducible, se crea un resto intraducible en la versión original. En suma, *Yo-Yo Boing!* es una novela de restos, y habla *desde* esos restos, habla *desde* el lugar indecible de la abyección. El bilingüismo de autores como Beckett, que consistió en la autotraducción de su obra, ha dejado perplejo a más de un crítico. En ese proceso mismo, Beckett creó los *restos* que Derrida interpreta no tanto como cosas redundantes sino como elementos imprescindibles en el proceso de traducción.[68]

Sin embargo, he aquí también al nivel de la lengua una tendencia en *Yo-Yo Boing!* a superar lo abyecto; este intento se da a través de la frecuencia misma del incansable *code-switching*. En «Blow-up» se observa un intento de superar la oscilación entre una lengua principal (lengua-sujeto) y una lengua

---

[66] 'Yo-Yo Boing!' es el nombre artístico del comediante puertorriqueño Luis Antonio Rivera, quien habría tenido influencia en Braschi durante su juventud. *Cfr.* entrevista con la autora (Braschi 2003).

[67] Es el título de la primera novela de la trilogía de Beckett, cuyo protagonista (Molloy) lleva este nombre.

[68] Derrida, en una entrevista con la revista puertorriqueña *Postdata*, aclara esta idea: «[Hay que] aceptar de todas maneras la traducción [...], una traducción que no sea trans-parente, una traducción con restos» (Derrida 2000: 5). Es interesante la observación de Houston Jones (2001: 177) quien interpreta el fenómeno de la traducción en la obra de Beckett como una forma de abyección: «If Beckett's writing may be related to a crisis like that of abjection in which it desperately attempts to properly constitute itself in the realm of the symbolic, the effect is to implicate the production of meaning in an unaccountable, inassimilable 'elsewhere'».

secundaria (lengua-objeto). En este sentido, el *code-switching* en la novela se puede interpretar también como intento de vencer la duplicidad y lo abyecto, de acuerdo con la creación de un diálogo infinito.[69] Cuando el 'yo' describe este exceso («extra pieces», 46) como «lo desechable, lo caprichoso y lo arbitrario» (*Ídem.*), sugiere que –¿alusión a su propio cadáver?– no se echen estas piezas en un incinerador: «[they] should not be thrown in the incinerator» (153). El texto toma una posición ambigua frente al fenómeno del bilingüismo: si por una parte presenta el bilingüismo como proceso de abyección, por otra lo reivindica como espacio propio para expresarse, aunque convierte el lenguaje en nada más que «langage arraché au sens» (Deleuze/Guattari 1975: 38).[70]

¿Cuál es el sentido entonces de crear un texto bilingüe? Aunque puede decirse que el español es la lengua dominante en la novela (dos de las tres partes están exclusivamente en español), el bilingüismo crea aquellos restos abyectos que, según Derrida, son inevitables y necesarios. En una entrevista con la revista *Postdata*, en ocasión a una visita de Derrida a la Universidad de Puerto Rico, el filósofo subraya algo relevante para este análisis: que hay que «aceptar que no haya un monolingüismo, que no haya solamente una lengua, aceptar la lengua del otro». Insiste, además, en la necesidad de crear textos bilingües a expensas de su carácter imposible, puesto que la puesta en competencia de varias lenguas (refiere por ejemplo a James Joyce y a sus pro-

---

[69] El sociolingüista Auer (1998: 20) explica así esta tendencia a la neutralidad a través del *code-switching*: «It seems natural that frecuent code-alternation weakens the contextualisation value of this cue. In gestalt-psychological terms, the figure of code-alternation is most salient against a ground which is not in itself mixed, but monolingual. The more frequently code-alternation occurs, the less salient it becomes; as a consequence, the potential for using it in discourse-related ways is diminished. At the same time, the extra-conversational ('social', 'political', etc.) dimensions of code alternation are generally lost in its individual occurrence, a process which might be compared to semantic bleaching in grammaticalisation».

[70] Podría decirse que este optimismo del Yo con respecto al bilingüismo crea un contrapunto con su obsesión con lo abyecto. Por una parte, el Yo plantea el problema de encontrar lectores («You must realise you're limiting your audience by writing in both languages», *Ídem.*), por otra sueña con derrumbar los muros lingüísticos de la torre de Babel: «El muro de Berlín fue derribado, why can't I do the same. Desde la torre de Babel, las lenguas han sido siempre una forma de divorciarnos del resto de la humanidad. Poetry must find ways of breaking distance. I am not reducing my audience. In the contrary, I'm going to have a bigger audience with the common markets –in Europe– in America. And besides, all languages are dialects that are made to break new grounds. I feel like Dante, Petrarca and Boccaccio, and I even feel like Garcilaso forging a new language. Saludo al nuevo siglo, el siglo del nuevo lenguaje de América y le digo adiós a la retórica separatista y a los atavismos» (142).

pios textos) es una manera de crear un efecto de desconstrucción: «Creo que un texto con vocación deconstructiva es un texto escrito en varios idiomas» (Derrida 2000: 5), a lo cual agrega que «no es fácil admitirlo» (*Ídem*). Por lo tanto, el filósofo no vacila en radicalizar su punto de vista: «el porvenir de la humanidad será el bilingüismo».[71] Así, Derrida repite lo que ya plantea su *Le monolinguisme de l'autre* (1996). Una lengua materna es siempre la lengua del otro: «Oui, je n'ai qu'une langue, or ce n'est pas la mienne» (Derrida 1996: 15), con lo cual el filósofo ataca la idea ilusoria de una pureza lingüística. Una lengua proviene siempre de un Otro que no le pertenece, aunque como la imagen en el espejo le da esta ilusión: «la langue est à l'autre, venue de l'autre, la venue de l'autre» (*Ibíd.*: 127).

Ahora, desde el punto de vista del contexto de la diáspora puertorriqueña en el cual se ha escrito la novela, *Yo-Yo Boing!* también cumple con otro merito, específicamente en el contexto literario norteamericano: el de incomodar al inglés como lengua literaria exclusiva, inyectando, a través de un 'yo' 'sin pelos en la lengua', otro idioma, 'con pelos y señales'.[72] El acto vanguardista de *Yo-Yo Boing!* consiste *last but not least*, en insistir en la importancia de aceptar el sujeto bilingüe sin caer en la trampa de hacerlo meramente por una actitud *politically correct* hacia el otro.[73]

---

[71] Si el bilingüismo en el caso de Puerto Rico ayuda a romper «la hegemonía de la lógica colonial», tal como apunta Derrida, es porque esta hegemonía en los tiempos de globalización ha resultado en lo que el filósofo llama «un verdadero holocausto de lenguas» (*Ibíd.*: 6).

[72] *Yo-Yo Boing!* avanza la necesidad de convertirse en 'yo-yo' lingüístico como modo para sobrevivir. La maestría y el uso del inglés es, más que en la isla, una necesidad primaria para sobrevivir para los puertorriqueños de la diáspora en EE. UU. En la escritura de Braschi se reconoce ese intento de supervivencia que Derrida formula como la necesidad «que uno hable más de una lengua aunque uno tenga que aprender el inglés para sobrevivir [...] pero que eso no signifique renunciar al español, o al español mejicano o puertorriqueño» (*Ibíd.*: 6).

[73] Esto no significa, sin embargo, que Braschi apoyara a escritores como Rosario Ferré, que celebran la esquizofrenia lingüística y cultural, un acto que a Braschi (como a Santos-Febres) le parece irresponsable. En este sentido, Sommer y Vega-Merino (1998: 15) apuntan con razón que Braschi «notes that the 'esquizofrenia portorricensis' (the bicultural/bilingual model) that Ferré endorses is but a continuation of the Commonwealth (estadolibrista) rhetoric, that has been forced on Puerto Ricans since the 1950s with one, unambiguous goal: assimilation. From this position, keeping Spanish dominant, in the face of so much pressure against it, has been practically heroic».

VI

Sujeto abyecto y nación

> L'ambiguïté suppose un secret qui sans doute
> s'exprime en s'évanouissant, mais qui dans
> cet évanouissement se laisse entrevoir comme
> vérité possible.
>
> Blanchot, *Faux pas*

> Nous sommes passés d'un animal à l'autre, de
> la taupe au serpent, dans le régime où nous
> vivons, mais aussi dans notre manière de
> vivre et nos rapports avec autrui. L'homme
> des disciplines était un producteur discon-
> tinu d'énergie, mais l'homme du contrôle est
> plutôt ondulatoire, mis en orbite, sur faisceau
> continu. Partout le surf a déjà remplacé les
> vieux sports.
>
> Deleuze, *Pourparlers*

> The only way not to be deceived is to main-
> tain a distance from the symbolic order, i.e.
> to assume a psychotic position.
>
> Žižek, *Looking awry*

1. Los tres sujetos abyectos

Podría tratarse de colocar los tres sujetos abyectos que corresponden a cada
novela –el sujeto existencialista de *Sol de medianoche*, el sujeto espec(tac)ular
de *Sirena Selena vestida de pena*, y el sujeto informe de *Yo-Yo boing!*– dentro
del esquema de Lacan establecido (y ampliado con los dos conceptos de Kris-

teva) en el capítulo teórico (II). Cabe recordar que lo abyecto se encuentra en una posición *entre* sujeto y objeto, ambigüedad ontológica que en el comentario al esquema se indicará con el símbolo '⇔'. Las flechas indican los desplaza-mientos (no unidireccionales) de los tres sujetos. Cabe recordar que ninguno de los tres tipos de sujeto abyecto llega, alguna vez, a *ser* sujeto, ya que como sujetos-en-proceso se mueven entre dos polos (sujeto / objeto). Luego se ana-lizará la relación fundamental entre texto y contexto.

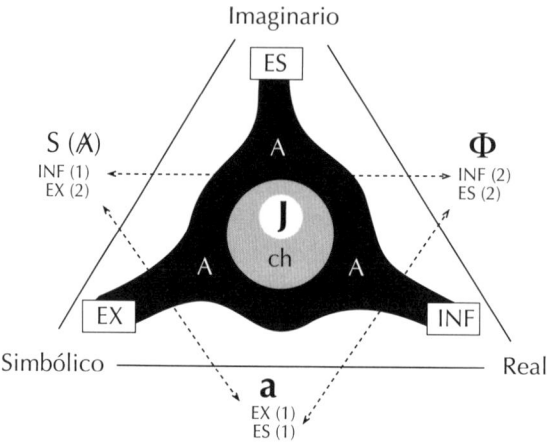

1.1. El sujeto existencialista: a ⇔ S(Ⱥ)[1]

El sujeto existencialista se encuentra, como sujeto abyecto, entre dos obje-tos, entre **S(Ⱥ)**, el objeto de intercambio que circula en lo simbólico, y **a**, el objeto-causa del deseo.[2] La posición ideal del sujeto existencialista sería **EX**, plenamente situado en lo Simbólico, pero es una posición que nunca llega a ocupar). Teniendo en cuenta que la náusea le llega a Manolo a través de la pro-pia imagen en el espejo, el objeto **a** sería el punto de partida. Distanciándose

---

[1] Las tres siglas usadas (**EX**, **ES**, **INF**) se refieren cada una a un sujeto abyecto distinto: **EX** = el sujeto existencialista; **ES** = el sujeto espec(tac)ular; **INF** = el sujeto informe. Las cifras detrás de las mismas indica la posición variable que puedan ocupar los sujetos.

[2] Siguiendo a Žižek (1994: 11) **S(Ⱥ)** es «el objeto simbólico que, en la medida en que no puede reducirse al juego especular imaginario, registra la imposibilidad en torno a la cual está estructurado el orden simbólico, es decir, el pequeño elemento que pone en movimiento la cristalización de la estructura simbólica». Este objeto que circula entre los sujetos representa la presencia material de lo materno, un resto que no puede reducirse a una red de relaciones formales como la de la estructura simbólica y que «sirve como una especie de garantía, prenda, en su relación simbólica» (*Ídem.*).

del objeto *a*, el detective, sin embargo, permanece como un resto, una ruina humana, que sigue circulando entre los sujetos. Aunque lo parece a primera vista, Manolo no es por tanto pura indiferencia; no es un puro vacío sino que su presencia, por insignificante que parezca, *es* importante. El sujeto da, como síntoma, una consistencia mínima a la estructura simbólica (metaforizada por el hospitalillo), en que aparece como una protuberancia repugnante, un trozo de goce.

Así, el sujeto existencialista tiende primero a ser el objeto *a* (posición indicada con *EX 1*), objeto especular, para luego inclinarse hacia *S(A̶)* (en la posición *EX 2*), objeto de intercambio no-especular, único, pero también «índice de la impotencia del padre» (Žižek 1994: 13). El objeto-causa del deseo *(a)*, la imagen reflejada en el espejo, lo envuelve en primera instancia en un narcisismo feroz (*cfr.* el juego de identificación de Manolo que se refleja en la imagen ideal de su hermano gemelo), que luego entra en una crisis por la contingencia, simbolizada por *S(A̶)*. Lo que al principio al sujeto abyecto le pareció atractivo (un ideal, una imagen) se cubre de náusea, de tal modo que sobrevive bajo el signo del Apocalipsis. Su acceso a la *Xora* (*ch*) semiótica queda bloqueado por la náusea que lo mantiene estático, inmovilizado, alternado con momentos extraños en los que entra en un estado psicótico (*cfr.* su esquizofrenia). Gana sin embargo acceso a la *Xora* materna a través del agua: genera el efecto del receptáculo semiótico arcaico, cuyo efecto es momentáneamente liberador. En momentos de alucinación (visual o auditiva), en cambio, desaparece por completo la barrera que separaba el mundo simbólico de lo Real: el sujeto queda temporalmente absorto en un goce psicótico.

Es por este carácter no-especular por lo que el sujeto abyecto sería importante en la presencia de los dobles ilusorios de Manolo. El *S(A̶)* no tiene contrapartida, y por esta misma razón debe circular como seudosujeto, un antidetective, entre los demás, cuya *brega* es un juego perverso, sin tener verdadero interés en el otro (a excepción de Nadja que al fin y al cabo realiza su nombre –a pesar de ser una parodia bretoniana–: le da una chispa de esperanza). Como sostiene Žižek, el papel paradójico del objeto/síntoma *S(A̶)* es que «although it is a leftover of the Real, an 'excrement', it functions as a positive condition of the restoration of a symbolic structure: the structure of symbolic exchanges between the subjects can take place only in so far as it is embodied in this pure material element which acts as its guarantee» (Žižek 1989: 183).

Como los objetos fútiles que circulan entre los habitantes del hospedaje a menudo son causa de riñas (una foto, un coche que uno prestó al otro, etc.), el investigador privado parece reducido a tal objeto sintomático de circulación. El mismo Manolo parece, en efecto, otro síntoma repugnante, pero que da un impulso de vida mínimo a este «basurero humano» (19). Por desastroso que parezca en su ser y actuar, garantiza una consistencia mínima al universo, al mismo tiempo que pone el dedo en la llaga: su mera presencia recuerda que el orden simbólico, el gran Otro, es «always *barré*, failed, crossed-out, mutilated, and the contingent material element embodies this internal blockage, limit, of the symbolic structure» (Žižek 1989: 183). La mera presencia de Manolo, por frágil que sea, recuerda que una catástrofe es siempre inminente, fuera del control del sujeto. Al fin y al cabo, el protagonista es otra 'mancha' patológica en la corrupta red social en que se sitúa. Por tanto, el lector sabe desde el principio que cualquier intento de mentir del detective es risible.

1.2. El sujeto espec(tac)ular: a ⇔ Φ

El sujeto espec(tac)ular, en cambio, halla su posición ideal en lo Imaginario (*ES*), lugar ilusorio (como lo Simbólico lo es para el sujeto existencialista). Se mueve ora hacia el objeto *a*, que abre un vacío en la existencia del sujeto, ora hacia *Φ* (*phi*), la objetivación indiferente, imaginaria, de lo Real, es decir, una imagen que da cuerpo al goce imposible. El primer movimiento (*ES 1*) significa una realización de lo Simbólico. El objeto-causa de deseo (*a*) se realiza concretamente en la creación de una identidad fantasmática: el travesti Sirena, un signo que quiere ser ilegible a fin de deshacerse de su cara abyecta y ser aceptado en el orden simbólico. En segunda instancia (*ES 2*), sin embargo, el sujeto abyecto debe admitir su carácter ilegible, su estatuto indiferente de *Φ*: es una *imagen* que encarna algo imposible. Es decir, se trata de una encarnación de lo Real, que aparece en *Sirena Selena* cuando el travesti, como inútil pero peligroso monstruo, amenaza como mancha patológica[3] el cuadro de *glamour*; lo hace no-transparente. Al principio, el sujeto quiere crear un signo, una identidad para darse consistencia en el orden simbólico (el objeto *a* en posición *ES 1* proporciona esta solidez). Para ser signo, Sirena debe ser *performance*, transformarse en otro, tener un nombre artístico, una voz, en suma, una imagen. La configuración del sujeto travesti crea, sin embargo, una tensión simbólica, ya que el signo al mismo tiempo resulta ilegible. Como aclara Butler (1993: 129) en su análisis de Venus Xtravaganza, el protagonista travesti de *Paris is burning*,

> Significantly, this is a performance that works, that effects realness, to the extent that it *cannot* be read. For 'reading' means taking someone down, exposing

---

[3] Cabe recordar aquí el significado de 'homosexual' que cobra la palabra 'pato' en el contexto puertorriqueño popular.

what fails to work at the level of appearance, insulting or deriding someone. For a performance to work, then, means that a reading is no longer possible, or that a reading, an interpretation, appears to be a kind of transparent seeing, where what appears and what it means coincide (énfasis del autor).

Desde luego, a un nivel superficial las «perversas inocencias» (44) de Sirena, su sensibilidad «asesina» (*Ídem.*) son interpretables como las señales más evidentes de su condición abyecta. A un nivel más profundo, el travesti lucha por ser respetado en tanto como sujeto: quiere ser real, es decir transparente y legible para el Otro, y por tanto debe disimular, convertirse en un signo ilegible. La fascinación del travesti fácilmente convierte a este 'tigre de papel' en monstruo nauseabundo, una peligrosa criatura innombrable (objeto *Φ* en posición *ES 2*), representante de lo irrepresentable. A pesar de su voz, en última instancia Sirena es una imagen, una encarnación muda de una *jouissance* imposible. Usando el Otro, el sujeto espec(tac)ular promete al otro ser la puerta de acceso a lo sublime, a la *Chose*.

Sirena Selena vestida de pena trata la subjetivización como identificación especular, y presenta el poder de la *brega*, la anamorfosis mimética, como estrategia de resistencia. Propone que a la Mentira del gran Otro, la Verdad coherente que propone el orden social, hay que contestarle con otra mentira: el sujeto, si quiere sobrevivir 'de cierta manera' y 'con cierta dignidad', debe inscribirse en la Mentira del gran Otro, es decir del Orden Simbólico.[4] Desde esta perspectiva, Sirena y Martha pueden interpretarse como sujetos *histéricos*, no por ser travesti, sino porque colocan su *deseo* en el Otro, desean *desde* el Otro; interpretan al Otro no sólo como fascinante y atractivo sino también como un todo coherente donde se sitúa la Verdad. La *brega*, por su parte, puede verse como una perversión, basada en la mentira (*cfr.* capítulo III, 4).

Para mostrar su condición abyecta, el sujeto espec(tac)ular no se 'expone' pasivamente al Sol, sino para cubrir la herida. Va un paso más allá: intenta

---

[4] Žižek (1994: 193) resume bien esta idea clave de Lacan: «La paradoja es que la verdad intersubjetiva [del gran Otro, el orden simbólico] sólo puede enunciarse en la forma de una mentira, de la falsedad del contenido proposicional: no hay ninguna 'síntesis' por medio de la cual sea posible articular la verdad (intersubjetiva) en la forma de verdad (proposicional), puesto que, como dice Lacan, la verdad siempre tiene estructura de ficción». Un ejemplo controversial de Žižek es el que Cristo sería el histérico por excelencia, ya que reconoce los pecados del otro como suyos, pagando el precio por ellos: «If the sinner is, in terms of his libidinal economy, a pervert, Christ is clearly hysteric. For hysterical desire is the desire of the other. In other words, the question to ask apropos of a hysteric is not '*What* does he/she desire? What is the *object* of his/her desire?' The real enigma is expressed in the question 'From where does he/she desire?'» (Žižek 1991: 79)

colocar su nuevo 'yo' en el centro del sistema solar, es un Ícaro que con su nueva piel (cuya fragilidad ignora) despega hacia el Sol.[5] Su falta de consistencia en cualquier sociedad siempre amenaza a Sirena con aniquilarlo, de modo que parte siempre en busca de otro horizonte para jugar su juego. Este 'asalto' de lo Real queda metaforizado en la luz que promete, conquista, despierta pasiones, hace circular y finalmente mortifica, aniquila al sujeto, abyectándolo. Si el sujeto se convierte activamente en *trompe-l'œil*, en un fascinante objeto anamorfótico, es porque es sujetado a lo que se ha llamado aquí la abyección espectacular (*cfr.* capítulo II). La condición para ser señuelo es saber desaparecer en la presuntuosa 'transparencia' del gran Otro en que se mueve. Como objeto anamorfótico, Sirena se mueve entre lo Simbólico y lo Real, pero no es capaz de consolidar una posición sólida en el orden simbólico. En otras palabras, no es capaz de cambiar su estatuto de *surplus* abyecto, de parte de lo Real, y por tanto está predestinado a nacer fugazmente, a 'salir a ser otro' para morir y volver a nacer. El círculo se cierra. Si el público «paga por verla sufriendo» (253), y el travesti «muere de pena frente a su anfitrión» (*Ídem.*), a fin de cuentas se somete y vuelve a someterse a una luz mortificante que lo capta –y captura– con su mirada. Ser *trompe-l'œil*, como quiere Sirena, es necesariamente ser ilusión, un 'algo' abyecto disfrazado de fantasía, un vestido simbólico cuyo borde con lo Real es sumamente frágil.

Sin embargo, este sujeto conserva de modo más convincente que el sujeto existencialista su *Xora* (**ch**) –el 'receptáculo' que funciona como una esfera de energía– que rodea el goce y que funciona como capa protectora; a pesar de su represión en el orden simbólico, la *Xora* del sujeto espec(tac)ular (la energía semiótica comprimida en la voz de Sirena) lo rescata del eclipse total: la *Xora* materna regresa de manera imprevista y ejerce un efecto protector sobre el sujeto.

---

[5] En el esquema lacaniano, este espacio de negocio imaginario con la luz es, en primer lugar, la pantalla opaca; en segundo lugar, en su goce el sujeto espect(tac)ular se mueve hacia el punto luminoso mismo, ignorando que en este lugar imposible (que coincide con la Mirada), no sólo participa de lo Simbólico (la Mirada es la presencia de otros como tal), lugar de fascinación, sino también de lo Real, como signo ilegible, como 'sínthoma' repugnante. Acercarse a este punto lo hace perder su posición frágil en ambos campos (Simbólico y Real). Por consecuencia, la luz, en su reducción a un objeto obsceno, lo obliga a empezar desde cero.

1.3 El sujeto informe: $\Phi \Leftrightarrow S(\cancel{A})$

El sujeto informe, por último, no atraviesa el umbral de lo visible como los sujetos existencialista y espec(tac)ular: su abyección no tiene nada de espec(tac)ular, sino que es testigo de un espacio nocturno, presimbólico, sin sentido. Su posición ideal se sitúa, por tanto, en lo Real mismo. Como candidato a $S(\cancel{A})$ es el significante vacío, innombrable (posición *INF 1*), de la carencia del gran Otro (el orden simbólico). Al principio («Close-up») su presencia da cierta consistencia al sujeto, que luego («Blow-up») se diluye por completo, para finalmente («Black-out») recuperar parcialmente su 'yo'. Esta oscilación puede interpretarse como una abyección del 'yo' que está a mitad de camino de ser sujeto: de signo simbólico, evoluciona hacia algo real para ser nuevamente simbolizado. O sea, al principio el 'yo' es $S(\cancel{A})$: éste funciona como objeto de intercambio en el mundo simbólico, pero esto no significa que participe de él: más bien registra la imposibilidad y la debilidad en torno al cual se articula este orden simbólico ya en ruinas.[6] El 'yo' recuerda, en este sentido, un sujeto similar de Beckett: el de Pim en *Comment C'est*, que desde una perspectiva lacaniana no resulta ser ni personaje, ni voz narrativa, sino un fragmento de lo Real intercambiable con otros 'personajes' aparentes como Pam, Bim, Bom etc. El 'yo' de *Yo-Yo Boing!*, en su ruido innombrable, es la masiva presencia de lo Real que expone la absurdidad del universo.

En última instancia, este sujeto oscila, como el espec(tac)ular, hacia Φ, la objetivación indiferente de lo Real, un fragmento del goce imposible (posición *INF 2*). Si el sujeto existencialista y el espec(tac)ular todavía problematizan un orden simbólico que, a pesar de estar en crisis, domina al sujeto, el 'yo' informe de *Yo-Yo Boing!* se sustituye a toda ley paterna (*Nom-du-père*), inexistente para él. Al lenguaje y lo simbólico les opone el caos de lo abyecto, un lenguaje sin sentido a punto de estallar en lo Real, flotando entre la posibilidad e imposibilidad de todo significado. Como fragmento de la (ir)realidad, este sujeto, de modo radical, da la prueba de que no hay un gran Otro, sugiere que éste está en ruinas o se ha tachado. Al mismo tiempo, su estatuto de Φ se encuentra cerca de la *Xora* pre-simbólica, el espacio de energías pulsionales que precede cualquier configuración simbólica del sujeto. Torcido entre Φ y $S(\cancel{A})$, de los tres sujetos, el informe yerra en la zona más paradójica: si el mundo referencial resulta imposible (su último vestigio está a punto de estallar, *INF 1*), hay un regreso paradójico a lo simbólico (*INF 2*). Del vacío, de la 'nada', pueden surgir violentamente fragmentos de un mundo referencial que se consideraba olvidado y remoto. En esta torsión debe situarse también

---

[6] *Cfr.* Žižek (1994: 13).

la función de la *Xora* (*ch*), que evita que el sujeto sea arrastrado en lo que el 'yo' llama un 'incinerador', ese *whirlpool* destructivo del goce (*J*). En suma, el sujeto informe no es puro nihilismo. El 'yo' es un sujeto que, aunque no encuentra salida, trabaja lo informe, sin pretensiones o promesas ofrece la posibilidad de crear algo nuevo *con* las cenizas. De esta chispa –una energía semiótica mínima en términos de Kristeva– surge la esperanza de un nuevo ritmo, un nuevo sujeto, ya no abyecto. Esta rebeldía mínima, nocturna –Nietzscheana tal vez–[7] sugiere que, en términos de Kristeva, un nuevo sujeto y una nueva sensibilidad están por llegar. Teniendo en cuenta que el sujeto –también el abyecto en toda su fragilidad simbólica– es constituido por lenguaje (para Lacan el sujeto no es un agente autónomo que habla sino que *es hablado*, i.e. se constituye a través del lenguaje),[8] sería no sólo interesante sino necesario ver cómo el contexto particular configura y desfigura cada sujeto. Los conflictos, situados sea en un cuerpo ambiguo, sea en un manicomio humano, o en un 'yo' absurdo, no nacen de la nada sino que siempre comunican con una red de referencias contextuales.

2. Del texto al contexto

2.1. Cohabitaciones conflictivas

En *Sol de medianoche*, a pesar de que el nombre de Puerto Rico aparece en algunas ocasiones, la palabra 'colonial' sólo se utiliza dos veces (11,12). ¿Significa esto que el problema colonial está ausente en la novela?

También en *L'Etranger* de Albert Camus escasean las referencias directas a la situación colonial de Argelia vivida por el escritor. ¿Puede estimarse la obra de Camus en su verdadero valor sin tener en cuenta la relación con la realidad socio-histórica de la Argelia colonizada? En *Culture and Imperialism* (1994), Edward Said critica la sobreinterpretación de la novela de Camus como una parábola de la condición humana' (Said 1994: 175). Una cosa es cierta: hasta finales de los años ochenta ha perdurado entre los críticos de la obra camusiana lo que Chaulet-Achour (1998: 18) formula como «une

---

[7] Por 'rebeldía nietzscheana' se entiende aquí una renovación radical *ex nihilo*, tal como lo interpreta Rosen (1995: 11) en su lectura de *Zarathustra*: «Nietzsche radicalizes renewal by equating it with origination, which is transferred from the level of the divine or cosmic to that of human existence».

[8] El verdadero sujeto no es el ego fantasmático que se imagina como unidad, sino el producto de imágenes sucesivas que lo alienan: es el sujeto del inconsciente que es producto del lenguaje (es decir, de los significantes del lenguaje).

lecture aseptisée par une inflation de commentaires académiques, évitant la référence à la colonie». Cabe subrayar que el problema colonial se aborda en Camus de manera oblicua. Como ya se sabe, Meursault es un *pied-noir*,[9] un personaje sumergido en un ambiente colonial sumamente conflictivo. Los *pieds-noirs* pueden considerarse en la colonia francesa del momento no sólo como 'extranjeros', sino también como 'hermanos' de los árabes, ya que ambas comunidades –pieds-noirs y árabes– son rechazadas por la *mère-patrie*. A la vez, estos 'hermanos' marginados son alienados unos de otros. El *pied-noir* vive en relación tensa no sólo con Francia sino también con Argelia, la tierra donde nació. En este sentido, el crimen de Meursault debe entenderse como la supervivencia de los *pieds-noirs*, una comunidad desarraigada y sin rumbo. El conflicto entre Meursault y el árabe no es sino el reflejo de esta situación colonial: se justifica por el conflicto entre Francia y la colonia argelina. Su acto desesperado es el resultado de la absurdidad que percibe Meursault como individuo colonizado. Es decir, su acto traduce el fracaso y la absurdidad de la *cohabitation* franco-argelina.[10] No cabe duda, por tanto, de que el conflicto entre Meursault y el árabe es el reflejo de la situación colonial: el *acte gratuit* se justifica por el conflicto entre Francia y la colonia argelina. También entre Manolo y su hermano gemelo existe una relación compleja y contradictoria. Si es verdad que puede leerse el fratricidio como un acto absurdo, la relación entre Frank y Manolo, que recuerda la de Abel y Caín, escapa a la interpretación fácil. En efecto, el protagonista se ha sentido siempre inferior a Frank, por ser menos exitoso y popular que él. Cuando su hermano parte para Vietnam, siente haber perdido «la gran oportunidad para probarme ante Frank» (14). Como *L'Etranger*, *Sol de medianoche* es también una novela del fracaso. El fracaso colonial francés en Argelia nos recuerda la otra cohabitación imposible, la de Puerto Rico como estado 'libre' y 'asociado'. No se trata de un fracaso en el sentido político de la alianza con EE. UU., fórmula que persiste desde hace más de medio siglo (aunque de manera sumamente conflictiva), sino en términos de una realidad en que el individuo queda marginado, atrapado en una red de consumo, violencia y crimen. *Sol de medianoche* refleja, desde este punto de vista, la condición colonial puertorriqueña que se vive hoy día, situación que es más compleja que nunca, hasta incomprensible, ya que el Puerto

---

[9] *Pied-noir* (o *colon*) es el apodo que se les daba a los franceses establecidos en la Argelia colonial; Argelia fue colonia francesa de 1830 hasta 1962.

[10] *Cfr.* Chaulet-Achour (1998), quien estudia la obra de Camus desde una perspectiva postcolonial, en relación con el fracaso de la aventura colonial francesa en Argelia.

Rico de la postmodernidad vive una realidad paradójica. No es casual que el 'loco' Carabine exprese una verdad importante acerca del fratricidio: «la gente no se despertó porque tú sabes cómo es por aquí [...] nadie ha visto nada, ni nadie sabe nada...» (70). Como ese perturbador escenario del crimen en *Sol de medianoche*, el Puerto Rico de la postmodernidad es, en palabras del sociólogo González Díaz (1998: 38), «un escenario [...] penetrado de la sensación de una irrealidad [...] vivimos en un país donde nadie sabe ni la hora que es, aunque a veces todos creamos saberlo».

Desde esta perspectiva, Rodríguez Juliá problematiza –más allá de las pesadillas de la historia puertorriqueña–[11] el absurdo persistente de ser colonia en una época en que lo 'postcolonial' está de moda. Por una parte, Puerto Rico es una colonia de consumo plenamente integrada al sistema capitalista estadounidense; por otra, algunos críticos (*cfr.* capítulo II) consideran que tiene el privilegio dudoso de ser una colonia postcolonial, por beneficiarse de una 'feliz alianza' con Estados Unidos. Puede decirse que, como nación sin estado Puerto Rico vive bajo el signo de $S(\cancel{A})$: es una nación que no tiene una contrapartida especular (*a*). Es como si hubiera iniciado pero no completado el estadio del espejo ('stade du miroir') lacaniano: le falta un *estado*-espejo, en que reflejarse, y por tanto anda circulando 'libremente' en una red de significantes políticos imaginarios con los cuales podría asociarse. Este 'estado' sólo puede ser candidato a *a*, puesto que como objeto su especularidad se vuelve abyecta (*a* sufre un cortocircuito, se vuelve imposible al ser 'libre' y 'asociado'). La estructura de intercambio simbólica se pone en marcha gracias a este pre-texto que garantiza el funcionamiento del carrusel del estatus al borde del lenguaje.

---

[11] Un aspecto interesante que se observa en *Sol de medianoche* es la reinterpretación de la historia como mito y utopía a la historia como *trauma* de la modernidad (*cfr.* Van Haesendonck 2001a). En sus novelas anteriores, Rodríguez Juliá ya problematizó lo que llama «las pesadillas de la historia» (Ortega 1991: 131), lo cual se percibe ante todo en el mundo del Puerto Rico del siglo XVIII evocado en la novela histórica *La noche oscura del Niño Avilés* (1984). *Sol de medianoche*, en cambio, ya no expresa la visión utópica del pasado que se encuentra en sus novelas históricas. Según Daroqui (1993: 120), para quien las pesadillas de la historia son una constante de la literatura puertorriqueña, *La noche oscura del Niño Avilés* forma parte del proyecto de revisión historiográfica en Puerto Rico, iniciado en los años setenta, por crear una visión mítica que se funda en una utopía y una historia apócrifa. A partir de la publicación de sus crónicas, el autor parece combinar su interés en la historia por una preocupación por la sociedad puertorriqueña contemporánea.

Ambos escritores discutidos aquí (Camus y Rodríguez Juliá) escribieron sus textos, no sólo *sobre* sino también *desde* la marginalidad colonial.[12] Camus no fue simplemente un escritor francés que abordó temas universales y que fue apropiado por el canon de la literatura francesa, sino que, como *pied-noir*, conoció profundamente el contexto colonial argelino y la complejidad del colonialismo. Aunque el fracaso de la *cohabitation* Francia-Argelia no se expresa explícitamente en el texto de Camus, no cabe duda de que está presente. Ahora, incluso ya muchos años después de la publicación de su novela, Camus declaró que en el caso de Argelia «l'indépendance est une formule purement passionnelle» (*Apud* Said 1994: 179). La razón de la imposibilidad de la independencia es que por las sucesivas migraciones, no existe algo como la 'nación' argelina, que resulta un concepto virtual: «Il n'y a jamais eu encore de nation algérienne» (*Ídem.*).

Como Argelia, Puerto Rico ha sido desde siempre un país fronterizo, producto de migraciones sucesivas.[13] Podría decirse que, como *S(𝕏)*, lo que en última instancia circula es la nación misma. *Borinquen* por su parte, es inconcebible si no se tienen en cuenta los continuos flujos de inmigración (del Caribe) y emigración (hacia EE. UU.). La heterogeneidad de los flujos hace que la nación puertorriqueña desborde las fronteras isleñas y que sea imposible definirla captando toda su diversidad, mientras que lleva también a conflictos más o menos abiertos.[14] Rodríguez Juliá rechaza, por lo tanto, el mito de la nación puertorriqueña como *gran familia* (mito que tuvo que rellenar el deseo del estado propio, es decir de *a*), planteando la pregunta: «¿Familia puertorriqueña o país de muchas tribus?» (Rodríguez Juliá 1983: 90), frase con la cual destaca la diversidad racial y social de la nación. Aunque Argelia obtuvo la independencia veinte años después de que Camus publicara *L'Etranger*, Puerto Rico sigue oficialmente dependiente de su madre-metrópoli. Si el Estado Libre

---

[12] Rodríguez Juliá (2000: 70) se identifica como individuo marginado cuando afirma: «Soy el cimarrón antiguo, soy el emigrante reciente, soy el tránsfugo playero que le ha dado la espalda a la sociedad, vivo al borde del filo, de este desamparo, de esta indefinición, me he vuelto más elocuente sencillamente porque puedo mirar mejor lo que me rodea, y ello quizás implique cierto tipo de levedad que identifico con el silencio».

[13] Ambos países fueron, además, sometidos a un proceso de modernidad conflictivo. Mientras que Puerto Rico fue convertido en *showcase* a la hora de la retórica progresista de la Operación Manos a la Obra, Argelia constituyó para el gobierno francés una especie de laboratorio de 'modernización' colonial (Said 1994: 348).

[14] «¿Cómo definir este pueblo? Definirlo es fácil, pero ¡qué difícil es describirlo! Es pueblo pueblo, mi pueblo puertorriqueño en su diversidad más contradictoria...» (Rodríguez Juliá 1983: 18).

Asociado ha creado una realidad colonial 'monstruosa', la estadidad sería, según Rodríguez Juliá, una fórmula tan pasional como la independencia.[15] Puerto Rico se ha quedado atrapado en lo que Manolo dice de sus persecuciones: «una trampa doble, laberíntica, una celada doble» (73), aunque sea sólo imaginaria. La cuestión del estatus de la isla se puede ver también como una especie de trampa doble construida en torno al pretexto ideal. Sería el perfecto *MacGuffin*, diría Hitchcock,[16] ya que en realidad no hay ninguna solución para el problema colonial.

Camus no fue, por supuesto, ningún desconocido para Rodríguez Juliá, ya que desde su juventud fue un ferviente lector de la obra del escritor francés. En una entrevista personal con Rodríguez Juliá, el autor confirma que, al escribir su novela, ha sido influenciado –entre otros escritores– por Camus: «*Sol de medianoche* es una novela que en última instancia es existencial, hecha a modelo de las novelas existenciales de Albert Camus, de Sábato, Arlt, y es también una novela muy de la época en que yo me formé, de mi juventud, la guerra del Vietnam, cuestión que fue muy importante para mi generación» (Rodríguez Juliá 2000). Además, en Puerto Rico, con algunas excepciones, nunca ha habido un gran interés por el existencialismo, lo cual se entiende por la obsesión por definir la *puertorriqueñidad*, es decir por buscar la *esencia* que defina la nacionalidad puertorriqueña (mientras que el existencialismo intentó hacer exactamente lo contrario: valga recordar la famosa frase sartreana «La existencia precede la esencia»).[17] Según Rodríguez Juliá, tal obsesión se explica por la persistencia de una problemática de índole colonial en Puerto Rico; en su

---

[15] Así declaró Rodríguez Juliá en un ensayo titulado «Statehood for Puerto Rico? It is time for a meaningful vote», publicado en el *Miami Herald* en vísperas del último referéndum celebrado en 1998: «I must admit that the possibility of arriving at a petition for statehood sometime in the near future begins to look remote: the costs that statehood would represent for the U.S. budget, and the fact that it would mean admitting to the union a Latin American state with a history, culture and language of its own, militate against it» (Rodríguez Juliá 1998).

[16] Žižek define el *MacGuffin* en las películas de Hitchcock como «the pure pretext whose sole role is to set the story in motion but which is in itself 'nothing at all' –the only significance of the MacGuffin lies in the fact that it has some significance for the characters– that it must seem to be of vital importance to them [...] That would be then, the precise definition of the real object: a cause which in itself does not exist – which is present only in a series of effects, but always in a distorted, displaced way. If the Real is impossible, it is precisely this impossibility which is to be grasped through its effects» (Žižek 1989: 163).

[17] Aunque este aspecto queda sin estudiar, algunos críticos han observado cierto existencialismo en la obra de René Marques (Peterson 1998) y Pedro Juan Soto (Casanova Sánchez 1978).

búsqueda de esencias, los escritores se habrían olvidado justamente de la existencia del sujeto mismo, y no podría ser otro vista la situación de colonialismo tardío en que se encuentran.[18] Cuando el mismo escritor califica a Puerto Rico de síntoma, de *abject colony* (Rodríguez Juliá 1987: 129), cabe preguntarse: ¿en qué la nación se acerca también a un 'cuerpo abyecto'? El colonialismo funciona en este caso como un proceso de abyección, un espacio conflictivo y ambiguo, que balancea el cuerpo colonizado, como el cuerpo de Manolo, entre estos dos polos (sujeto/objeto, libre/asociado), sin que se corte nunca ese vínculo con el cuerpo materno. Con su estatuto actual, Puerto Rico se encuentra evidentemente en una situación estrambótica: es un cuerpo que no ha podido separarse del todo del espacio materno del colonialismo, que corresponde al espacio materno, ni pertenece por completo a su 'madre' colonial: un cuerpo que es a la vez sujeto y objeto.

2.2. Puerto Rico como travesti

El travestismo, aparte de ser para el cuerpo colonizado una manera oblicua de sobrevivir, de *bregar* con el dolor adaptándose a la modernidad, es una metáfora que expresa la realidad contradictoria del Estado Libre Asociado. Sería la metáfora ideal para problematizar esta cohabitación conflictiva en un mismo cuerpo-espectacular. Del análisis de *Sirena Selena vestida de pena* resulta que esta poderosa metáfora no es, sin embargo, ninguna celebración postmoderna de un cuerpo híbrido.[19] Aunque se trata de dos fenómenos aparentemente separados, el travestismo y la esquizofrenia están en realidad estrechamente relacionados. Puede decirse, de acuerdo con Ackroyd (1977: 31) que «the behaviour of transvestites may bear some resemblance to that of schizophrenics [...] it must be admitted that many transvestites dwell within two separate personae». Además, el travestismo consiste en una exteriorización de la obsesión con la identidad: «[...] it has to remembered that transvestites are externalizing, and in many cases successfully coping with their disharmonious tendencies» (*Ibíd.*: 31). Tanto en *Sol de medianoche* como en *Sirena Selena*, la *brega* de los personajes arranca de una profunda dualidad, una identidad

---

[18] Es la razón por la cual según Rodríguez Juliá la novela policíaca como género literario no ha provocado mucho interés entre los escritores puertorriqueños: «Nuestra literatura ha estado más enfocada en la identidad nacional que en la existencial y no podría ser de otra manera debido al problema colonial de la isla» (Rodríguez Juliá 1999).

[19] Según Martínez-San Miguel (1997: 129), desde el siglo XIX la representación de la nación por medio de una metáfora corporal es una constante en la literatura puertorriqueña.

doble. Si esta dualidad está interiorizada en el caso de Manolo, en el caso del travesti se convierte en un evento exterior, en *performance*.

Es significativo que Sirena disponga de «tres posibles trajes» para asumir «su papel de estrella» (65); los tres disfraces del artista recuerdan las tres 'vestimentas' con las cuales se viste Puerto Rico. A finales del siglo XX el dilema del estatus sigue flotando en torno a la isla: a la pregunta '¿estadidad, autonomía o independencia?', la respuesta de los puertorriqueños en el último plebiscito fue: 'no queremos ninguna de las anteriores'. En términos sicoanalíticos, esta respuesta se puede reformular como 'no queremos ninguna castración'. La protección ideal (e imaginaria, desde luego) contra aquella sería el fetiche.

Se ha dicho que el travesti es también un individuo que por medio del fetichismo quiere apaciguar su miedo (imaginario) a la castración. De la misma manera, la angustia que siente Puerto Rico frente a una posible castración determina el debate en torno al estatus de la isla: como indican los resultados de una serie interminable de plebiscitos, los puertorriqueños no quieren ningún 'cambio de sexo' para Puerto Rico. Un buen ejemplo de estas angustias es la foto que encabeza el ensayo de Pabón (2002: 17-53, originalmente publicado en la revista *Bordes* en 1995) titulado: «De Albizu a Madonna. Para armar y desarmar la nacionalidad», que muestra la cabeza del líder independentista Pedro Albizu Campos con el cuerpo de la estrella-pop norteamericana Madonna. El ensayo provocó un pequeño escándalo entre los intelectuales puertorriqueños (ante todo los más nacionalistas), que lo interpretaron como un sacrilegio y una ofensa hacia la nación (p.e. Coss 1996).[20] Además, con este acto, interpretado como sumamente provocador, la cantante puso en marcha un juego fetichista en torno al 'tener', 'ser' o

---

[20] Un artículo que muestra la sensibilidad en torno a lo 'trans' (travestismo, transexualismo, etc.) en el contexto (post)colonial puertorriqueño es el de López Borrero (2000) titulado «She/Male», publicado en el periódico *El Nuevo Día*. López Borrero llama a la práctica transgenérica una 'triste inconformidad': «En nuestra bella Isla del Espanto, durante la última década del desaparecido siglo XX, y en estos primeros pasos del Tercer Milenio, por aquello de estar en la corriente del famoso globalismo, como en otros tantos países de gran desarrollo y cultura, se ha puesto de moda ser Hombre/Mujer. [...] Lo triste es que estos nuevos She/Male son ridículos, absurdos y afectados, seres que no llegan ni a la categoría de travestis o transexuales. Trágicamente indefinidos, estos esperpentos son dignos de pena». También es llamativo el trabajo de Jiménez (1995: 15-27) sobre las implicaciones raciales del travestismo en Puerto Rico, a partir del estudio de la figura de Diplo, un travesti popular en los años cincuenta, a quien se refiere también en *Sirena Selena* (148).

'parecer ser' el falo, tal como había hecho en otras actuaciones anteriores.[21].
La representación de la nación como un cuerpo genéricamente híbrido reflejó
la ambigüedad en torno al estatus de Puerto Rico y a la (no) existencia de la
nación puertorriqueña.

Si Santos define la historia del colonialismo en el Caribe como «quinientos
años de máscara» (Reyes 2001), en el caso particular de Puerto Rico el travestismo sería una metáfora aún más apropiada que la mascarada. La rápida
transformación del quinceañero en travesti-bolerista talentoso, narrada en pocas
frases, recuerda el proceso vertiginoso de modernización de la isla, cuando se
puso en marcha la Operación Manos a la Obra en la década de los cuarenta. El
descubrimiento de Sirena por Martha se cuenta en este pasaje brevísimo:

> Cuando [Sirena] reaccionó, la sangre de empresaria burbujeó por sus venas.
> Caminó hasta donde estaba el muchacho, lo invitó al bar, a tomarse una Coca-
> Cola. Le ordenó comida, se lo llevó a su apartamento, lo ayudó a romper vicio, lo
> vistió de bolerosa (11).

En otro pasaje, cuando Martha le incita a su 'hijo' a subirse a su habitación
de hotel para preparar su actuación le grita: «Así que manos a la obra, baby, y
arriba corazones» (43). Cabe trazar aquí un parangón entre Martha Divine y la
figura política de Luis Muñoz Marín. Divine cuenta cómo, de joven, emprendió
un viaje a EE. UU. para conocer el 'inframundo' de los travestis neoyorquinos
(118-119), después de lo cual vuelve a la isla como una autoridad que sabe
«negociar largo y tendido» (189) para contratar nuevas reclutas-travesti. De
la misma manera, la estancia de Muñoz Marín en EE. UU. fue también una
'necesaria' etapa iniciática en la vida del político: regresaría a Puerto Rico
con la experiencia y capacidad de poner orden en la situación de caos social
y desestabilización económica de la isla. Por el fetichismo que implicó tal
brega política, aquí se rechaza necesariamente la tesis de críticos (como Doris
Sommer 2000: 33)[22] según la cual Muñoz Marín se negó a aceptar los fetiches

---

[21] En su libro sobre el travestismo, Garber (1992: 126-127) menciona otro escándalo
provocado por la estrella después de su imitación de Michael Jackson, otra estrella norteamericana celebrada por su imagen andrógina e icono de la identidad-fantasía. Madonna
imitó la costumbre de Jackson de tocarse el sexo durante sus conciertos: «But Madonna,
squeezing what she hadn't got (or *had* she?), emblematized the Lacanian triad of having,
being, and seeming [the phallus]. Squeezing the crotch of her pants became for her, onstage,
the moment of the claim to *empowered transvestism*, to seem rather than merely to have or
to be –*not* (…) just a claim to empowered womanhood» (énfasis de la autora).

[22] Sommer (2000: 33) parece simplemente defender la posición de Muñoz Marín que
le servía para justificar la creación del Estado Libre Asociado: «saying yes to various

políticos diciendo 'sí' al Estado Libre Asociado. Al contrario, es bastante obvio que la transformación de Puerto Rico en 'vitrina' de la democracia suponía la proliferación de fetiches tanto políticos como culturales hasta llevarlos a un nivel alucinante. Además, Muñoz Marín introdujo un 'yo' particularmente apto a la *brega*, un 'yo' mimético, capaz de ser uno en dos, doble, adaptable a dos contextos culturales y políticos.

En un conocido artículo sobre el mimetismo, Homi Bhabha aprovecha las ideas de Lacan expuestas en *Les quatre concepts fondamentaux de la psychanalyse* para relacionarlas con lo que llama 'la ambivalencia del discurso colonial'. Arguye que el mimetismo es una estrategia eficaz para moverse dentro de un marco colonial, y que se puede resumir como ser «almost the same, but not quite» (Bhabha 2001: 381), ser 'casi lo mismo –ser casi el Otro– pero no por completo': el colonizado no rompe el discurso colonial sino que lo transforma en

> [...] an uncertainty that fixes the colonial subject as a 'partial' presence. By 'partial' I mean both dependent for its representation upon some strategic limitation or prohibition *within* the authorative discourse itself. The success of colonial appropriation depends on a proliferation of inappropriate objects that ensure its strategic failure, so that mimicry is at once resemblance and menace (*Ibíd.*: 382; énfasis del autor).

En el contexto de una cultura colonial, como la puertorriqueña, que incita a una forma extrema de mimetismo primermundista, los efectos de identidad funcionan de la misma manera que el fetiche. Como en toda situación colonial y neocolonial que promueve formas diversas de mimetismo, tampoco la *brega* puertorriqueña rompe el discurso colonial. El gran Otro lo impulsa a superarse en otra modalidad del ser, puesto que si no lo hiciera encontraría su aniquilación. Implica lo que Bhabha llamaría «a proliferation of inappropriate objects» (*Ídem*). Para bregar bien, hay que afirmarse ocultándose parcialmente, usar estratégicamente su dualidad, acercarse al otro sin coincidir nunca por completo con él. Santos-Febres confirma esta idea en una entrevista: «La dualidad es esencia de todos nosotros por razones coloniales [...] exploto esa dualidad en los espacios políticos cotidianos» («La capacidad de Vivir con Pasión», Santos-Febres 2000). Refiriéndose a sí misma como 'la abyecta', la escritora también confirma que la novela es una gran crítica hacia lo que es

---

possibilities was to profess none of them, to refuse political fetishes».

Puerto Rico y hacia su travestismo primermundista.[23] La *brega* es, por tanto, lo que el sujeto 'ama más que sí mismo' (Žižek 1989: 76), es la única salida posible para sobrevivir en lo que Pabón (2002) titula «tiempos de insoportable ambigüedad».

La novela de Santos-Febres incluso permite abordar el problema de la nación desde el esquema actancial trazado durante el análisis de la novela. El modelo actancial sirve no sólo para analizar los complejos juegos al nivel de los personajes, sino que se puede aplicar también a la situación colonial de Puerto Rico. Podría decirse que la *Isla del Encanto*, como los personajes de Sirena Selena, forma también parte de un juego de intereses revestidos. En otras palabras, se puede trazar otro esquema actancial en el cual aparece como sujeto-actante. Como consecuencia del creciente globalismo en la llamada 'postmodernidad', la subsistente pobreza y la necesidad de sobrevivir, Puerto Rico, así como las demás naciones caribeñas –sometidas a un sistema colonial o neocolonial– se ven obligadas a incorporarse al 'Primer Mundo' y a *su* sistema capitalista; paradójicamente, la única manera de realizar ese deseo es por medio de alguna forma de (neo)colonialismo.[24] Por tanto, cabe preguntarse: ¿Qué papel desempeña el colonialismo? ¿Obstaculiza al sujeto en su empresa, o, más bien lo favorece en el intento de lograr su objetivo? El colonialismo se encuentra en una situación contradictoria donde desempeña la doble función de ayudante (funciona como *a*, puesto que consolida al sujeto en el orden simbólico, seduciéndolo) y oponente (opera simultáneamente como *Φ*, es decir lo destruye perversamente). Esta paradoja se materializa en un travestismo primermundista, en la oscilación entre *a* y *Φ*. En efecto, podría argüirse que, por una parte, la situación colonial ha creado nuevas dependencias económicas y comerciales, pero, por otra, ese tipo de colonialismo paradójicamente ha venido aportando nuevas posibilidades de

---

[23] Aunque en este trabajo no se ha estudiado el aspecto racial, el travestismo también problematiza la imposibilidad de pertenecer a una raza específica; su raza es innombrable (y por tanto 'cómica' en palabras de Ríos Ávila 2002). Santos-Febres (2003) subraya en su conferencia sobre «Caribe y travestismo», (pronunciada en la Universidad de Leiden, Holanda, el 22 de septiembre de 2003), que «No se puede categorizar [al travesti] como animal ni como humano. Por ello, el travesti que yo quise que representara a mi Caribe canta. A través de su voz melodiosa anuncia su pena entre las rocas; despista al timonel hacia la trampa y logra que encalle y se destruya. Sobrevive, se busca más allá. Ansía su metamorfosis imposible, escapar del defecto de haber nacido en una isla pobre, donde nadie es ni negro ni blanco, ni europeo ni asiático ni nativo ni africano, donde la identidad es una mezcla tan vertiginosa que no se puede nombrar».

[24] El libro de Díaz y Zimmerman (2001) da una idea de la complejidad del debate sobre la postmodernidad y la globalización en Puerto Rico.

supervivencia. Se podría resumir el juego observado con el siguiente esquema actancial (Greimas):

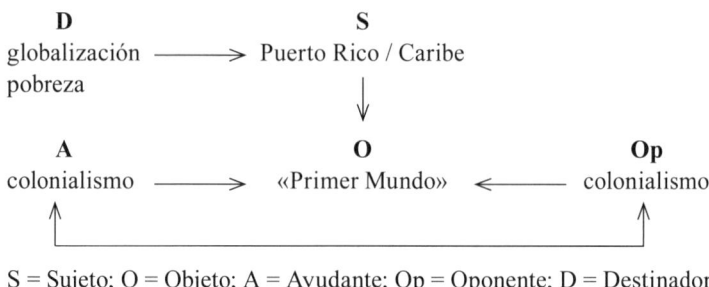

S = Sujeto; O = Objeto; A = Ayudante; Op = Oponente; D = Destinador.

La inyección capitalista en el cuerpo isleño habría resultado en lo que Pabón (2002: 41) llama «capitalismo lite» (*cfr.* capítulo II).[25] Como consecuencia de esta forma de capitalismo, que «busca incorporar al 'otro'» (*Ídem.*), la identidad nacional se habría convertido a finales de siglo en un bien simbólico comercializable, o identidad-máscara que apoya los intereses de varios actores, tanto políticos como comerciales, ya no sólo en Puerto Rico y en el Caribe sino en varios lugares del mundo. La escritora misma afirma que en el contexto actual de mercadeo de la identidad nacional, la palabra nación «sirve lo mismo para hablar de independencia que para seguir con la colonización y vender 'estabilidad'» («Las ciudades de América Latina», Santos-Febres 2000). En otras palabras, en el contexto puertorriqueño, 'nación' es un significante al cual se le puede atribuir todo tipo de significados contradictorios. Otro sujeto que curiosamente también rebota el eco vacío de este significante, del caso innombrable que resulta ser el de Puerto Rico, es el 'yo' indecible de la novela de Braschi.

2.3. Del caso a la Cosa: Godot en Puerto Rico

Contrariamente a *Sol de medianoche* y *Sirena Selena*, *Yo-Yo Boing!* no permite hablar de un personaje 'móvil', 'mimético', 'visible', etc. por el simple hecho de que estos términos no se dejan aplicar al 'yo'. Éste se niega a cualquier forma de *brega*, de ponerse máscaras. El salto del texto al contexto parece igualmente problemático, ya que la novela no se ancla en un espacio

---

[25] Pabón (2002: 41) define el capitalismo *lite* como «un capitalismo que se ha hecho puertorriqueñista, explotando para su beneficio los símbolos nacionales, que como la bandera, representan 'nuestras costumbres, tradiciones y modo de vida'. Es éste un capitalismo posfordista que, como producto de los procesos de globalización e internacionalización de la economía y de la cultura, busca incorporar al 'otro'».

geográfico determinado. Si anteriormente se ha dicho (*cfr.* cap. V, 2) que el 'yo' se define como un cadáver en estado de descomposición, cabe preguntarse si el lugar del cadáver es especificable o si, como sostiene Blanchot, es por definición indefinible.[26] Como se ha dicho, para Blanchot, el *nulle part* donde se sitúa este cuerpo abyecto es necesariamente un *ici*: el muerto suspende la relación con el lugar, pese a que es la única base en la que puede apoyarse.

Si la *brega* es el síntoma del travesti de *Sirena Selena* (lo que el sujeto espec[tac]ular 'ama más que el [o ella] mismo[a]'), el 'yo' es el único sujeto que encuentra una *identidad*, i.e. su propia imagen, a partir de la conciencia de que ésta es en el fondo imposible. El 'yo' es consciente de su identidad *como* imposibilidad. Aunque a primera vista el travesti ante todo atrae, mientras que el detective repugna, ambos son inconfundiblemente lo que el 'yo' en *Yo-Yo Boing!* pone explícitamente en escena: un *living dead* que arrastra su propio cadáver. Mejor dicho: un sujeto que *se* arrastra *como* cadáver. El cadáver es, al contrario del sujeto que busca su plenitud en el espejo, lo único que se parece a sí mismo.[27] La semejanza es, en realidad, la falta más radical de identidad. Parecerse significa no poder ser ni lo uno ni lo otro. Como lo recuerda doblemente el cadáver fotografiado de la portada del libro de Pabón, la imagen es inmóvil e inerte, no tiene nada que ver con el lenguaje, con el sentido tal como lo requiere el orden simbólico, con lo que Blanchot (*Ibíd.*: 354) llama «l'existence du monde, l'effort de la vérité, la loi et la clarté du jour». El cadáver se parece a su imagen, una imagen sin modelos: «l'homme est défait selon son image» (*Ídem.*).

Este posicionamiento ambiguo del cadáver en el espacio *in-between* entre lo Simbólico y lo Real nos lleva a reflexionar sobre la referencialidad en la novela. Por cierto, como gran parte del teatro del absurdo, nada más lógico que decir que *Yo-Yo Boing!* hace caso omiso de cualquier anclaje espacio-temporal. Sin embargo, he aquí la *paradoja*: es precisamente en el punto en que toda referencialidad *se disuelve* donde viene a *reivindicar* enérgicamente un lugar propio: es en este punto, en esta frontera entre referencia y no-referencia donde se sitúa el sujeto abyecto. ¿De qué manera la novela es un *yoyó* entre referencialidad y no referencialidad? Cabe volver un momento al «juggling» entre identidades que detectan Sommer y Vega-Merino (1998: 13) en la novela.

---

[26] *Cfr.* Blanchot (1955: 268-269).

[27] «Qu'on le regarde encore, cet être splendide d'où la beauté rayonne: il est, je le vois, parfaitement semblable à lui-même; il *se* ressemble. Le cadavre est sa propre image» (Blanchot 1955: 351).

Como se ha visto, ambas críticas leen las voces como 'a Puerto Rican who is also an American'. Por una parte, se niega toda posibilidad de identidad, por otra se reivindica. La referencialidad misma se convierte en juego, lo cual se desprende perfectamente de fragmentos como el siguiente:

> –Quieres dejar de ser puertorriqueña. Americana es lo que tú quieres llegar a ser.
> –No tengo que llegar a ser lo que soy.
> –¿Tú eres americana? Escúchenla. Dice que es americana.
> –¿Por qué voy a negar que nací aquí?
> –Pero de dónde. Déjate de trucos (167).

Por una parte, una de las voces evoca un 'aquí' como lugar de origen, pero este 'aquí' nunca se especifica. La imposibilidad de reivindicar un origen se evidencia en la reacción indignada de la segunda voz: 'Pero de dónde. Déjate de trucos'. El concepto de espacio se presenta como ambiguo, de acuerdo con el carácter 'postmodernista' de la novela.[28] El problema de la referencialidad es, por tanto, doble. La referencialidad en la novela a lo largo del diálogo de «Blow-up» se complica, y se vuelve cada vez más ambigua: por una parte aumenta la sensación de caos y desorden, por otra se dan referencias cada vez más exactas –y cada vez más contradictorias– a la doble identidad del 'yo'. Además, de las referencias a Puerto Rico y a una identidad explícitamente 'puertorriqueña', subsiste un deseo, como en *Sol de medianoche*, de pasar del 'yo' al *nosotros*, hasta consolidarse en el término colectivo «mi pueblo» (167).[29] Resulta sin embargo imposible encasillar al 'yo' en una de las dos

---

[28] Dessús (2001: 420) se contradice en este punto. A pesar de que está de acuerdo con Hutcheon de que el texto postmoderno se caracteriza por la ambigüedad del referente, no aplica esta idea a *Yo-Yo Boing!*: «el espacio en el cual estos diálogos se desarrollan no puede ser más significativo: en un restaurante en la ciudad de New York» (*Ídem.*). Si Dessús observa que la novela se desarrolla en la gran urbe neoyorquina, «ese lugar en el cual se intentan definir las identidades» (*Ídem.*), es preciso especificar que no necesariamente se trata de un espacio geográfico, físico, tal como sugiere la crítica. En la introducción a la novela, Sommer y Vega-Merino (1998: 17) caen en el mismo error: «the New York setting» es para ellas el marco espacial de la novela.

[29] El uso de la primera persona del plural se observa con cierta frecuencia, como en el pasaje siguiente: «–No podemos ser embajadores porque no tenemos un país. Debido a que Puerto Rico no es un país que tenga poder en el mundo, yo no puedo establecerme como gran poeta. España creó a sus grandes poetas con su imperio. A través de su imperio los diseminó por el mundo. La gran poesía está ligada al bienestar económico de un pueblo. Así surgen Quevedo y Góngora» (167).

casillas (norteamericano / puertorriqueño). Sommer y Vega-Merino (1998: 12) ven en esa oscilación el privilegio de tener la libertad de decidirse entre identidades: «Why decide between Spanish and English, between Borinquen and the Bronx, between the first person singular as subject or object of this text, between its genre being an extended poem or truncated novel?». Ahora, sería conveniente preguntarse por qué le es imposible al 'yo' decidir entre Puerto Rico, Nueva York, o cualquier otro lugar; entre su primera persona como sujeto y su primera persona como objeto del texto. Teniendo en cuenta la dinámica de la abyección del sujeto: el 'yo' nunca se percibe como un sujeto completo, redondo, sino como objeto que quiere constituirse como sujeto.[30]

En la estela de la crítica de Camus, sólo a partir de los años noventa los estudiosos de Beckett han comenzado a reinterpretar la obra del escritor irlandés bajo la luz de la situación 'postcolonial' de Irlanda.[31] Todavía hoy día muchos críticos persisten en interpretar la obra de Beckett como juegos puramente absurdos y metafísicos, como expresión del sinsentido humano, drama universal de la humanidad, etc. En *The Irish Beckett*, Harrington (1991: 4) lamenta que «The tendency in Beckett criticism is solely the latter, Platonizing him out of existence» (Harrington 1991: 4). Hasta los noventa, casi ninguno de los críticos había interpretado su obra a la luz del complejo contexto histórico de Irlanda, relegando al autor al lugar abyecto e indeterminado del «Nayman of Noland» (Ellmann 1986). La concesión del Nobel

---

[30] No cabe duda, pues, de que el Yo de *Yo-Yo Boing!* se siente «totally colonized» (142), al mismo tiempo que se mueve como cosmopolita entre diversos lugares: no importa dónde exactamente se localiza el sujeto puertorriqueño; sea en la isla, sea en Nueva York, sea en otro espacio.

[31] Algunos ejemplos de críticos que han reinterpretado la obra de Beckett desde una perspectiva postcolonial son O'Brien/Davison (1986), Harrington (1991), Lyons (1991), Lloyd (1993), Junker (1995), Kiberd (1996), Pearson (2001). A pesar de que Beckett no llamó la atención sobre su nacionalidad irlandesa (de la misma manera que su compatriota James Joyce, por ejemplo) en sus libros se hallan muchos detalles sobre el contexto cultural y político irlandés. Algunos entre el sinfín posible de ejemplos: en *En attendant Godot* (1948-1949), Vladimir y Estragon están lejos de 'casa': sacan de su memoria recuerdos de Francia (la torre Eiffel, el Rino, etc.). En su obra de teatro titulada *Foirades* (1971) aparece de repente la palabra *deasil*, la cual significa en gaélico irlandés 'en el sentido de las agujas del reloj'. En *Molloy* (1951), el personaje lleva un nombre irlandés que se presta al título de la novela y observa de repente que la palabra 'Da' significa 'padre' en la parte del mundo donde vive. Las traducciones de su obra refuerzan la idea de un marco referencial irlandés. Cabe señalar, además, que Beckett, cuando alguien le preguntó si era inglés, solía exclamar: 'Au contraire!' (*cfr.* Ellman 1986).

acaso es el mejor ejemplo de cómo se puede nominar y premiar escritores 'fronterizos', que a primera vista se consideraba innominables. *Fin de partie*, por ejemplo, se puede leer como una oposición colonial entre el irlandés como colonizado (Clov), y el inglés (Hamm) como colonizador.[32] Incluso en *L'Innommable*, una de las obras más opacas del autor subsistiría un sentido del espacio y un marco referencial. Así, Braschi y Beckett no se entregan a juegos gratuitos sino que combinan de modo singular el sentido por lo absurdo con la crítica social.[33] Es sumamente importante no olvidar, detrás del teatro del absurdo como acto (neo)vanguardista, el contexto puertorriqueño, por compleja y ambigua que parezca la postura que adopta la novela hacia él. A su vez, el 'yo' quiere comunicar que, a pesar de la ausencia de referencias a Puerto Rico y a todo lo puertorriqueño, al fin y al cabo, nunca abandonó a la isla, como ese innombrable de Beckett que en cierto momento confiesa: «je n'ai jamais quitté l'île».[34]

Ahora, ¿qué relación existe entre la interpretación del 'yo' como abyecto (cadáver), el juego a la muerte, y el debate sobre la identidad en el Puerto Rico de la postmodernidad? No basta con decir que el horizonte político-colonial de Puerto Rico sea simplemente 'absurdo' en estos tiempos de desencantamiento global, donde lo absurdo a veces parece haberse convertido en regla. Y sin embargo, también ese estrambótico, informe y paradójico 'Yo-Yo Boing!' sería comparable con el Estado Libre Asociado. En dos ocasiones se hace incluso explícitamente referencia al problema del estatus de Puerto Rico:

> –[...] quién es más fuerte, la isla que se vende y come bien, o la que se mantiene erecta, y se muere de hambre y de soledad.

---

[32] *Cfr*. Pearson (2001: 217).

[33] El postmodernismo –corriente de la cual muchos toman a Beckett como precursor o ejemplo emblemático– se interpreta demasiadas veces como pura celebración de juegos sin relacionar el vacío y el malestar del sujeto en la postmodernidad con el contexto. Es un poco gratuita la afirmación de Hassan (1982: 210), por ejemplo, que Beckett es «a supreme example of the postmodern artist, turning the malice of language against itself».

[34] *L'Innommable* –una de las obras más herméticas de Beckett– no se situaría simplemente en ese *non-lieu* en que muchos críticos la colocan. El narrador de la novela en cierto momento afirma obsesivamente que se encuentra en una isla que nunca ha abandonado: «[...] là-haut, dans l'île, au milieu de mes compatriotes, coreligionnaires, contemporains et copains. Pendant ce temps je verrai ce que j'ai à faire, pour me manifester. Ils n'y verront que du feu. Mais voyons un peu d'abord qui ils sont, cette bande de forcenés, que Dieu soi-disant m'envoie pour mon bien. A vrai dire—non, l'histoire d'abord. Pour porter à son comble mon mal de coeur. L'île, je suis dans l'île, je n'ai jamais quitté l'île, pauvre de moi [...] je ne connais rien d'autre, seulement l'île» (Beckett 1953: 66).

–Ninguna de las dos es libre. Todo pertenece. Soledad te acompaña viajero (161).

Aquí se plantea el eterno dilema de 'venderse' (dejarse penetrar por el capitalismo y su imaginario) o mantenerse firme (es decir mantener su poder simbólico como 'falo' que lucha por la independencia). La misma Braschi apoya esta visión del ELA como paradoja: según ella, la novela refleja la situación política de Puerto Rico: «Estado Libre Asociado. It is neither of the three [...] Yo-Yo is estado and libre and Boing is the ELA itself» (Ferrer 1998), o sea que el ELA se define como un choque entre opuestos.[35] En otro momento de la novela se lee explícitamente: [los puertorriqueños son] «Como el estado libre asociado. Los puertorriqueños son puntos y comas. No pueden decidirse o por el punto o por la coma» (182). Curiosamente, Sommer y Vega-Merino interpretan esta condición puertorriqueña de 'punto y coma' como una 'victoria' del pragmatismo («the ultimate victory of practical considerations», Sommer/Vega-Merino 1998: 16), como si fuera –valga el cliché– *the best of both worlds*, idea confirmada en la conclusión de las críticas que el texto de Braschi es «politically productive fun» (*Ibíd.*: 18). Aunque la pregunta 'quién es más fuerte' les parece «a rhetorical question about two evils [...] a close relationship with the United States does not mean dissolution, nor unproblematic merging, for Braschi» (*Ibíd.*: 15); prevalence el optimismo político en su lectura.

La pregunta 'quién es más fuerte' podría reformularse con Lacan como una lucha entre Φ y $S(\cancel{X})$. Cualquier simbolización, cualquier creación de un significado va seguida por su aniquilación. El texto indica exactamente lo contrario a una 'victoria': todo es disolución. Si alguien 'gana' en este proceso es la abyección misma. Aunque ésta aparece sin pantalla: contrariamente a *Sirena Selena*, nada de mimesis o mimetismo en *Yo-Yo Boing!*. Toda identidad e identificación, como la referencialidad, está presente para anularse. El texto se presenta al lector como una expulsión informe de significantes innombrables (Φ). Al fin y al cabo, no importa si la isla 'se vende' y 'come bien' o si se mantiene 'erecta' mientras se muere de hambre. El 'yo' niega toda simulación del poder fálico, contrariamente a la figura anamorfótica de Sirena. Es interesante señalar que la palabra 'falo' proviene del latín *flare* (soplar, llenar), 'Blow-up' irónicamente no 'sopla' ningún sentido en el texto, al contrario, lo llena sólo de sinsentido, de manchas amorfas. Si por 'vida' se entiende libertad, es obvio

---

[35] Como elemento risible, 'Boing' no sería sino la objetivación de lo Real en un elemento no reductible, que, como su nombre indica, siempre regresa hacia el Yo.

que en ambos casos ese estado 'libre' y 'asociado' sería una metáfora muerta: «ninguna de las dos es libre» (161).[36]

2.1. La luz colonial como transparencia del mal

Si se comparara con una luz, la potencia de esta forma de colonialismo postmoderna y paradójicamente *postcolonial* consistiría entonces en cegar a los sujetos con su 'luz' incomprensible pero omnipresente. El punto luminoso tiene dos caras: una real, otra simbólica. Su cara real consiste en que emana de un punto indeterminable: se presenta como pura difusión.[37] Pero como mirada participa también del orden Simbólico, apareciendo como la presencia de un Otro íntimo que penetra al sujeto en su esfera más privada, hasta habitar su conciencia. A partir de las consideraciones hechas sobre la luz, la *brega* y el sujeto abyecto, en el contexto colonial el calificativo *lite* también se puede usar para referir a una luz que se proyecta en el sujeto puertorriqueño al mismo tiempo que lo ciega; que promueve la cultura como espectáculo, de lo cual el nacionalismo cultural es su manifestación más evidente.[38]

El (neo)nacionalismo, predominantemente de carácter cultural, sería una de las configuraciones de la 'luz' que emanara el colonialismo *lite*. Críticos como Duchesne, Flores, y Pabón sugieren que si la *colonia lite* seduce, crea el deseo de nación en el individuo (*cfr.* capítulo I), es necesario desmontar el nacionalismo cultural y sus representaciones anamorfóticas, 'fálicas'.[39] Sólo de

---

[36] Cabe recordar que, en ocasión del estreno de *En attendant Godot* en la isla, Ríos Ávila (1997) escribió: «En Puerto Rico el siglo termina con un cambio dramático de escenario: la salida de las 936, la dominación de la cultura de la droga, el auge del estadismo en la juventud y la consolidación del poder del Partido Nuevo Progresista. *¿Qué se puede esperar?* ¿Se puede, se debe o vale la pena arrestar el 'progresismo' ensayando otras inmovilidades, otras resistencias, o acaso sea mejor hablar de otros movimientos?» (énfasis nuestro).

[37] Como sostiene Silverman (1992: 152), la Mirada lacaniana, en tanto que luz, participa de lo Real y de lo Simbólico (en este aspecto se acerca a lo abyecto, *cfr.* capítulo II): «The gaze occupies two domains simultaneously; in its capacity as light, and as that which is foreclosed from the subject, it partakes of the real, but in its status as 'the presence of other as such', it clearly belongs to the symbolic».

[38] En su novela *Cualquier miércoles soy tuya* (2002) Mayra Santos retoma la idea de una luz que ciega; el yo-narrador sugiere la presencia de una «Luz que arde en los ojos. Luz que obliga a mirar por entre las pestañas. Luz que en cualquier otra parte anunciaría un holocausto nuclear, una anomalía ecológica» (Santos-Febres 2002: 112).

[39] En el cuarto número de la revista *Nómada*, Juan Duchesne (1997: 4) incluye un dibujo con el texto 'nacionanismo' para burlarse del que sigue fascinado por las imágenes neonacionalistas que reinan en el contexto puertorriqueño.

este modo podría ponerse en marcha una verdadera descolonización, proceso inconcluso, vacilante, de Puerto Rico y del sujeto puertorriqueño. Desde la perspectiva del espectáculo, la colonia más antigua del mundo no habría perdido nada de su *sex appeal*, sino que sería el objeto anamorfótico por excelencia, al funcionar como una especie de luz que atrae al observador. La calificación de *lite* ilustra bien lo que se ha dicho anteriormente sobre la mirada sesgada del crítico. Al ver desde cierto ángulo a la colonia *lite*, el crítico capta toda la ambigüedad de la distorsión patológica. Por una parte es como si emanara una luz que seduce al observador, por otra parte la colonia *lite* sugiere la aparición de un elemento 'fálico', colonial, un núcleo duro que se impone; a parte de *lite* es también colonia: lo *lite* sería una especie de vela que cubre una represión de amo a esclavo.

La interpretación del colonialismo *lite* como forma globalizada y hasta atractiva cuaja perfectamente con el concepto elaborado por Michael Hardt y Antonio Negri en su libro *Empire* (2000), donde recuerdan el paso del imperialismo (y el colonialismo dialéctico) de la modernidad a lo que ellos llaman el Imperio de la postmodernidad: «Imperialism as we knew it may be no more, but Empire is alive and well». Este paso al Imperio significa, entre otros aspectos, la consolidación de lo que Debord, hace décadas, llamó la 'sociedad del espectáculo'. En el Imperio-mundo, el poder no se sitúa tanto del lado del colonizador, sino en un lugar no ubicable: «In this smooth place of Empire, there is no place of power –it is both everywhere and nowhere. Empire is an ou-topia, or really a non-place». (Hardt/Negri 2000: 190). Ahora bien, podría decirse que el caso de Puerto Rico –como otros casos– no se sitúa simplemente en el Imperio-mundo sino que conjuga el Imperialismo y el imperio, o sea lo que podría llamarse un 'vamperio', que corresponde con «una colonia poscolonial, posmoderna y globalizada» (Pabón 2002: 335).

Puesto que, como dice Deleuze, la luz entraña otro 'orden del tiempo', y supone el secuestro del presente, sería interesante relacionar esta idea con la que formula Carlos Gil en *El orden del tiempo. Ensayos sobre el robo del presente en la utopía puertorriqueña* (Gil 1995a): si la cultura es un 'efecto de iluminación' para el sujeto puertorriqueño (*cfr.* capítulo I), el orden del tiempo es definitivamente un orden mimético que hace proliferar los fetiches.

La situación se puede aclarar por medio de la tabla siguiente:

Como en el cine, el sujeto se identifica con el espectáculo cultural y político, ocupando el lugar del punto luminoso (la Mirada). Su mirada (*oeuil*) se inscribe en la Mirada (*regard*) como **a**, es decir como punto de identificación simbólico –anamorfótico– de la misma manera que el espectador de una película acepta el robo (momentáneo) de su subjetividad. En lo que el sujeto percibe como 'realidad pura' no hay ninguna mancha patológica que amenace con destruir la imagen. En otras palabras, el sujeto es suturado de modo impecable (e implacable) dentro de la imagen. En este punto, el sujeto no desea, sino que coloca sus deseos en el Otro, como si fuera «una especie de testigo sin sustancia» (Žižek 1994: 164).[40] Como sujeto de representación, al sujeto puertorriqueño no le queda otra opción sino jugar con una pantalla colonial invisible pero omnipresente. El nacionalismo cultural es para el sujeto una manera de expresarse por medio de un juego con las imágenes que tiene a disposición. Una vez más, conviene insistir en que la pantalla que lo determina no es simplemente reemplazable por otra. El sujeto colonial sólo puede jugar con la pantalla que lo configure, y desconociendo esta identificación pasiva con un espectáculo que margine su percepción de la realidad. Lo que se le presenta es algo irreal que percibe como real (*cfr.* la anamorfosis que convierte lo real Φ en juego especular, **a**). Lacan sugiere, en efecto, que la pantalla invisible («[l'écran] qui

---

[40] Basándose en las ideas de Christian Metz sobre la posición del espectador en el cine, Žižek (1994: 164-166) aclara que «Antes de identificarse con las personas de la realidad diegética, el espectador *se identifica consigo mismo como pura mirada*, se identifica con el punto abstracto que mira la pantalla. Ese punto ideal proporciona una forma pura de la ideología en cuanto aparenta flotar libremente en un espacio vacío, no cargado con ningún deseo [...] La ilusión involucrada en nuestra identificación con una pura mirada es [...] mucho más astuta: mientras nos percibimos como espectadores externos que echan una mirada furtiva a algún Misterio majestuoso indiferente a nosotros, somos ciegos al hecho de que todo el espectáculo del Misterio está montado con un ojo en nuestra mirada, es decir, para atraer y fascinar nuestra mirada» (énfasis nuestro).

tranche sur ce qui est éclairé sans être vu»)[41] margina al sujeto cuando un efecto de iluminación (*effet d'éclairage*) lo domina.[42] Representa esta situación por medio de dos círculos concéntricos:

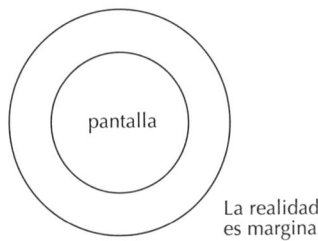

Al centro del campo visual (i.e. lo que se presenta como 'lo nacional') definido por el colonialismo se encuentra un vacío, una ausencia que vela lo Real para el sujeto, suprimiéndola detrás de una pantalla (que Lacan compara con la pupila del ojo).[43] La pantalla colonial tiene entonces un papel estructurador en la brega del sujeto. Como travesti, Puerto Rico no imita simplemente al otro, no reproduce sólo una imagen, sino que su brega mimética significa su incorporación en una función inconsciente que lo cautiva: «s'insérer dans une fonction dont l'exercice le saisit» (Lacan 1973: 92). La relación de Puerto Rico con el colonialismo, en fin, no se puede definir sino como un señuelo (*leurre*), un efecto visual (**a**) que domina al sujeto colonizado: la identidad del sujeto queda eternamente desplazada. La relación del sujeto, penetrado e 'iluminado' por esa luz particular es la de un *trompe-l'œil*: como espectáculo el sujeto siempre se presentará de otra manera que lo que es: lo que el sujeto ve –'su Puerto Rico'– no es lo que quiere ver por sí mismo, sino un espectáculo montado pero que al mismo tiempo distorsiona su subjetividad al infinito: lo

---

[41] *Cfr.* Lacan (1973:99).

[42] «C'est au niveau perceptif, le phénomène d'une relation qui est à prendre dans une fonction plus essentielle, à savoir que, dans son rapport au désir, la réalité n'apparaît que marginale» (*Ibíd.*: 99).

[43] «En effet, il y a quelque chose dont toujours, dans un tableau, on peut noter l'absence –au contraire de ce qu'il en est dans la perception. C'est le champ central, où le pouvoir séparatif de l'oeil s'exerce au maximum dans la vision. Dans tout tableau, il ne peut qu'être absent, et remplacé par un trou- reflet, en somme, de la pupille derrière laquelle est le regard. Par conséquent, et pour autant que le tableau entre dans un rapport au désir, la place d'un écran central est toujours marquée, qui est justement ce par quoi, devant le tableau, *je suis élidé comme sujet* du plan géométral. C'est par là que le tableau ne joue pas dans le champ de la représentation. Sa fin et son effet sont ailleurs» (Lacan 1973: 100; énfasis nuestro).

que el sujeto ve responde, en otras palabras, al mandato simbólico del Otro, el amo que simultáneamente crea una subjetividad para él, disimulando su referente real.[44] Si el espectáculo es una trampa, el único modo de contestarla sería, como el travesti, creando otra trampa dentro de la primera.

Al fin y al cabo, ¿quién es más transparente? ¿El Otro en su difusión *lite*, o el sujeto que busca crear lo que Butler llama 'a kind of transparent seeing'? Baudrillard (1990) diría que el sujeto no hace sino reproducir la 'transparencia del mal' propia a toda confusión espectacular, *in casu* el colonialismo *lite*.[45] Como espectáculo, el Puerto Rico *lite* –y la globalización por extensión– podría compararse por tanto con un gran sistema anamorfótico: su incomprensibilidad para el sujeto consiste en que crea simultáneamente ilusiones y desilusiones, a lo cual el sujeto contesta –si tiene la capacidad como una Sirena– creando otras ilusiones y desilusiones dentro de las primeras. Sería una forma de colonialismo que ahora se traviste de 'neo(n)'; pero sería en definitiva, el mismo colonialismo que sólo estrena un nuevo vestido ante el mundo como público deseoso de espectáculos.[46] El Estado Libre Asociado de finales del siglo xx

---

[44] Lacan sostiene que «Le sujet se présente comme autre qu'il n'est, et *ce qu'on lui donne à voir n'est pas ce qu'il veut voir*. C'est par là que l'œil peut fonctionner comme objet a, c'est-à-dire au niveau du manque» (Lacan 1973: 96; énfasis nuestro). En *La raza cómica*, Ríos Ávila identifica este robo de la propia voluntad como una violencia producida por las prácticas neo-liberales de la globalización, que en el caso de Puerto Rico imponen al sujeto el mandato de un desarrollo inconcluso: «Para el amo, el colonizado es siempre un cuerpo *en desarrollo*, sumido en la serie de una cuenta patentemente infinita, porque siempre está en desarrollo con respecto a otro que se define de entrada como *previamente* desarrollado. Ahí radica la violencia, el acto hegemónico por el que se cifra la relación entre el imperio y sus subordinados, entre el capital y sus víctimas» (énfasis del autor).

[45] «L'aliénation, c'est fini: l'Autre comme regard, l'Autre comme miroir, l'Autre comme opacité, c'est fini. Désormais, c'est la transparence des autres qui devient la menace absolue [...] la conscience de soi est menacée d'irradiation dans le vide» (Baudrillard 1990: 128-129).

[46] Como ha observado Nandy (1983: xvi) en su libro *The Intimate Enemy. Loss and Recovery of Self Under Colonialism*, cualquier forma de colonialismo establece una intimidad entre colonizador y colonizado, rechazando el modelo 'duro', hegeliano, del colonizador que victimiza al colonizado: «[...] modern oppression, as opposed tot the traditional oppression, is not an encounter between the self and the enemy, the rulers and the ruled, or the gods and the demons. It is a battle between dehumanized self and the objectified enemy, the technologized bureaucrat and his reified victim, pseudo-rulers and their fearsome other selves projected on to their subjects». Si en *Sirena Selena* Graubel y Martha se presentan como 'enemigos íntimos' de Sirena, ¿qué podría significar tal 'intimidad' en el contexto (post)colonial, *lite*, de Puerto Rico sino una batalla u opresión aún más sutil que la que sugiere Nandy?

ya no funciona como escaparate de progreso y libertad en un contexto 'ter-cermundista', tal como fue el objetivo de las 'operaciones' modernizadoras: Operación Manos a la Obra (el proyecto de desarrollo industrial) y Operación Serenidad (de desarrollo cultural): bajo el paraguas de la globalización, la colonia *lite*, según Flores (2000: 46) ya no se identifica sólo con la isla sino que 'ilumina' también la diáspora puertorriqueña de Estados Unidos. *Yo-Yo Boing!* sería sólo un ejemplo de cómo la diáspora y su literatura de modo más radical que *Sol de medianoche* y *Sirena Selena vestida de pena* retan la abyección espectacular, ocupando un lugar psicótico. Quedaría por ver si otros textos se inscriben en el discurso *lite*, o si, como la novela de Braschi, se colocan radicalmente fuera de él.

El mérito de estas novelas es precisamente que problematizan la ceguera de la identificación espectacular: muestran que la luz del Otro 'anamorfotiza' al sujeto (valga usar este neologismo), lo engaña en la medida en que lo induce a creer en «la ilusión de que el Otro desde siempre nos mira, se dirige a nosotros» (Žižek 1994: 165). Por medio de una inclusión refleja su propia mirada, el sujeto se da cuenta de que su propio ojo (en el sentido lacaniano) es desde siempre parcial, ideológico. Como causa emanativa, la potencia del colonialismo con-sistiría en cegar a los sujetos con su luz particular que, como diría Manolo, 'no te obliga a desviar la mirada', que simultáneamente 'abraza' y 'abrasa', que emana de un sol frío y una bola de fuego (106).[47] Un colonialismo simultánea-mente desalentador, mortificante y encantador, espectacular, intensificado por la globalización, en que el sujeto 'sale a ser otro' como el travesti que ondula en un «mar lanzallamas» (203) y «entre spotlights y hielo seco» (206).

---

[47] En la diáspora, el dramaturgo puertorriqueño Miguel Piñero (antes de ser él mismo apropiado por Hollywood) hizo algo parecido en su obra de teatro titulada «The Sun Always Shines for the Cool» (Piñero 1989: 173-204): el sol / 'spotlight' bajo el cual se mueven los personajes arroja sus rayos fríos sobre ellos y determina su condición existencial.

A MODO DE CONCLUSIÓN

> Tristement épars dans tes gestes quotidiens,
> tu n'existais pas. Dans la lumière tu éprouves
> la nécessité de l'ordonner. Chaque soir, pour
> toi seul, tu vas courir [...] à la recherche de
> l'être harmonieux [...] Mais tu ne t'approches
> et ne te saisis qu'un instant. Et toujours dans
> cette solitude mortelle et blanche.
>
> Genet, *Le Funambule*

> Quand on regarde ce bâtiment de la hauteur
> opposée qui lui fait perspective, il paraît abso-
> lument environné d'eau, et l'on croit voir une
> île enchantée ou la plus jolie des trois îles
> Borromées, appelée Isola bella, dans le lac
> Majeur.
>
> Rousseau, *Les Confessions*

> [...] cansado de la chacota, se encerró en su
> casucha a vivir a medias [...] De sol a luna
> desgarrando cicatrices
>
> Luis Rafael Sánchez, «Jum !»

Lejos de pretender ser *el* estudio completo de *la* literatura o de *la* novela puertorriqueña actual, este trabajo se ha limitado a estudiar de manera detenida tres novelas. La idea misma de un estudio completo de tal o cual literatura de cierto período es una idea perfectamente histérica, como también lo es la recuperación de la memoria rota, de las historias olvidadas dentro de la Historia. Tal recuperación en el caso de la historia puertorriqueña[1] como en el de

---

[1] *Cfr.* Ríos Ávila (2002: 106).

otros países, presupone la existencia de un Otro que posea la Verdad, de una Historia sin fisuras que uno necesita descubrir.

Sin embargo, este trabajo debe interpretarse como parte del intento de repensar el debate puertorriqueño sobre la identidad y la nación. Sin caer en el error de otorgar demasiada originalidad a las obras, su estudio ha comprobado que en cada novela se constituye lo que se ha llamado un 'sujeto abyecto'. El punto de partida, en efecto, ha sido que cada protagonista se define como un sujeto híbrido y fronterizo que, por su carácter indefinible, sólo se puede designar con este concepto kristeviano. Y es que las novelas problematizan de modo particular lo que Ríos Ávila (2002: 9) describe como «esos lugares imposibles alrededor de los cuales se constituye el sujeto en Puerto Rico».

A modo de conclusión, se resumirán algunas de las líneas de fuerza que han marcado el análisis de esos 'lugares imposibles' en las tres novelas. En cuanto a la metodología de análisis propiamente dicha que se ha llevado a cabo hay que recordar dos puntos. En primer lugar, la dificultad crítica inicial –el hecho de que las tres novelas (como la literatura puertorriqueña actual) siguen poco estudiadas, a pesar de los elogios que recibieron de la crítica– se ha podido superar gracias a una lectura muy cercana, personal y detenida de cada obra. En segundo lugar, el acercamiento principalmente sicoanalítico a las novelas, ha resultado ser el más fértil. Más allá del análisis de estas novelas, abre el camino para repensar la identidad y la nación. Este *case-study* de la literatura puertorriqueña podría incluso servir para repensar buena parte de la teoría postcolonial que, por la mera razón de ser 'indefinibles', excluye casos límites, como el puertorriqueño. ¿Qué hacer con lo que no es ni lo uno ni lo otro, o tal vez ambas cosas a la vez?

¿Puede decirse que el sujeto en las novelas es, como el atractivo cuerpo en la foto de Siverthorne que se comentó al principio de este estudio, un *living dead*, un cuerpo que oscila entre *encanto* y *espanto*? No cabe duda de que la respuesta es afirmativa. Incluso puede añadirse otro comentario con respecto al fotomontaje que aparece en la portada del libro de Pabón. Este cuerpo echado al sol está inmóvil en todos los sentidos: aparte de ser un cadáver, también parece flotar en el mar, pero sin rumbo preciso. A pesar de la espectacularización del cuerpo, salta a la vista la futilidad de los dos objetos (la bandera y el teléfono móvil) que convierten al cadáver en espectáculo, ya que no remedian a la inmovilidad del cuerpo; sólo destacan la *inercia* del cuerpo que literalmente flota en el vacío, de modo frívolo. Si el título que le dio Silverthorne a su obra de arte (*Listen... the woman who died in her sleep*) queda reducido a un resto risible al asociarlo con el fotomontaje, mejor sería sustituirlo por otro: la frase paradójica de Walcott que Rodríguez Juliá (2002: 17) cita en *Caribeños*, para describir la soledad del ser caribeño: «There is nowhere to go. You'd better go». De modo incisivo las novelas aquí comentadas muestran, cada una a su manera, una importante correspondencia con el estrambótico cuerpo, herido y suturado, vivo y muerto. Nos recuerdan que ser sujeto abyecto significa estar siempre a mitad de camino entre sujeto y objeto, significa ser un sujeto a medias, un significante innombrable.

La imposibilidad de la identidad en el caso del travesti, del detective y del 'yo' halla su origen en la dinámica dolorosa de la abyección, el proceso inconcluso de lo que Kristeva llama «devenir un autre au prix de ma propre mort»; doloroso porque este proceso condena al sujeto a una *jouissance*, un sufrimiento ambiguo, al mismo tiempo que lo convierte en un ser errante. En *Sol de medianoche*, como en *Sirena Selena*, el dolor está todavía ubicado en un universo diegético mínimo. Como sujeto abyecto, el protagonista es también su propio antagonista, víctima pasiva de un orden incomprensible. En *Yo-Yo Boing!*, en cambio, el sujeto habla *desde* el punto traumático, innombrable, de lo Real. Concretamente, la mutación como mutilación de la subjetividad se plasma en el sujeto como una dualidad interna o externa. Si la dualidad del esquizofrénico se encuentra dentro de Manolo, en el caso del travesti se exterioriza, se vuelve *performance*, aparece fuera del sujeto. En el caso del doble 'yo' de Braschi, la dualidad es al mismo tiempo la más fluida y la menos coherente: el sujeto se constituye y se deshace como flujo a través de un diálogo inconcluso. De tal manera se configura la 'hibridez' del sujeto abyecto, cuyo origen traumático se encuentra en la abyección, en la imposibilidad de separarse del espacio innombrable de lo materno.

Por cierto, se ha comprobado que en las tres novelas se cumple con la *conditio sine qua non* de la abyección: la ausencia del padre real o simbólico, y la omnipresencia de lo materno explican el hecho de que los tres sujetos abyectos son narcisistas en crisis. Ésta ha sido la condición del fratricidio, la tragedia de diferenciación en *Sol de medianoche*. Manolo percibe una falta total de ternura por parte de la madre, que no sólo lo persigue sino cuya opresiva sombra siente haber tragado; sombra... ¿o luz? El texto, de modo aún más desalentador que *L'Etranger*, multiplica las paradojas: el Sol de medianoche y su luz ambigua a su vez quedan asociados con la 'madre-alacrán', plasma la condición abyecta en lo más íntimo de este habitante del borde existencial. En *Sirena Selena vestida de pena* la función materna entre los travestis, las posiciones intercambiables entre los personajes (como si vivieran en un bolero), el fetichismo, la exaltación de la voz recuerdan las distintas maneras de recrear la plenitud a través de lo materno. Pero al convertirse el mismo en punto luminoso, Sirena adopta una actitud activa hacia las luces de miles de candilejas que lo iluminan: convierte la imposibilidad de la separación en arma. En la estela de Bataille y Deleuze, ambas novelas sugieren una concepción negativa de la luz y del mundo visible, que no resulta más fiable que el mundo invisible. La luz funciona como un proceso de abyección cuya causa es emanativa, no localizable para el sujeto. Al mismo tiempo, promete la ilusión de plenitud, de una estrella alcanzable por medio de la *brega* (*Sirena Selena*), o, en el caso del melancólico (*Sol de medianoche*), por medio de la condenación a muerte del yo. *Yo-Yo Boing!* ofrece –sobra recordar que es sólo una de las lecturas posibles– una alternativa liberadora a la fascinación de la omnipresente luz: se opone a las dos novelas anteriores por negarse a tratar el tema de la luz como visualidad e intensidad desde el punto de vista de un observador. Además, la omnipresencia de lo materno y la ausencia (o debilidad) de la instancia paterna (*Nom-du-père*) excluyen de por sí la posibilidad de la familia. Si no se ha tratado el tema de la familia es por la simple razón de que en las novelas no hay cuestión de ella. Más generalmente, se ha visto que hablar de una 'comunidad' es sumamente problemático. Sólo en *Sol de medianoche* se observa un sentido de comunidad mínimo por la presencia del hospitalillo; en *Sirena Selena*, en cambio, las relaciones entre 'madre' e 'hijo/a' permanecen diádicas, imaginarias (i.e. pre-simbólicas).

Por frívolo que parezca el *salir a ser otra* del travesti, su transformación cobra un carácter dramático al saber que detrás del encanto del sujeto puesto en escena sólo se halla una voz anónima, de múltiples maneras marginada y traumatizada. Mientras que en *Sirena Selena* lo imaginario, necesario para la eficacia de la *brega*, sutura (y finalmente satura) al sujeto, en *Sol de medianoche* y *Yo-Yo Boing!* lo imaginario es radicalmente disfuncional. La *brega*, como estrategia de supervivencia, se basa en un juego mimético, en el que el sujeto se muestra delante del otro como *trompe-l'œil*. Eso sí, la *brega* del sujeto puertorriqueño es un *intento* de sobrevivir con dignidad, pero al precio del propio yo. En *Sol de medianoche* el intento de negociar con el Otro, de *bregar* con las dificultades de la existencia es desde el principio un fracaso: el protagonista, como ruina física y mental, es un *bregador* en crisis, el antípoda de la teatralidad. *Yo-Yo Boing!*, por fin, simplemente renuncia a todo mimetismo. Manolo es incapaz de travestirse *à la* Holmes, tal como le corresponde a todo detective. Si *Sirena Selena* parte de una utopía, la posibilidad de adaptarse a la mirada del Otro luminoso, el detective de *Sol de medianoche* muestra desde la primera página su profundo desencanto con la realidad.

En suma, el énfasis en *lo abyecto* como «ce qui perturbe une identité» (Kristeva 1980: 12) permite concluir que el primer concepto estudiado, la identidad, se experimenta en las novelas como imposibilidad. En realidad, la insistencia en lo abyecto es también una manera de regresar a la *existencia*, de enfatizar la imposibilidad, el carácter utópico de toda esencia (de la cual efectivamente nos podemos preguntar si realmente existió alguna vez, como recuerda Fokkema 2003: 11). El énfasis que estas novelas ponen en lo abyecto no es para nada un escapismo de la realidad, al contrario; *l'abject* recuerda la contingencia absoluta, universal de todo sujeto (reprimido o no). Con el sujeto existencialista de *Sol de medianoche* nos adentramos en lo viscoso existencialista, mientras que en *Sirena Selena* y *Yo-Yo Boing!* la problemática ontológica se aborda de modo más oblicuo. El parangón establecido con *L'Etranger* confirma la importancia del existencialismo en *Sol de medianoche*: no sólo desde el punto de vista temático, sino también por lo que atañe al concepto de libertad, la novela de Rodríguez Juliá se acerca a Camus, pero con una diferencia fundamental: Manolo no llega a la lucidez que caracteriza al personaje camusiano ni llega a rebelarse contra su condición existencial. Ambos personajes, sin embargo, son víctimas de una luz que determina su comportamiento. Aunque en *Sirena Selena* y *Yo-Yo Boing!* no hay cuestión de existencialismo, aquí también lo abyecto se ha interpretado como un regreso de aquella parte (lo Real lacaniano) que la realidad (el orden Simbólico) excluye al mismo tiempo que la usa para constituirse.

El segundo concepto en torno al cual gira este trabajo ha sido el de la nación. La lectura de los tres sujetos abyectos como alegoría de la nación vuelve nuestra atención una vez más al cuerpo espectacular, a flote, que figura en la portada del libro *Nación postmortem*: ¿es también la nación puertorriqueña –detrás de sus configuraciones anamorfóticas– un *living dead*? El regreso de lo abyecto como lo que se mueve en el borde mismo entre lo Real y lo Simbólico en estas novelas, se refleja en el debate sobre Puerto Rico, donde se insiste cada vez más en la cara espantosa, abyecta de la *Isla del Encanto*. La sutura política y cultural del cuerpo de la nación, que se encuentra al mismo tiempo dentro y fuera de la madre colonial, permite reinterpretar el sentido del título que Doris Sommer dio a un artículo suyo sobre la *Isla del Encanto*: «Puerto Rico afloat» (Sommer 2000), donde la crítica sugiere que Puerto Rico tiene todas las ventajas de estar 'a flote', en un mar de posibilidades. El dilema en torno al status, por ejemplo, lo lee como un elogio de la indecisión. Sommer ya defendió esta idea, antes de retomarla en la introducción a la novela de Braschi (Sommer/Vega-Merino 1998: 11), en otro artículo «Choose and Lose» (Sommer 1998), en que presenta el *multiple choice* del sujeto puertorriqueño como motivo de fiesta. Evidentemente, no es cuestión aquí de rechazar el optimismo de Sommer, pero sí de abogar por una actitud más moderada, más crítica y menos celebradora hacia el 'caso' puertorriqueño. Tal concepción optimista olvida el dolor subyacente a la hibridez puertorriqueña. Cabe preguntarse cuál es ese premio por 'ganar' que promete la indecisión en tiempos de desencantamiento, de ambigüedad y de transparencia del mal donde, como recuerdan los tres sujetos abyectos de las novelas, sólo hay pérdida de coherencia individual y colectiva. La lectura del cuerpo atractivo, ligero, 'portátil', del travesti como metáfora que expresa las contradicciones del Estado Libre Asociado ha permitido cuestionar los modos de operar del colonialismo. Lo *lite* parece sólo el vestido más reciente, más atractivo –de corte postcolonial y transnacional– que estrena la colonia más vieja del mundo. La accesibilidad, la libre-conexión a la modernidad y la globalización de 'miles candilejas' maquillan un trauma subyacente que el coloniaje ha dejado en el sujeto puertorriqueño, tanto en la isla como en la diáspora. Tal como sugiere *Sirena Selena*, el cuerpo-en-venta del travesti apunta, contrariamente al 'choose and lose', a un goce, i.e. un dolor indecible.

Concluyendo, persiste por tanto la pregunta: ¿el siglo XXI será para el sujeto puertorriqueño de cierto modo el siglo de las luces? Evidentemente, no en el sentido de un Voltaire, un Diderot o un Rousseau que hace unos siglos 'iluminaron' la humanidad con sus ideas revolucionarias. No cabe duda de que este 'cadáver exquisito', gracias al nivel superficial y manipulable de la imagen, vivirá una *plénitude* mucho más espectacular de la con la cual habría podido soñar Rousseau cuando escribió en sus *Confessions*: «Ne pouvant goûter dans sa plénitude cette intime société dont je sentais le besoin, j'y cherchais des suppléments qui n'en remplissaient pas le vide, mais qui me le laissaient moins sentir» (Rousseau 1980: 493). Si la intimidad se le hizo sentir al filósofo ilustrado como una necesidad, el colonialismo *lite* sugiere, en cambio, una experiencia muy íntima, una caricia que hace invisible toda disolución social. En lo que una vez se conocía como *showcase* del progreso, ahora la cultura se presenta como lo que Gil llama efectos de iluminación. Aunque el propio Rousseau exactamente dos siglos antes de la conversión de Puerto Rico en *estado-travesti* exploró las posibilidades del cuerpo bisexual en un cuento titulado «La Reine Fantasque» (1752), no cabe duda de que, si se hubiera enterado de una luz colonial que ilumina al cuerpo 'vestido de pena', habría escrito otra «Lettre à d'Alembert sur les spectacles» para denunciar el *espanto* que se mezcla con el *encanto*. No se ha tratado aquí de victimizar una vez más a Puerto Rico. Es preciso subrayar que esa luz que lo ilumina lo convierte en un caso menos exclusivo de lo que siempre se ha pensado. En el contexto de la colonia como *performance*, esta *Isola bella* se encuentra plenamente integrada en un espectáculo más amplio que desborda los límites isleños, una luz que se difunde –de modo cada vez más alucinante, menos real– hacia todos los rincones del globo. Y es que, en tiempos de intensificados flujos de capital y de individuos –y de individuos *como* flujo y capital– tanto el sujeto 'colonizado' como el supuestamente 'libre' se encuentran dependientes de (o sujetos a) una abyección espectacular, a la «inséparabilité du bien et du mal» (Baudrillard 1990: 110). Es decir, la mentira de un sujeto espec(tac)ular, cosmético, no sería inmoral comparada con el 'crimen perfecto' –casi cósmico, sublime– que el Otro dicta en el sujeto *a través del* sujeto. ¿Aquel crimen consiste en «blanchir les cadavres», (*Ibíd.*: 95) vistiéndolo de encantos y microutopías, hasta ser, por ejemplo, una *shining star of the Caribbean*? Las novelas sugieren que ésta sería la *unbearable lightness* del ser puertorriqueño en la postmodernidad, la verdadera perversión de la cual hay que cuidarse, contra la cual hay que rebelarse, aunque sea de forma mínima. La parodia de la plenitud sería éticamente más digna que (ad)mirar ciegamente lo *lite* que nos engloba a todos.

En lugar de concluir con la idea –previsible– de que las novelas estudiadas se caracterizan por su carácter 'postmoderno', este estudio ha insistido en varios avatares. En primer lugar, los avatares teóricos: la revalorización de los conceptos kristevianos de lo abyecto y la abyección se ha revelado útil para pensar la identidad híbrida a partir del *individuo*. En segundo lugar, regresan en estos textos avatares estéticos y filosóficos: el regreso al existencialismo en el caso de Rodríguez Juliá y al teatro del absurdo (que no es reductible a puro escapismo) en el de Braschi, dos corrientes cuya herencia el postmodernismo desmiente o trata de modo sobremanera superficial. Este regreso es doblemente significativo: por una parte es una vuelta al individuo dentro del contexto irreal de la *société du spectacle* puertorriqueña; por otra es una reacción a la obsesión con la *puertorriqueñidad* que siempre ha desviado la atención de *l'existence* hacia *l'essence*. Queda por hacer (tarea que desborda los límites de este trabajo) el estudio detenido de las modalidades de exclusión de estas dos corrientes.

Por último, quedan los avatares del propio lector: éste se encuentra de varias maneras involucrado y 'mirado' por el espectáculo que envuelve el proceso de la lectura del sujeto abyecto. A la vuelta de la página menos pensada, el lector cae en el error de interpretar las obras como literatura *light*, pasando por alto la rebeldía mínima que comunican estas novelas. En última instancia, el propio lector es el que está interpelado a jugar su *brega* textual. Sólo al abrirse a lo abyecto y a lo diaspórico, a lo innominable y a lo innombrable, al dar vida a ilegibles criaturas, sin consistencia ontológica, como aquellas cuya existencia reivindican estas novelas, sólo al reconocerse en las paradojas andantes que son el travesti indócil, el habitante del sol de medianoche, y el 'yo' de risa sardónica, nace la posibilidad de vivir *otra* experiencia, extraña, que el lector antes repugnaba. La literatura, al fin y al cabo, ¿no es esto?, ¿apropiar «ce qui témoigne de l'expérience» (Kristeva 1998: 81), re-vivir la experiencia más íntima del otro, y ponerla a comunicar con la propia «intimité monstrueuse» (*Ibíd.*: 82)? Para poner fin a la errancia –por lo menos momentáneamente– cada uno tiene que identificarse con su síntoma, reconocerse *étranger à soi-même* ya que éste es lo que *hace existir*, lo que en tiempos de distopías proporciona una forma de vida y rebeldía mínimas. Sólo de esta manera un día –tarde o temprano, aunque siempre a destiempo como diría Lacan– podremos confesar que hemos vivido bajo un mismo *spotlight*, o un sol de medianoche que tanto nos fascinaban.

BIBLIOGRAFÍA

I. OBRAS DE CREACIÓN

1. Literatura puertorriqueña

1.1. Corpus de investigación

BRASCHI, Giannina (1998): *Yo-yo boing!*, New York: Latin American Literary Review Press.

RODRÍGUEZ Juliá, Edgardo (1999): *Sol de medianoche*, Barcelona: Mondadori [1995].

SANTOS-FEBRES, Mayra (2000a): *Sirena Selena vestida de pena*, Barcelona: Mondadori.

1. 2. Otras obras de literatura puertorriqueña

BRASCHI, Giannina (1988): *El imperio de los sueños*, Río Piedras: Universidad de Puerto Rico.

— (1994): *Empire of Dreams*, New Haven/London: Yale University Press.

— (2000): «Pelos en la lengua», en: *Hopscotch: a cultural Review*, 2.2., núm. 50; versión digital disponible en: *<http://muse.jhu.edu/journals/hopscotch/v002/2.2braschi.html>*, 30 de junio de 2002.

PIETRI, Pedro (s. f.): «Nuyoricans Out of Focus», en: *El Puerto Rican Embassy*, *<http://www.elpuertoricanembassy.org/i.html>*, 16 de enero de 2003.

PIÑERO, Miguel (1989): «The Sun Always Shines for the Cool», en: KANELLOS, Nicolás/ Jorge HUERTA: *Nuevos Pasos: Chicano and Puerto Rican Drama*, Houston: Arte Público Press, pp. 173-204.

RODRÍGUEZ JULIÁ, Edgardo (1974): *La renuncia del héroe Baltasar*, Río Piedras: Ed. Cultural.

— (1981): *Las tribulaciones de Jonás*, Río Piedras, Ed. Huracán.

— (1983): *El entierro de Cortijo*, Río Piedras: Ed. Huracán.

— (1984): *La noche oscura del niño Avilés*, Río Piedras: Ed. Huracán.

— (1986): *Una noche con Iris Chacón*, San Juan, Ed. Antillana.

— (1987): «At the Middle of the Road», en: RODRÍGUEZ DE LAGUNA, Asela (ed.): *Images and Identities: the Puerto Rican in Two World Contexts*, New Brunswick, N.J.: Transaction Books, pp. 117-130.

— (1988): *Puertorriqueños. Album de la sagrada familia puertorriqueña a partir de 1898*, Río Piedras: Ed. Plaza Mayor.

— (1989): *El cruce de la bahía de Guánica*, Río Piedras, Ed. Cultural.

— (1997): *Cartagena*, San Juan: Ed. Plaza Mayor.

— (1998): «Statehood for Puerto Rico? It is time for a meaningful vote», en: *Miami Herald*, 2 de agosto.

— (2000a): *Elogio de la Fonda*, San Juan: Ed. Plaza Mayor.

— (2000b): «Biografía de una idea que enloqueció de amor» en: *Caribe, Revista de Cultura y literatura*, 3:2, pp. 63-72.

— (2002): *Caribeños*. San Juan: Editorial del Instituto de Cultura Puertorriqueña.

— (2003): *Mapa de una pasión literaria*, San Juan: Ed. de la Universidad de Puerto Rico.

— (2004a): *Musarañas de domingo*, San Juan: Ed. de la Universidad de Puerto Rico.

— (2004b): *Mujer con sombrero panamá*. Madrid: Mondadori.

SÁNCHEZ, Luis Rafael (1990): «Jum!», en: *En cuerpo de camisa*, 4ª ed. ampliada, Río Piedras: Ed. Cultural [1966], pp. 55-60.

— (1994): *La guagua aérea*, Río Piedras, Ed. Cultural [1983].

— (2000) *La guaracha del Macho Camacho*, edición crítica de A. DÍAZ QUIÑONES, Madrid: Ed. Cátedra [1976].

SANTOS-FEBRES, Mayra (1989): «Biopsia», en: *Casa de las Américas*, núm. 178, pp. 79-80.

— (1991a): *Anamú y manigua*, Río Piedras: Ed. La iguana dorada.

— (1991b): *El orden escapado*, Río Piedras: Ed. Tríptico.

— (1995): *Pez de vidrio*, Río Piedras: Ed. Huracán [1995].

— (1998): *El cuerpo correcto,* San Juan: R&R Editoras.

— (2000b): *Tercer Mundo*, México, D. F.: Trilce Ediciones.

— (2002): *Cualquier miércoles soy tuya*, Barcelona: Mondadori. (Trad. al inglés por James Gragam como *Any Wednesday I'm yours*, New York: Riverhead Trade.)

— (2003): «Caribe y travestismo», conferencia pronunciada el 22 de septiembre en el *Symposium on Puerto Rico. Jornada puertorriqueña*, Universidad de Leiden.

— (2005): *Sobre piel y papel*, San Juan: Ed. Callejón.

— (2006): *Nuestra Señora de la noche*, Madrid: Espasa-Calpe.

VARO, Carlos (1987): *Rosa mystica*, Barcelona: Seix Barral.

VEGA, Ana Lydia (1982): *Encancaranublado, y otros cuentos de naufragio*. La Habana: Casa de las Américas.

2. Otras literaturas

APONTE-ALSINA, Marta (2004): *Vampiresas*, Guanaybo: Alfaguara.

BECKETT, Samuel (1951): *Molloy*, Paris: Ed. du Minuit.

— (1952): *En attendant Godot*, Paris: Ed. du Minuit [1948-1949].

— (1953): *L'Innommable*, Paris: Ed. du Minuit.

— (1957): *Fin de partie*, Paris: Ed. du Minuit.

— (1961): *Comment c'est: roman*, Paris: Ed. du Minuit.

— (1963): *Oh les beaux jours, suivi de Pas moi*, Paris: Ed. du Minuit.

— (1983): *Disjecta. Miscellaneous writings and a Dramatic Fragment*, London: John Calder.

— (1971): *Foirades*, Paris: Ed. du Minuit.

— (1992): *Dream of Fair to Middling Women*, London: John Calder Publications [1951].

BORGES, Jorge Luis (1989): *Obras completas*. Tomo III: 1975-1985. Barcelona: Emecé.

BRETON, André (1928): *Nadja*, Paris: Gallimard.

CAMUS, Albert (1942): *Le mythe de Sisyphe*. Paris: Gallimard.

— (1957): *L'Etranger*, Paris: Gallimard [1942].

CORTÁZAR, Julio (1987): *Bestiario*, México, D. F.: Nueva Imagen [1951].

DONOSO, José (1979): *El lugar sin límites*, Barcelona: Seix Barral.

LEMEBEL, Pedro (2001): *Tengo miedo torero*, Santiago de Chile: Seix Barral.

MCCOY, Horace (1996): *They Shoot Horses Don't They?*, London: Serpent's Tail [1935].

NASAR, Sylvia (1997): *A Beautiful Mind*. Princeton: Princeton University Press.

PROUST, Marcel (1954): *A la recherche du temps perdu, I: Du côté de chez Swann; A l'ombre des jeunes filles en fleurs*, Bibliothèque de la Pléiade, Paris: Gallimard.

SACKS, Oliver (1995): *An Anthropologist on Mars*, London: Picador.

SARDUY, Severo (1999): *Obra completa*, edición crítica de Gustavo GUERRERO y François WAHL, tomo 2, Barcelona: Galaxia Gutenberg.

— (1972): *Cobra*, Barcelona: Ed. Edhasa.

SARTRE, Jean-Paul (1968): *La nausée*, Paris: Gallimard [1938].

— (1969): «Huis clos», en: *Théatre*, Paris: Gallimard, pp. 123-182 [1938].

II. CRÍTICA Y TEORÍA

1. Crítica sobre la literatura puertorriqueña

BARRADAS, Efraín (1981): *Para leer en puertorriqueño: acercamiento a la obra de Luis Rafael Sánchez*, Río Piedras: Ed. Cultural.

— (1998): *Partes de un todo. Ensayos y notas sobre literatura puertorriqueña en los Estados Unidos*, San Juan: Ed. Universidad de Puerto Rico.

244   Kristian Van Haesendonck

BRAHAM, Persephone, (1998): reseña de *Yo-Yo Boing!* (Giannina Braschi), en: *Review: Latin American Literature and Arts*, núm. 60, <http://www.americas-society.org/as/literature/br60braschi.html>.

CASANOVA SÁNCHEZ, Olga (1978): «Racismo y existencialismo en *Usmail* de Pedro Juan Soto», en: *Studies in Afro-Hispanic Literature*, núm. 2-3, pp. 90-105.

CASTILLO, Debra (2001). «She sings boleros: Santos-Febres' Sirena Selena», en: *Latin American Literary Review*, mayo-junio 2001.

CRUZ-MALAVÉ, Arnaldo (1995): «Giannina Braschi, o la conquista de los sueños», presentación del libro *Empire of Dreams* de Giannina Braschi, auspiciada por el Departamento de Literatura Comparada y el Programa Graduado de Traducción de la Universidad de Puerto Rico, Río Piedras, el 4 de abril de 1995.

CUADRA, Ivonne (2003): «¿Quién canta? Bolero y ambigüedad genérica en *Sirena Selena vestida de pena* de Mayra Santos-Febres», en: *Revista de Estudios Hispánicos*, Vol. 30, núm. 1, pp. 153-163.

DAROQUI, María Julia (1993): *Las pesadillas de la historia en la narrativa puertorriqueña*, Caracas: Monte Ávila Editores.

DE MOJICA, Sarah (2002): «Sujetos híbridos en la literatura puertorriqueña: *Daniel Santos* y *Yo-yo Boing!* Literaturas Heterogéneas y créoles», *Revista de Crítica literaria latinoamericana*, Año XXVIII, núm. 56. Lima-Hanover, pp. 187-203.

DESSÚS, Virginia (2001): «Identidad(es) postmoderna(s): *Yo-Yo Boing!* de Giannina Braschi», en: *La Torre*, año VI, Vol. 6, núm. 22, pp. 413-425.

DÍAZ, Luis Felipe (1998): «Inscripción del discurso literario puertorriqueño de los años 70», en: *Bordes*, núm. 6, 1998, pp. 64-83.

DÍAZ QUIÑONES, Arcadio (2000b): «Introducción», en: SÁNCHEZ, Luis Rafael (2000): *La guaracha del Macho Camacho*, Madrid: Ed. Cátedra, pp. 9-73.

DOMÍNGUEZ MIGUELA, Antonia (2005): *Pasajes de ida y vuelta. La narrativa puertorriqueña en Estados Unidos.* Huelva: Universidad de Huelva.

DUCHESNE, Juan (ed.) (1992): *Las tribulaciones de Juliá*, San Juan: Editorial del Instituto de Cultura Puertorriqueña.

— (1999): «El mundo será Tlön. Ciudadanía literaria caribeña y globalización: Édouard Glissant y Luis Rafael Sánchez», en: *Nómada*, pp. 39-46.

FERRER, Melba (1998): «P.R. writer nominated for a Pulitzer Prize», *The San Juan Star*, 29 de octubre.

GELPÍ, Juan (1993): *Literatura y paternalismo en Puerto Rico*, Río Piedras, Editorial de la Universidad de Puerto Rico.

GONZÁLEZ-ALLENDE, Íker (2005): «De la pasividad al poder sexual y económico: El sujeto activo en *Sirena Selena*», en: *Chasqui: Revista de Literatura Latinoamericana*, Vol. 34, núm. 1, pp. 51-64.

GRAU-LLEVERIA, Elena (2003): «*Sirena Selena vestida de pena* de Mayra Santos Febres: Economía, identidad y poder», en: *Hispanic Research Journal: Iberian and Latin American Studies*, Vol. 4, núm. 3, pp. 239-50.

Loustau, Laura (2002): *Cuerpos errantes: literatura latina y latinoamericana en Estados Unidos*, Buenos Aires: Viterbo Editora.

López Baralt, Mercedes (2000): «*I hate to see that evening sun go down:* los múltiples rostros del *Sol de medianoche*, de Edgardo Rodríguez Juliá», en: *Revista de Estudios Hispánicos*, U.P.R., Vol. XXVII, núm. 2, 2000, pp. 363-374.

Maeseneer, Rita De (2001): «Sobre dominicanos y puertorriqueños: ¿movimiento perpetuo?», documento facilitado por la autora.

— (2004): «Los caminos torcidos en *Sirena Selena vestida de pena* (2000) de la autora puertorriqueña Mayra Santos-Febres», en: Maeseneer, Rita De/An Van Hecke (eds.), *El artista caribeño como guerrero de lo imaginario*. Madrid/Frankfurt: Iberoamericana/Vervuert, pp. 127-146.

Martínez-San Miguél, Yolanda (1997): «Deconstructing Puerto Ricanness through sexuality: female counternarratives on Puerto Rican Identity», en: Negrón-Muntaner, F./R. Grosfoguel (eds.) (1997), pp. 127-139.

Morell, Hortensia (2005): «Las paradojas de la masculinidad en *Sirena Selena* vestida de pena», en: *Caribe: Revista de Cultura y Literatura*, Vol. 8, núm. 2, pp. 7-18.

Ortega, Julio (1991): *Reapropiaciones: cultura y nueva escritura en Puerto Rico*, Río Piedras: Ed. de la Universidad de Puerto Rico.

Peres Alós, Anselmo/Kahmann, Andrea Christiane (2005): «La ruptura con el continuum sexo-género-deseo: Algunos apuntes acerca de la obra *Sirena Selena vestida de pena*, de Mayra Santos-Febres», en: *Espéculo: Revista de Estudios Literarios*, Vol. 29, <http://www.ucm.es/info/especulo/numero29/sirena.html>, 15 de agosto de 2005.

Perivolaris, John Dimitri (2000): «Little Stories of Caribbean History and Nationhood: Edgardo Rodríguez Juliá and Luis Rafael Sánchez», en: Perivolaris, John Dimitri/Conrad, James (eds.) (2000): *The Cultures of the Hispanic Caribbean*, Gainesville: University Press of Florida, pp.190-200.

Peterson, V.L. (1998): «El existencialismo y René Marqués en Puerto Rico», en: *Publications of the Arkansas Philological Association*, 24, núm. 1, pp. 47-59.

Reyes, Dean Luis (2001): «Mayra Santos-Febres: libertad enmascarada», en: <http://www.lajiribilla.cu/2001/n32_diciembre/858_32.html>, 26 de enero de 2002.

Rivera, Ángel (1998): «Puerto Rico on the Borders: Cultures of Survival or the Survival of Culture», en: *Latin American Literary Review*, XXVI, pp. 31-46.

Rodríguez-carranza, Luz (2001): «Luis Pales Matos: Exotisch of nationaal dichter? Een probleem voor de Puertoricaanse kritiek», en: D'Haen, Theo (ed. and introd.)/ Peter Liebregts (ed.) (2001): *Tussen twee werelden: Het gevoel van ontheemding in de postkoloniale literatuur*, Leiden: Opleiding Talen en Culturen van Zuidoost-Azie en Oceanie, Universiteit Leiden, pp. 107-118.

Rodríguez Jiménez, Rubén (2003): «Escritura transexual y borrón de identidad en *Sirena Selena* vestida de pena», en: *Ciberletras*, Vol. 9, <http://www.lehman.edu/ciberletras/v09/rodriguezjimenez.html>, 20 de marzo de 2004.

SÁNCHEZ, Matilde (2002): «América Latina en la edad de plomo: La Ilustración hecha añicos», en: *Clarín*, Suplemento «Cultura y Nación», 5 de octubre, <http://old.clarin.com/suplementos/cultura/2002/10/05/u-00211.htm>, 13 de junio de 2003.

SANDOVAL SÁNCHEZ, Alberto (1992): «La identidad especular del allá y del acá: nuestra propia imagen puertorriqueña en cuestión», en: *Centro Journal*, Vol. IV, núm. 2, pp. 29-43.

SOMMER, Doris/Alexandra VEGA-MERINO (1998): «Either And», en: BRASCHI, Giannina (1998), pp. 11-18.

SOTOMAYOR, Áurea María (1995): *Hilo de Aracne: literatura puertorriqueña hoy*. San Juan: Editorial de la Universidad de Puerto Rico.

TORRES CABALLERO, Benjamín (2000): «Edgardo Rodríguez Juliá, *Sol de medianoche* (reseña)», en: *Caribe, Revista de Cultura y literatura*, 3:1, pp. 128-133.

VAN HAESENDONCK, Kristian (2001a): «De ruïne van het geheugen: het Puertoricaanse trauma van de moderniteit in het werk van Edgardo Rodríguez Juliá», en: *Frame. Tijdschrift voor Algemene Literatuurwetenschap*, 15:3, pp. 61-78.

— (2003a): «*Sirena Selena vestida de pena* de Mayra Santos-Febres: ¿transgresiones de espacio o espacio de transgresiones?», en: *Centro: Journal of the Center for Puerto Rican Studies*, Vol. XV, núm. 2, pp. 78-91.

— (2003b): «Travestie, verleiding en 'kolonialisme light': het debat over culturele identiteit in Puerto Rico», en: FOKKEMA, Aleid/Maarten STEENMEIJER (eds.) (2003): *Identiteit en locatie in de hedendaagse literatuur*, Nijmegen: Vantilt, pp. 59-71.

— (2003c): «Apuntes sobre el existencialismo en *Sol de medianoche* de Edgardo Rodríguez Juliá», en: *Caribe, revista de Cultura y Literatura*, Vol. 6, núm. 2, pp. 46-64.

2. Bibliografía general

ACKROYD, Peter (1979): *Dressing Up. Transvestism and Drag: The History of an Obsession*, Norwich: Thames & Hudson.

AGUSTONI-PHAN, Nhung (2001): *On n'apprivoise pas les Suisses. Le pays de Heidi raconté par une Vietnamienne*. Lausanne: Edition Favre.

ALPHEN, Ernst J. Van (1998): «Marcel Duchamp in travestie», en: *De Witte Raaf*, núm. 75, septiembre-octubre, pp. 20-21.

— (2002): «Caught by images: on the role of visual imprints in Holocaust testimonies», en: *Journal of visual culture*, núm. 2, pp. 205-221.

ANDERSON, Benedict (1991): *Imagined Communities*, London: Verso [1983].

ANTZE, Paul/Michael LAMBEK (1996): *Tense Past: Cultural Essays in Trauma and Memory*, New York: Routledge.

APARICIO, Francés R. (1998): *Listening to Salsa. Gender. Latin Popular Music, and Puerto Rican Cultures*, Hanover/London: Wesleyan University Press.

AUER, Peter (1998): *Code-Switching in Conversation. Language, Interaction and Identity*, London/New York: Routledge.

BAL, Mieke (1977): *Narratologie: essais sur la signification narrative dans quatre romans modernes*. Paris: Klincksieck.

— (1997a): *Images littéraires, ou comment lire visuellement Proust?*, Toulouse; Ed. Presses Universitaires du Mirail.

— (1997b): *Narratology. Introduction to the Theory of Narrative*. Toronto: University of Toronto Press.

— (2002): *Travelling Concepts in the Humanities*, Toronto: University of Toronto Press.

BARTHES, Roland (1970a): *S/Z,* Paris: Editions du Seuil.

— (1970b): «L'Etranger, roman solaire», en: LÉVI-VALENSI, J. (ed.): *Les critiques de notre temps et Camus*, Paris: Garnier, 60-64.

— (1980): *La chambre claire. Note sur la photographie*. Paris: Gallimard.

BATAILLE, Georges (1970a): *Oeuvres complètes, I: Premiers Ecrits, 1922-1940*. Paris: Gallimard.

— (1970b): *Oeuvres complètes II, Écrits posthumes 1922-1940*, Paris: Gallimard.

BAUDRILLARD, Jean (1976): *L'Echange symbolique et la mort*, Paris: Gallimard.

— (1979): *De la séduction*, Paris: Ed. Galilée.

— (1981): *Simulacres et simulation*, Paris: Ed. Galilée.

— (1990): *La transparence du mal. Essai sur les phénomènes extrêmes*. Paris: Galilée-

BAUER, Roger/Douwe FOKKEMA/Michael De GRAAT (eds.) (1990): *Space and Boundaries in Literary Theory and Criticism. Espace et frontières dans la critique et la théorie littéraire*, Munich: Ludicium.

BENÍTEZ ROJO, Antonio (1989): *La isla que se repite: el Caribe y la perspectiva posmoderna*, Hanover: Ediciones del Norte.

BERNABÉ, Rafael (2002): *La maldición de Pedreira (Aspectos de la crítica romántico-cultural de la modernidad en Puerto Rico)*, Río Piedras: Ediciones Huracán.

BERSANI, Leo (1995): *Homos*, Cambridge/London: Harvard University Press.

BERSANI, Leo/Ulysse DUTOIT (1993): *Arts of Impoverishment*, Cambridge/London: Harvard University Press.

BERTENS, Hans/Theo D'HAEN (1988): *Het postmodernisme in de literatuur*, Amsterdam: de Arbeiderspers.

BERTENS, Hans (1995): *The Idea of the Postmodern. A History*, London/New York: Routledge.

BERTOLINI, Michele/Tomasso TUPPINI (2003): «Gilles Deleuze: Luce e potenze del tempo al cinema», en: *Deleuze e il cinema, Quaderni di Estetica*, núm. 1, pp. 9-29.

BHABHA, Homi K. (2001): «Of Mimicry and Man: The Ambivalence of Colonial Discourse»; en: WAUGH Ph./P. RICE (eds.) (2001): *Modern Literary Theory: a Reader*, 4th ed. London: Edward Arnold, pp. 380-387.

BLANCHOT, Maurice (1955): *L'Espace littéraire*, Paris: Gallimard.

— (1969): *L'Entretien infini*, Paris: Gallimard.

BOEHMER, Elleke (2002): «Not Saying Sorry, Not Speaking Plain: Gender Implications in *Disgrace*», en: *Interventions. International Journal of Postcolonial Studies*, Vol. 4. núm. 3, pp. 342-351.

BOSCH, Robert J. Van Den (1993): *Schizofrenie: subjectieve ervaringen & cognitief onderzoek*, Houten: Bohn Stafleu Van Loghum.

BRENKMAN, John (2000): «Extreme Criticism», en: BUTLER, Judith/John Guillory/Kendall THOMAS (eds.): *What's Left of Theory? New Work on the Politics of Literary Theory*, New York/London: Routledge, pp. 114-136.

BRONFEN, Elisabeth (1994): «Death: the Navel of the Image», en: BAL, Mieke/Inge BOER (eds.): *The Point of Theory. Practices of cultural* analysis, New York: Continuum, pp. 79-90.

BROOKS, Peter (1984): *Reading for the Plot. Design and Intention in Narrative*, Oxford: Oxford University Press.

BUCHMAN, Alyson R. (1999): *The Monster Strikes Back: American Women Revising the Abject*), Tesis de doctorado, sin publicar, Purdue University.

BUTLER, Judith (1993): *Bodies That Matter. On the Discursive Limits of Sex*. New York/London: Routledge.

CAWELTI, John G. (1976): *Adventure, Mystery, and Romance. Formula Stories as Art and Popular Culture*, Chicago/London: The University of Chicago Press.

CHAULET-ACHOUR, Christiane (1998): *Albert Camus, Alger. L'Etranger et autres réçits*, Biarritz: Atlantica.

CLÉMENT, Bruno (1994): *L'Oeuvre sans qualités. Rhétorique de Samuel Beckett*, Paris: Seuil.

CLÉRO, Jean-Pierre (2002): *Le vocabulaire de Lacan*, Paris: ellipses.

CLIFFORD, James (1997): *Routes. Travel and Translation in the Late Twentieth Century*, Cambridge/London: Harvard University Press.

COHN, Dorrit Claire (1978): *Transparent Minds. Narrative Modes for Presenting Consciousness in Fiction*, Princeton: Princeton University Press.

CORDESSE, Gérard (1986): «Note sur l'enonciation narrative: une presentation systématique», en: *Poétique*, núm. 65, pp. 43-46.

COSS, Luis Fernando (1996): *La nación en la orilla: respuesta a los postmodernos pesimistas*, San Juan: Ed. Punto de Encuentro.

CRITCHLEY, Simon (1997): *Very Little... Almost Nothing. Death, Philosophy, Literature*, London/New York: Routledge.

CULLER, Jonathan (2000): «The Literary in Theory», en: Judith BUTLER/John GUILLORY/Kendell THOMAS (eds.): *What's Left of Theory? New Work on the Politics of Literary Theory*, New York/London: Routledge, pp. 273-292.

D'HAEN, Ttheo (2002). *Europa buitengaats. Koloniale en postkoloniale literaturen in Europese talen*, 2 tomos, Amsterdam: Bakker.

DÁVILA COLÓN, Luis (1993): «En-madonnados», en: *El Nuevo Día*, 29 de octubre, p. 69.

DAYAN, Daniel (1974): «The Tutor Code of Classical Cinema», en: *Film Quarterly*, núm. 3, pp. 22-31.

DEBORD, Guy (1967), *La société du spectacle*, Paris: Buchet/Chastel.

DELEUZE, Gilles (1970): «Schizologie», prólogo a WOLFSON, L. (1970): *Le Schizo et les langues*, Paris: Ed. Gallimard, pp. 5-23.

— (1983a): «Les aspects du temps, la lumiére», texto inédito de las conferencias de Deleuze presentadas el 22/03 y 12/04 de 1983; versión electrónica disponible en: <http://www.webdeleuze.com/TXT/220383.html>, 27 de febrero de 2002.

— (1983b): *Cinéma 1. L'Image-mouvement*. Paris: Ed. de Minuit.

DELEUZE, Gilles/Felix GUATTARI (1975): *Kafka, pour une littérature mineure*, Paris: Ed. du Minuit.

DERRIDA, Jacques (1996): *Le monolinguisme de l'autre*, Paris: Ed. Galilée.

DÍAZ, Luis Felipe/Mark ZIMMERMAN (eds.) (2001): *Globalización, nación, postmodernidad*, San Juan: Ediciones Lacasa.

DÍAZ QUIÑONES, Arcadio (1993): *La memoria rota*, Río Piedras: Ed. Huracán.

— (2000a): *El arte de bregar*, San Juan: Ed. Callejón.

DOR, Jean (1992): *Introduction à la lecture de Lacan. 1. L'inconscient structuré comme un langage*, Paris: Denoël.

DUANY, Jorge (1998): «Después de la modernidad: Debates contemporáneos sobre cultura y política en Puerto Rico.», en: *Revista de Ciencias Sociales*, Vol. 5, pp. 218-41.

— (2002): *The Puerto Rican Nation on the Move. Identities on the Island & in the United States*, Chapel Hill/London: The University of North Carolina Press.

DUCHESNE, Juan (1991a): «Independencia, reclamo de justicia no subordinable a esquemas teóricos», en: *Postdata*, Colectivo Armagedón, núm. 1, sin paginación.

— (1991b): «Convalecencia del independentismo de izquierda», *Postdata*, núm. 1, sin paginación.

— (2001): *Ciudadano insano. Ensayos bestiales sobre cultura y literatura*, San Juan: Ed. Callejón.

DUCHESNE, Juan *et al.* (1997): «La estadidad desde una perspectiva democrática radical», *Diálogo*, (febrero), pp. 30-31.

DURHAM, Scott (1998): *Phantom Communities. The Simulacrum and the Limits of Postmodernism*. Stanford: Stanford University Press.

EAKIN, Paul John (1992): *Touching the World. Reference in Autobiography*, Princeton: Princeton University Press

EISENZWEIG, Uri (1986): *Le récit impossible: forme et sens du roman policier*, Paris: Christian Bourgois.

ELLMANN , Richard (1986): «Nayman of Noland», en: *The New York Review of Books*, Vol. 33, núm. 7, 24 de abril, <http://www.nybooks.com/authors/2621>, 3 de abril de 2003.

ENGELBERTS, Matthijs (2001): *Défis du récit scénique. Formes et enjeux du mode narratif dans le théâtre de Beckett et de Duras*, Genève: Droz.

ESSLIN, Martin (1969): *The Theater of the Absurd*, New York: Anchor Books [1962].

FLORES, Juan (1993): *Divided Borders. Essays on Puerto Rican Identity*, Houston: Arte Público Press.

FLORES, Juan (1997): *La venganza de Cortijo y otros ensayos*, San Juan: Ediciones Huracán.

— (2000): *From Bomba to Hip-hop. Puerto Rican Culture and Latino Identity*, New York: Columbia University Press.

FOKKEMA, Aleid (2003): «Inleiding», en: FOKKEMA, Aleid/Maarten STEENMEIJER (eds.) (2003): *Identiteit en locatie in de hedendaagse literatuur*, Nijmegen: Vantilt, pp. 59-71.

FOSTER, Hal (1985): *Recodings. Art, Spectacle, Cultural Politics*, Seattle: Bay Press.

— (1996): *The Return of the Real*, Cambridge: MIT Press.

FOUCAULT, Michel (1972): *Histoire de la folie à l'âge classique*, Paris: Gallimard.

GARBER, Marjorie (1992): *Vested Interests. Cross-dressing & Cultural Anxiety*. New York/London: Routledge.

GASSIN, Jean (1981): *L'Univers symbolique d'Albert Camus. Essai d'interprétation psychanalytique*, Paris: Minard.

GELPÍ, Juan (1999): «El bolero en la Ciudad de México. Poesía popular urbana y procesos de modernización», en: *Nómada*, núm. 4, pp. 17-25.

GENET, Jean (1948): *Notre-Dame-des-Fleurs*, Lyon: Barbezat [1942].

GENETTE, Gérard (1972): *Figures III*, Paris: Seuil.

GIL, Carlos (1991a): «Poder y fascinación: respuesta amistosa al neo-independentismo», en: *Postdata*, núm. 1, sin paginación.

— (1991b): «La fascinación del poder II», en: *Postdata*, núm. 1, sin paginación.

— (1995a): *El orden del tiempo. Ensayos sobre el robo del presente en la utopía puertorriqueña*, San Juan: Postdata.

— (1995b): «De la madre enferma albizuísta a la cura de adelgazamiento tardomoderna», en: GIL, Carlos/Irma RIVERA NIEVES (1995), pp. 121-135.

— (1995c): «*Plebiscitarian Mania 2:* Estado, metáfora muerta (Contribución al análisis del Plebiscito)», en: GIL, Carlos/Irma RIVERA NIEVES (1995), pp. 282-294.

— (1998): «Claroscuro fin de siglo: la (ir)resistible ascensión del neofascismo», en: *Postdata*, núm. 13, abril, pp. 2-11.

— (2001): «Nihilismo y obscenidad: una mirada micropolítica al fascismo», en: DÍAZ, Luis Felipe/Mark ZIMMERMAN (eds.) (2001), pp.107-124.

GIL, Carlos/Irma RIVERA NIEVES (eds.) (1995): *Polifonía salvaje. Ensayos de cultura y política en la postmodernidad*, San Juan, Ed. Postdata.

GŁOWIŃSKI, Michal (1977): «On the First Person Novel», in: *New Literary History*, IX:1, pp. 103-114.

GONZÁLEZ, Rubén (1997): *La historia puertorriqueña de Rodríguez Juliá*, Río Piedras: Ed. de la Universidad de Puerto Rico.

GONZÁLEZ DÍAZ, Emilio (1998): «La verdad acerca de la verdad o sobre lo que en realidad le pasó a lo real», en: *Bordes*, núm. 6, pp. 39-49.

GREIMAS, Algirdas J. (1966): *Sémantique structurale. Recherche de méthode*, Paris: Larousse.

GUSDORF, Georges (1991): *Auto-bio-graphie*, Paris: O. Jacob.

HALBERSTAM, Judith (1998): «F2M: The Making of Female Masculinity», en: RIVKIN, Julie/Michael RYAN: *Literary Theory: an Anthology*, Malden: Blackwell, pp. 458-469.

HARDT, Michael/Antonio NEGRI (2000): *Empire*, Cambridge: Harvard University Press

HARRINGTON, John P. (1991): *The Irish Beckett*, New York: Syracuse University Press.

HASSAN, Ihab Habib (1982): *The Dismemberment of Orpheus. Toward a Postmodern Literature*, Wisconsin: The University of Wisconsin Press.

HOGLE, Jerrold E. (1998): «Frankenstein as Neo-Gothic: From the Ghost of the Counterfeit to the Monster of Abjection», en: RAJAN, Tilottama/Julia Wright (eds.) (1998): *Romanticism, History and the Possibilities of Genre: Re-Forming Literature, 1789-1837*. Cambridge, England: Cambridge University Press, pp. 176-210.

— (2002): «The Gothic Crosses the Channel: Abjection and Revelation in *Le Fantôme de l'Opera*», en: HORNER, Avril (ed.) (2002). *European Gothic: A Spirited Exchange, 1760-1960*. Manchester, England: Manchester University Press, pp. 204-29.

— (2003): «The Gothic-Romantic Relationship: Underground Histories in 'The Eve of St. Agnes'»), en: *European Romantic Review*, Vol. 14, núm. 2, pp. 205-23.

HORNER, Avril (2002): «'A Detour of Filthiness': French Fiction and Djuna Barne's Nightwood», en: HORNER, Avril (ed.) (2002): *European Gothic: A Spirited Exchange, 1760-1960*. Manchester, England: Manchester University Press, pp. 230-51.

HOUSTON JONES, David (2001): *The Body Abject. Self and Text in Jean Genet and Samuel Beckett*, Bern: Peter Lang.

HOVING, Isabel (2001): *In Praise of New Travelers. Reading Caribbean Migrant Women Writers*, Stanford: Stanford University Press.

HOWARD, Jean E. (1988): «Crossdressing, the Theatre, and Gender Struggle in Early Modern England», en: *Shakespeare Quarterly*, 39, pp. 418-440.

HUTCHEON, Linda (1985): *A Theory of Parody: The Teachings of Twentieth-Century Art Forms*. New York: Methuen.

ISER, Wolfgang (1974): *The Implied Reader: Patterns of Communication in Prose Fiction from Bunyan to Beckett*, Baltimore/London: Johns Hopkins University Press.

JAY, Martin (1993): *Downcast Eyes: the Denigration of Vision in Twentieth-century French Thought*, Berkeley: University of California Press.

JIMÉNEZ, Gladys (1995): «'Xiomara mi hermana' Diplo y el travestismo racial», en: *Bordes*, núm. 2, pp. 15-27.

JOHNSON, Tracy (2002): «The Fear Industry: Women, Gothic and Contemporary Crime Narrative», *Gothic Studies*, vol. 4, núm. 1, pp. 44-62.

JUNKER, Mary (1995): *Beckett: The Irish Dimension*, Dublin: Wolfhound Press.

KERKHOF, Erna (2000): *Contested Belonging. Circular Migration and Puerto Rican Identity*, Maastricht: Shaker Publishing.

KIBERD, Declan (1996): *Inventing Ireland*, Cambridge: Harvard University Press.

KRISTEVA, Julia (1974): *La révolution du langage poétique*, Paris: Ed. du Seuil.

— (1980): *Pouvoirs de l'horreur. Essai sur l'abjection*, Paris: Ed. du Seuil.

— (1987): *Soleil noir: dépression et mélancolie*, Paris: Gallimard.

— (1988): *Etrangers à nous-mêmes*, Paris: Fayard.

— (1996): *Sens et non-sens de la révolte. Pouvoirs et limites de la psychanalyse I*, Paris: Fayard.

— (1997): *La révolte intime. Pouvoirs et limites de la psychanalyse II*, Paris: Fayard.

— (1998): *L'avenir d'une révolte*, Paris: Calmann-Lévy.

LACAN, Jacques (1966): *Écrits I. Le champ freudien*, Paris: Ed. du Seuil.

— (1973): *Les quatre concepts fondamentaux de la psychanalyse*, Paris: Ed. du Seuil.

— (1975): *Encore*, Paris: Ed. du Seuil.

LACAPRA, Dominique (1994): *Representing the Holocaust. History, Theory, Trauma*, Ithaca: Cornell University Press.

LAWSON, Kate (1995): «Abject and Defiled: Signora Neroni's Body and the Question of Domestic Violence in Barchester Towers», en: *Victorian Review: The Journal of the Victorian Studies Association of Western Canada and the Victorian Studies Association of Ontario*, Vol. 21, núm. 1, pp. 53-68.

LECHTE, John (1990): *Julia Kristeva*, London/New York: Routledge.

LEJEUNE, Philippe (1996): *Le pacte autobiographique*, nouvelle édition augmentée, Paris: Ed. du Seuil [1975].

LLOYD, David (1993): «Writing in the Shit: Beckett, Nationalism and the Colonial Subject», en: LLOYD, David (1993): *Anomalous States: Irish Writing and the Post-colonial Moment*, Durham: Duke University Press, pp. 41-58.

LÓPEZ BORRERO, Ángela (2000): «She/Male», en: *El Nuevo Día* (suplemento «Revista Domingo»), 19 de noviembre.

LOTMAN, Yuri M. (1990): *Universe of Mind: A Semiotic Theory of Culture*. Blooming-ton/Indianapolis: Indiana University Press.

LYONS, Charles R. (1991): «*Endgame* as Political Drama», en: HYLAND, Paul/Neil SAMMELS (eds.): *Irish writing: Exile and Subversion*, New York: St. Martin's, pp. 188-206,

MCHALE, Brian (1987): *Postmodernist Fiction*, New York: Methuen.

MARTÍ, José (1977): «Nuestra América», en: *Nuestra América*, Caracas: Biblioteca Ayacucho, pp. 26-33 [1891].

METZ, Christian (1977): *Le signifiant imaginaire. Psychanalyse et cinéma*, Paris: Union générale d'Editions.

MILES (2001): «Abjection, Nationalism and the Gothic», en: BOTTING, Fred (ed.) (2001): *The Gothic*, Cambridge, England: Brewer, pp. 47-70.

MORUZZI, Norma Claire (1993): «National Abjects: Julia Kristeva on the Process of Political Self-Identification», en: OLIVER, Kelly (ed.): *Ethics, Politics, and Difference in Julia Kristeva's Writing*. New York: Routledge, pp. 135-49.

MULVEY, Laura (1991): *Visual and Other Pleasures*, Basingstoke: Macmillan.

MULVEY ROBERTS, Marie (2000): «The Corpse in the Corpus: Frankenstein, Rewriting Wollstonecraft and the Abject», en: EBERLE-SINATRA, Michael (2000): *Mary Shelley's Fictions: From Frankenstein to Falkner*, Basingstoke, New York: Macmillan, pp. 197-210.

MUSARRA-SCHRØDER, Ulla (1981): *Le roman-mémoires moderne. Pour une typologie du récit a la premiere personne*, Amsterdam/Maarssen: Apa-Holland University Press.

NANDY, Ashis (1983): *The Intimate Enemy. Loss and Recovery of Self Under Colonialism*, New Delhi: Oxford University Press.

NEGRÓN-MUNTANER, Francés/Ramón GROSFOGUEL (eds.) (1997): *Puerto Rican Jam. Rethinking Colonialism and Nationalism*, Minneapolis: University of Minnesota Press.

NEGRÓN-MUNTANER, Francés (2004): *Boricua Pop. Puerto Ricans and the Latinization of American Culture*. New York/London: New York University Press.

O'BRIEN, Eoin/David DAVISON (1986): *The Beckett Country: Samuel Beckett's Ireland*, Dublin: The Black Catt Press.

ORTEGA, Julio (1998): «Lo mejor (algo de) en el 98», en la página web del autor, <*http://www.brown.edu/Departments/Hispanic_Studies/Juliortega/Intervenciones.htm#Lo%20mejor*>, 14 de octubre de 1999.

OTAIZA, Ricardo Gil (1997): «Las autoras y la literatura *light*», *El Universal*, 21 de diciembre de 1997, <http://www.eluniversal.com/1997/12/21/76324A.shtml>, 24 de julio de 2003.

OTERO GARABIS, Juan (2000): *Nación y Ritmo: 'descargas' desde el Caribe*, San Juan: Ed. Callejón.

PABÓN, Carlos (2002): *Nación postmortem. Ensayos sobre los tiempos de insoportable ambigüedad*, San Juan: Ed. Callejón.

PEARSON, Nels C. (2001): «Outside of here it's death: co-dependency and the ghosts of decolonization in Beckett's Endgame», en: *ELH: a journal of English literary history*, núm. 68, pp. 215-239.

PERREO, Sabino (1999): *El sexo divino: dioses hermafroditas, bisexuales y travestidos en la antigüedad clásica*, Madrid: Alderabán Ediciones.

PICÓ, Fernando (1986): *Historia general de Puerto Rico*, Río Piedras: Ediciones Huracán.

PORTER, Dennis (1981): *The Pursuit of Crime: Art and Ideology in Detective Fiction*, New Haven: Yale University Press.

QUINONES, Ricardo J. (1991): *The Changes of Caín. Violence and the Lost Brother in Caín and Abel literature*, Princeton: Princeton University Press.

QUINTERO RIVERA, Ángel G. (1998): «Lo íntimo y lo social: el bolero. Rafael Hernández: el nomadismo y los tríos», en: *Salsa, sabor y control! Sociología de la música tropical*, México, D. F.: Siglo XXI Editores, pp. 300-310.

RAMA, Ángel (1998): *La ciudad letrada*, Montevideo: Arca.

REAL ACADEMIA ESPAÑOLA (1992): *Diccionario de la Lengua Española*, vigésima primera edición, Madrid: Espasa Calpe.

REDONNET, Marie (2000): *Jean Genet: le poète travesti*. Paris: Grasset.

RESINA, Juan Ramón (1997): *El cadáver en la cocina: La novela criminal en la cultura del desencanto*, Barcelona: Anthropos.

RÍOS ÁVILA, Rubén (1997): «Esperando a Godot en Puerto Rico», en: *Diálogo*, febrero, p. 29.

— (2002): *La raza cómica. Del sujeto en Puerto Rico*, San Juan: Ed. Callejón.

— (s. f.): «Luces», sección «Embocadura», en: *TuTv. Tu universo televisión*, <http://www.tutv.puertorico.pr/embocadura_luces.htm?>, 2 de septiembre de 2003.

RIVERA NIEVES, Irma (1991): «Como Platón en Siracusa o la fascinación del poder», en: *Postdata*, Colectivo Armagedón, núm. 1, sin paginación

RODRÍGUEZ-CARRANZA, Luz/Nadia LIE (1997): «A Comparative Analysis of Caribbean Magazines, 1960-1980», en: ARNOLD, James (ed.): *A History of Caribbean literatures in European Languages. Vol. III: Cross Cultural Studies*, Amsterdam/Philadelpia: John Benjamins, pp. 120-160.

RONEN, Ruth (2002): *Representing the Real*, Amsterdam/New York: Rodopi.

ROSEN, Stanley (1995): *The Mask of Enlightenment. Nietzsche's Zarathustra*, New York: Cambridge University Press.

ROUSSEAU, Jean Jacques (1980): *Les confessions*, Paris: Ed. Illustrée.

SAID, Edward W. (1994): «Camus and the French Imperial Experience», en: *Culture and Imperialism*, New York: Alfred A. Knopf, pp. 169-185.

SAROCCHI, Jean (1979): *Albert Camus et la recherche du père*, Tesis de doctorado, Universidad de Lille III.

SARTRE, Jean-Paul (1940): *L' Imaginaire, psychologie, phénoménologie de l'imagination*, Paris: Gallimard.

— (1946): *L'existentialisme est un humanisme*, Paris: Nagel.

SAVOY, Eric (1999): «Spectres of Abjection: The Queer Subject of James's 'The Jolly Corner'», en: BYRON, Glennis/David PUNTER (eds.) (1999): *Spectral Readings: Towards a Gothic Geography*. New York, NY/London, England: St. Martin's; Macmillan, pp. 161-74.

SCARANO, Francisco (1993): *Puerto Rico: cinco siglos de historia*. Bogota: McGraw Hill Interamericana.

SILVERMAN, Kaja (1983): *The Subject of Semiotics*, New York: Oxford University Press.

— (1988): *The Acoustic Mirror: the Female Voice in Psychoanalysis and Cinema*, Bloomington: Indiana University Press.

— (1992): «Fassbinder and Lacan: A Reconsideration of Gaze, Look, and Image», en: *Male subjectivity at the Margins*, New York: Routledge, pp. 125-156.

SIMPSON, Amelia S. (1990): *Detective Fiction from Latin America*, Rutherford, NJ: Fairleigh Dickinson University Press.

SIMPSON, David (1995): *The Academic Postmodern and the Rule of Literature: A Report on Half-Knowledge*, Chicago: University of Chicago Press.

SOMMER, Doris (1998): «Choose and lose», en: SOLLERS, W. (ed.): *Transnationalism, Ethnicity, and the Languages of American Literature*, New York/London: New York University Press, pp. 297-309.

— (2000): «Puerto Rico afloat», en: PERIVOLARIS, D. (ed.): *The Cultures of the Hispanic Caribbean*, Gainesville: University of Florida Press, pp. 28-36.

SPANOS, William V. (1972): «The Detective and the Boundary. Some Notes on the Postmodern Literary Imagination», en: *Boundary 2*, 1:1, pp. 147-168.

TAN, Yvette N. (2001): «The Vampire in Horror Film and Literature as a Link to the Abject That Is Seen in the Woman»), en: *Diliman Review,* Vol. 49, núm. 3-4, pp. 76-83.

TANI, Stefano (1984): *The Doomed Detective. The Contribution of the Detective Novel to Postmodern American and Italian Fiction*, Southern Illinois University Press: Carbondale & Edwardville.

TOONDER, Jeanne M. L. Den (1998): *'Qui est je?'. Etude sur l'écriture autobiographique des nouveaux romanciers*, Tesis doctoral, Universidad de Leiden.

TRÍAS MONGE, José (1997): *Puerto Rico: The Trials of the Oldest Colony in the World*, New Haven: Yale University Press.

TURCOTTE, Gerry (1991): «'Speaking the Formula of Abjection': Hybrids and Gothic Discourses in Louis Nowra's Novels», en: *Westerly: A Quarterly Review*, Vol. 36, núm. 3, pp. 61-72.

VAN DELDEN, Maarten (1998): *Carlos Fuentes, Mexico and Modernity*, Nashville: Vanderbilt University Press.

VANNIER, Gilles (2001): *L'existentialisme. Littérature et philosophie*, Paris: L'Harmattan.

VERNON, John (1973): *The Garden and the Map: Schizophrenia in Twentieth-century Literature and Culture*, Urbana: University of Illinois Press.

WILSON-JORDAN, Jacqueline S. (1999): «Written on the Border: Storytelling and the Abject Subject in Edith Wharton's Ghost Tales», Tesis de doctorado, sin publicar, Northern Illinois University.

ZAVALA, Iris M. (1990) «De héroes y heroínas en lo imaginario social: El discurso amoroso del bolero», en: *Casa de las Américas*, núm. 179, pp. 123-129.

— (1991): *El bolero: una historia de amor*, Madrid: Alianza.

ŽIŽEK, Slavoj (1989): *The Sublime Object of Ideology*, London/New York: Verso.

— (1991): *Looking Awry. An Introduction to Jacques Lacan through Popular Culture*, Cambridge: MIT Press.

— (ed.) (1994): *Todo lo que usted siempre quiso saber sobre Lacan y nunca se atrevió a preguntarle a Hitchcock*, Buenos Aires: Manantial.

— (1999): «You May! », en: *London Review of Books Online*, 21, núm. 6, 18 de marzo, <http://www.lrb.co.uk/v21/n06/zize01_.html>, 19 de septiembre de 2000.

III. Entrevistas

Butler, Judith (1997): «Ik wil het bestaansrecht van abjecte lichamen afdwingen. Een interview met Judith Butler», entrevista de Irene Costera Meijer y Baukje Prins con la autora, en: *Tijdschrift voor Vrouwenstudies*, Vol. 18, núm. 1, pp 22-33.

Derrida, Jacques (2000): «Entre/vista a Jacques Derrida», Entrevista con el autor de Lola Aponte, Carlos Gil, Mara Negrón e Irma Rivera, en: *Postdata*, núm. 15, pp. 2-8.

Duany, Jorge, Entrevista personal del autor (grabación no transcrita), 21 de mayo de 2001.

Duchesne, Juan/Aurea María Sotomayor. Entrevista personal del autor (grabación no transcrita), 3 de mayo de 2000.

Franco, Jean, «América Latina en la edad de plomo: La Ilustración hecha añicos.», entrevista con la autora, Matilde Sánchez, en: *Clarín*, 5 de octubre de 2002, ,<http://www.clarin.com/suplementos/cultura/2002/10/05/u-00211.htm>, 3 de noviembre de 2003.

Gil, Carlos, Entrevista personal del autor (grabación no transcrita), 22 de abril de 2000.

Rodríguez Juliá, Edgardo, «Incursiona Rodríguez Juliá en novela policiaca», entrevista con el autor, Cynthia Palacios Goya, en: *El Universal*, suplemento «Cultura», domingo 28 de noviembre de 1999, <http://www2.eluniversal.com.mx/pls/impreso/noticia.html?id_nota=2168&tabla=cultura>, 13 de abril de 2001.

— Entrevista personal del autor (grabación no transcrita), 21 de marzo de 2003.

Santos-febres, Mayra. «Literatura para curar el asma. Una entrevista con Mayra Santos-Febres», entrevista con la autora, Marcia Morgado, marzo-abril 2000, en: <http://www.barcelonareview.com/17/s_ent_msf.htm>, 13 de junio de 2000.

— «Las ciudades de América Latina son travestis con ropaje de Primer mundo», entrevista con la autora, César Güemes, en: *La Jornada*, 4 de octubre de 2000, <http://www.jornada.unam.mx/2000/oct00/001004/03an1clt.html>, 12 de marzo de 2001.

— «La capacidad de Vivir con Pasión. Común Denominador del ser Humano», entrevista con la autora, Patricia Rosales y Zamora, 4 de octubre de 2000, en: <http://www.excelsior.com.mx /0010/001004/esp.html>, 31 de marzo de 2001.

— «Mayra Santos-Febres. La respuesta como obsesión», en: *Revolución y Cultura*, entrevista con la autora, Caridad Tamayo, núm. 3, mayo-junio 2001, pp. 21-26.

— Entrevista personal del autor (grabación no transcrita), 20 de marzo de 2003.